JN060059

ヤマ場を
おさえる

単元設計と
評価課題・評価問題

中学校
国語

全体編集
石井英真

教科編集
吉本　悟

図書文化

まえがき

　資質・能力ベースの新学習指導要領に沿って学習評価のあり方も新たに提起され，教育現場では，3観点による観点別学習状況の評価への対応が課題となっています。そして，「主体的に学習に取り組む態度」の評価をどうするかに注目が集まっています。しかし，今回の学習評価改革の焦点を主体性評価に見いだすのは改革の読み方として一面的で，その捉え方では評価をめぐるさまざまな困難が解決されず，むしろ行き詰まってしまうでしょう。観点別評価の本丸は「思考・判断・表現」の充実です。まずそこにフォーカスすることによって，困り感のある主体性評価についてもより妥当な運用の仕方が見えてきます。

　こうした考えの下，本シリーズは，中学校を対象に，国語，社会，数学，理科，英語について，国立教育政策研究所教育課程研究センター作成『「指導と評価の一体化」のための学習評価に関する参考資料』に基づき，単元ごとの評価プランを掲載するものです。そして，「生きて働く学力の形成」と「学校の働き方改革」を両立して充実させるために，どのように評価場面を精選（焦点化・重点化）し，どのような評価課題・評価問題を作成し活用するかを，国語については言語活動ごとに具体的に提案するものです。

　本シリーズは，図書文化社が学習指導要領の改訂ごとに出版してきた『観点別学習状況の評価基準表』『観点別学習状況の評価規準と判定基準』『観点別評価実践事例集』『観点別評価問題集』の理念を引き継ぎ，新時代の観点別評価の参考資料をめざして企画しました。各巻では，「思考・判断・表現」を中心に，単元ごとに，執筆者が重要と考える2場面（一つは総括的評価の場面）を抜き出し，評価規準に対応する生徒の学習状況や作品例（B・Aの判定のポイント）を評価事例として掲載し，評価課題・評価問題の工夫とその効果的な位置づけ方を示しています。

　各巻の執筆者は，現在，そして次世代の教育実践を担う力量のある先生方です。またシリーズで大きな方向性を共有しつつ，各巻それぞれに，教科の特性のみならず，教科編集の先生方の問題意識や工夫も大事にしています。評価課題・評価問題の作成や単元設計の改善へのアプローチという視点で，ご自身の専門以外の教科も読まれると，新たな着想が得られると思います。本書が読者諸氏にとって評価の焦点化・重点化の参考資料として，単元という単位でシンプルかつ効果的な評価をデザインする思考法を学び，目の前の生徒たちに即して実践を創る手がかりとなるなら望外の喜びです。

2022年12月24日

石 井 英 真

ヤマ場をおさえる単元設計と評価課題・評価問題

第1章　今求められる学力と学習評価のあり方

第2章　国語科の観点と評価の実際

第3章 第1学年の評価プラン

第4章 第2学年の評価プラン

第5章　第3学年の評価プラン

言語活動ごとの評価プラン　三つの特徴

特徴 1 一つの事例（単元）を6ページで解説。3年間の学習評価をナビゲート！

○ 第3～5章では観点別学習状況の評価の展開例を，単元(学年×言語活動)ごとに紹介します。一つの単元を6ページで構成し，3年間で23の具体的な言語活動を取り上げました。

○ 各単元は「プレゼンテーションをする（第2学年，話すこと・聞くこと）」など具体的な言語活動を軸に構成し，単元の学習課題と指導と評価の計画，資質・能力の育成で大事にしたい2場面の具体的な評価例（評価場面❶・評価場面❷の学習課題）を示しました。

○ 単元の学習課題と，評価場面❶・評価場面❷の学習課題は，言語活動を通して生徒の主体性や資質・能力を高めるうえで特に重要と思われる箇所を取り上げました。評価場面❶はおも

> 各単元の 1・2 ページには，単元全体の構想に役立つ内容をまとめました。

> 3・4／5・6 ページでは，総括的な学習場面を含む，各単元で重要な 2 場面を取り上げました。

各単元（6ページ）の構成イメージ
（例：第2学年　話すこと・聞くこと①　プレゼンテーションをする）

単元全体の構想と計画 （1・2 ページ）	評価場面❶　評価課題と事例 （3・4 ページ）	評価場面❷　評価課題と事例 （5・6 ページ）
【単元の学習課題】 来月の三者面談で，自分についてプレゼンテーションしよう。	【場面❶の学習課題】 部活動について話すスライドでも，いろんな言葉や書き方が考えられるようです。例のうち，みなさんはどれがよいと思いますか？ 理由も教えてください。	【場面❷の学習課題】 プレゼンテーションのリハーサルの様子を撮影して，動画を提出しよう。

【重点とする指導事項】
「話すこと・聞くこと」において，資料や機器を用いるなどして，自分の考えが分かりやすく伝わるように表現を工夫している。

生徒の主体性の高まり ／ 単元の学習活動

> ちょっとむずかしそうだけど，面白くてためになりそうだし，やってみようかな……

> プレゼンのスライドづくりのコツがわかってきたよ。自分の発表のときはどうすればいいかな？

> 三者面談はうまくできそうだし，伝わるプレゼンのポイントがわかったよ。また機会があればスライドを使ったプレゼンに挑戦したいな！

入口の情意
（興味，関心，意欲など）

出口の情意
（知的態度，思考習慣，市民としての倫理・価値観など）

イラスト：あつ／PIXTA

に形成的評価の場面で，言語活動の内容に即して「よい表現とは何か／その工夫がなぜ表現の効果を高めるのか」などを自分なりに考えてみる活動とともに，その時点でB評価未満と思われる生徒などに対しては次時以降どのようにかかわっていくか，効果的なつまずき支援の手がかりを考える場面です。一方，評価場面❷は単元の学習を総括する場面であり，「単元を通して高めてきた力を，実際に自分の表現としてどの程度使うことができるか」のように，生徒自身が高めた資質・能力を発揮してみる場面です。

○ また事例によっては，評価場面❶を単元の学習を総括する場面として，評価場面❷で定期考査のテスト問題を示しました。この事例のテスト問題では，授業で学んだ課題（タスク）と並行的な内容の問題，また文脈は異なるが根源的に同じような資質・能力の発揮を求めている問題などを示し，指導と評価の一体化（学習と評価の一貫性）を図りました。詳しくは各事例をご覧ください。

特徴2　評価事例（B基準）に対する「A評価」「判断の根拠」等を例示！

○ 各単元で資質・能力育成の要となる評価場面ではB評価の姿だけでなく，A評価も例示しました。「どこを見て，どう判断したか」の解説に当たる「B／A基準」「判断の根拠」も示し，教材や評価方法が異なる場合でも，読者の参考となるように工夫しました。

○ 単元の評価規準は，国立教育政策研究所教育課程研究センター『「指導と評価の一体化」のための学習評価に関する参考資料』をもとにしました。

○ 評価の観点は『児童生徒の学習評価及び指導要録の改善等について（通知）』（30文科初第1845号，平成31年3月29日）に準じました。評価の観点の略記は，それぞれ

　　知識・技能 → 知

　　思考・判断・表現 → 思

　　主体的に学習に取り組む態度 → 主

としました。

B基準に対する「A評価」も例示

特徴3　単元の要所（ヤマ場）と，単元で成長する生徒の姿が見えてくる！

○ 言語活動を軸に指導と評価の一体化を図ることで，大事な学習場面（ヤマ場）が生徒にも自ずと共有され，学習内容に即して主体的に学ぶ姿が発揮されやすくなります。ヤマ場を意識することで，教師が生徒を見る目（評価の目）と生徒の学ぶ目的の明確化が相乗的に高まり，資質・能力ベースの授業改善と，シンプルな指導と評価の一体化を実現します。

本書の用語表記について（凡例）

答　申

\>\> 幼稚園，小学校，中学校，高等学校及び特別支援学校の学習指導要領等の改善及び必要な方策等について（答申）（中教審第197号）（平成28年12月21日，中央教育審議会）

http://www.mext.go.jp/b_menu/shingi/chukyo/chukyo0/toushin/1380731.htm

報　告

\>\> 児童生徒の学習評価の在り方について（報告）（平成31年1月21日，中央教育審議会初等中等教育分科会教育課程部会）

http://www.mext.go.jp/b_menu/shingi/chukyo/chukyo3/004/gaiyou/1412933.htm

通　知

\>\> 小学校，中学校，高等学校及び特別支援学校等における児童生徒の学習評価及び指導要録の改善等について（通知）（30文科初第1845号）（平成31年3月29日，文部科学省初等中等教育局）

http://www.mext.go.jp/b_menu/hakusho/nc/1415169.htm

新学習指導要領

\>\> 平成29・30・31年改訂学習指導要領（本文，解説）

http://www.mext.go.jp/a_menu/shotou/new-cs/1384661.htm

参考資料

\>\>「指導と評価の一体化」のための学習評価に関する参考資料（国立教育政策研究所教育課程研究センター）

https://www.nier.go.jp/kaihatsu/shidousiryou.html

第1章

今求められる学力と
学習評価のあり方

■ 新しい学習指導要領がめざす学力と評価改善

■ 新3観点で何を測り，育てるのか

■ 単元設計と評価課題・評価問題の一体的な改善へ

1 新しい学習指導要領がめざす学力と評価改善

観点別評価の本丸は「思考・判断・表現」の充実

　観点別評価の本丸は「主体的に学習に取り組む態度」ではなく，「思考・判断・表現」です。主体性の育成は重要ですが，それは「思考・判断・表現」を試すような課題への取り組みにおいて自ずと育まれ表出されるものでしょう。近年，自分で内容をかみ砕いたり関連づけたりすることなく，すぐにやり方を求める傾向が生徒たちのなかで強まっていないでしょうか。授業中静かに座ってはいるが「この時間で何を学んだのか」と聞かれても答えられず，授業を受けているだけで内容が積みあがっていかない。そうした学び取る力の弱さゆえに，余計に学びの基盤となる主体性の指導に向かいたくなるのかもしれません。しかし「応用の前に基礎を定着させないと」「基礎も学ぼうとしないから主体性を育てないと」といった具合に，土台へ土台へと降りていくのは逆効果です。

　例えばバスケットボールでも，ドリブルやシュートなどの基礎練習だけでは練習の意味がわからず技能の向上は見込めないもので，折に触れて試合形式を経験するからこそモチベーションが上がり，技能の向上や定着も促されるものでしょう。新学習指導要領では実社会の問題を解決していけるような，生きて働く学力の育成が強調されています。その趣旨を生かして単元や授業を一工夫し，知識をつなげて考えたり使いこなしたりする「思考」を促すような，テスト問題や議論やレポートや作品制作や実演などの「試合」的な経験（タスク）を程よく組織することでこそ，生徒たちに「学びがい」が生まれて知識が関連づけられたりして，「基礎」を引き上げていくことも期待できるでしょう。

　ただし「思考・判断・表現」の指導と評価を充実させていく際に，授業中の発言やノートの記述やグループワークの様子など，学習活動のプロセスを丁寧に記録に残していくことは「評価疲れ」を招くおそれがありますし，「評価（点検）のための授業」のようになって授業の柔軟性を奪い，学びのプロセスを大事にしているつもりが逆に窮屈なものにしてしまうおそれがあります。これに対して本書は「思考・判断・表現」を試すタスク，あるいは評価問題の充実を核とする観点別評価のあり方を提起することで，評価業務の煩雑さを軽減し，単元という単位での授業改善につなげていく道筋を示していきたいと思います。

生徒に「使える」レベルの学力を育てる

　新学習指導要領でめざされている学力像を捉え評価方法へと具体化していくうえで，学力の3層構造を念頭において考えてみるとよいでしょう（**図1**）。個別の知識・技能の習得状況を問う「知っている・できる」レベル（例：三権分立の三権を答えられる）は，穴埋め問題や選択式の問題など客観テストで評価できます。しかし，概念の意味理解を問う「わかる」レベル（例：三権分立が確立していない場合，どのような問題が生じるのかを説明できる）は知識同士のつながりとイメージが大事で，ある概念について例をあげて説明することを求めたり，頭の中の構造やイメージを絵やマインドマップに表現させてみたり，適用問題を解かせたりするような機会がないと判断できません。さらに，実生活・実社会の文脈における知識・技能の総合的な活用力を問う「使える」レベル（例：三権分立という観点からみたときに，自国や他国の状況を解釈し問題点などを指摘できる）は，実際にやらせてみないと評価できません。思考を伴う実践をさせてみてそれができる力（実力）を評価するのが，パフォーマンス評価です。

　ドリブルやシュートの練習（ドリル）がうまいからといって，バスケットボールの試合（ゲーム）で上手にプレイできるとは限りません。ゲームで活躍できるかどうかは試合の流れ（本物の状況）のなかでチャンスをものにできるかどうかにかかっており，そうした感覚や能力は実際にゲームする中で可視化され，育てられていきます。ところが従来の学校では生徒たちはドリルばかりして，ゲーム（学校外や将来の生活で遭遇する本物の，あるいは本物のエッセンスを保持した活動）を知らずに学校を去ることになっていないでしょうか。このゲームに当たるものを学校で保障し，生きて働く学力を形成していこうというのが「真正の学び（authentic learning）」の考え方です。資質・能力ベースをうたう新学習指導要領がめざすのは，「真正の学び」を通じて「使える」レベルの知識とスキルと情意を一体的に育成することなのです。

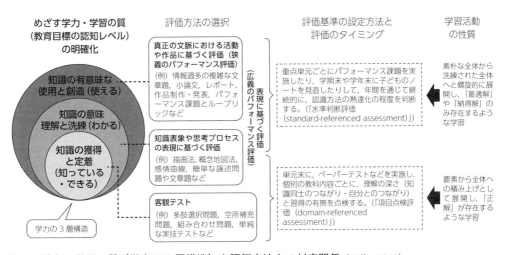

図1. 学力・学習の質（学力の3層構造）と評価方法との対応関係 (石井，2012)

「使える」レベルの学力をどう伸ばすか

　試合，コンペ，発表会など，現実世界の真正の活動には，その分野の実力を試すテスト以外の「学びの舞台」（見せ場（exhibition））が準備されています。そして，本番の試合や舞台のほうが練習よりも豊かでダイナミックであり，成長の節目にもなっています。しかし学校の学習は，しばしば豊かな授業（練習）と貧弱な評価（見せ場）という状況になっています。「思考・判断・表現」などの「見えにくい学力」の評価が授業中のプロセスの評価（観察）として遂行される一方で，単元末や学期末の総括的評価は「知識・技能」の習得状況を測るペーパーテストが中心です。既存の方法を問い直し「見えにくい学力」を新たに可視化する評価方法（学びの舞台）の工夫が，十分に行われているとはいえません。めざす学力の幅が広がり，ものさし（評価基準表）がつくられるものの，そのものさしを当てる「見せ場」が準備されていない状況が，授業観察への依存と授業過程の証拠集めや点検作業に追われる状況を生み出してきました。

　日々の授業で粘り強く思考し表現する活動を繰り返すなかで思考力や知的態度を伸ばし切り，課題研究での論文作成・発表会や教科のパフォーマンス課題など，育った実力が節目で試され可視化されるような，テスト以外の「学びの舞台」を設定することが重要です。知識を総合して協働で取り組むような挑戦的な課題を単元末や学期末に設定し，その課題の遂行に向けて生徒たちの自己評価・相互評価を含む形成的評価を充実させて，生徒を伸ばしながらより豊かな質的エビデンスが残るようにしていくのです。

　生徒にとっての「見せ場」となる学びの舞台を軸に，一時間一時間という短いスパンだけではなく，単元レベルの学びのストーリーを意識しながら単元計画や授業を組み立てる。単元末や学期の節目の「使える」レベルの課題や単元を貫く問い（例：学校紹介のキャッチコピーを創る（国語），自分のことで I have a dream that ____.を書いて発表する（英語），「日本はどの国・地域と地域統合すればよいのだろうか」という問いを探究する（社会））を意識しつつ，日々の授業では概念を学び深める「わかる」授業を展開するわけです。最近の小・中学校の教科書の単元展開は学力の3層構造を意識したものになっており，「使える」レベルの課題を軸に単元単位でヤマ場をデザインする発想をもつことが重要です。

　その際，教師目線の「達成」からの逆算で目標に追い込むものというより，生徒目線の「舞台」からの逆算で学びの目的意識を育てていくことが肝要です。部活動の試合や行事等のように，生徒たち自身が「舞台」本番に向けて必要なものを考え準備し練習し，節目でもてるものを総合し使い切る経験を通して，学びは成長へとつながっていくのです。パフォーマンスの振り返り等から，さらなる問いや活動を生成し，授業を超えて主体的に探究を続けることも期待したいところです。

「使える」学力の育成と学校の働き方改革を共に実現するために

　テストの点数に表れない生徒の育ちを評価しようという思いは，日常的に細かく頻繁に評価材料を残そうとする「指導の評価化」に陥りがちです。そのような状況に陥らないためにも，総括的評価と形成的評価とを区別することが重要です。

　思考力・判断力・表現力を形成するために授業過程での生徒たちの活動やコミュニケーションを丁寧に見守り観察（評価）しなければならないのは確かですが，それは形成的評価として意識すべきものです。総括的評価の材料なら，生徒一人一人について確かな根拠を残しながら客観的に評価することが求められますが，形成的評価なら指導の改善につながる程度のゆるさで，抽出でも直観でも大丈夫です。生徒を伸ばすためにはタイミングを逃さずに働きかけることが重要であって，学習状況の把握と記録を意識しすぎてタイミングを逃してはなりません。

　形成的評価と総括的評価を区別し，記録に残す評価・総括的評価のタイミングを焦点化・重点化することで，評価にかかわる負担を軽減することができます。単元計画の毎時間に3観点を細かく割りつける必要はありません。日々の授業は形成的評価を重視して記録に残すことにこだわらず生徒たちの力を伸ばすことに集中します。そのうえで例えば英語であれば単元末や学期の節目に，文法や読解などはペーパーテストで力を試す。他方，話す・聞くといったコミュニケーション能力等はリアルな場面を設定して実際にやらせてみないと確かめられないので，パフォーマンス課題（タスク）に取り組ませて，あるいは学んだことを生かして生徒たちが活発にやり取りを展開したりする「キモ（肝）の一時間」で，意識的に学びの足跡や思考の表現を残すよう生徒に促して，総括的評価を行うという具合です。

　総括的評価のタイミングを焦点化・重点化することは，目標を焦点化・重点化することを意味します。特に「思考・判断・表現」や「主体的に学習に取り組む態度」といったつかみどころのないものは，評価場面を焦点化・重点化し決め打ちすることに不安もあるでしょう。しかし評価の頻度や細かさが評価の妥当性や信頼性を高めるとは限らず，むしろ「これができたら一人前」という評価課題の質こそが重要であり，その教科や単元の中核的な目標を見極めることが必要です。そもそも「この内容を習得させたい」「こういう力を育てたい」といった「ねらい」や「ねがい」をもって生徒たちに働きかけたならば，それが達せられたかどうかという点に自ずと意識が向くものでしょう。「指導と評価を一体化させなくてはならない」と肩に力を入れなくても評価的思考は日々の教育の営みに内在していて，目標を明確にもっていれば自ずと評価は付いてきているものです。日々の授業で「目標と評価の一体化」を意識して出口の生徒の姿で目標を具体的にイメージしておくことで，単元計画で毎時間に観点を割りつけていなくても机間指導等において捉えたいポイントは焦点化・重点化され，授業過程での形成的評価も自ずと促されるでしょう。

2 新3観点で何を測り，育てるのか

旧4観点と新3観点がターゲットとする学力の違い

新3観点による評価のあり方について，「知識・技能」は事実的で断片的な知識の暗記・再生だけでなく概念理解を重視すること，「主体的に学習に取り組む態度」は授業態度ではなくメタ認知的な自己調整として捉え直し，「知識・技能」や「思考・判断・表現」と切り離さずに評価することなどが強調されています。すべての観点において「思考・判断・表現」的な側面が強まったようですが，従来の4観点との違いをみてみましょう。

旧4観点の評価では，「知識・理解」「技能」は断片的知識（「知っている・できる」レベル）を穴埋めや選択式などの客観テストで問い，「思考・判断・表現」はおもに概念の意味理解（「わかる」レベル）を適用問題や短めの記述式の問題で問うようなテストが作成される一方で，「関心・意欲・態度」はテスト以外の材料をもとに生徒たちのやる気やまじめさをみるような評価がされていたように思われます（**図2**）。

いっぽう新3観点の評価は，「知識・技能」は理解を伴って中心概念を習得することを重視して，「知っている・できる」レベルのみならず「わかる」レベルも含むようテスト問題を工夫することが求められます。「思考・判断・表現」は「わかる」レベルの思考を問う問題に加え，全国学力・学習状況調査の「活用」問題のように「使える」レベルの思考を意識した記述式問題を盛り込んでいくこと，また，問いと答えの間が長くて，思考力を試すだけでなく，試行錯誤や知的な工夫としての「主体的に学習に取り組む態度」もあわせて評価できるような，テスト以外の課題を工夫することが求められます（**図3**）。

「知識・技能」の評価と育成のポイント

「知識・技能」の評価は，「ペーパーテストにおいて，事実的な知識の習得を問う問題と，知識の概念的な理解を問う問題とのバランスに配慮するなどの工夫改善を図るとともに，例えば，児童生徒が文章による説明をしたり，各教科等の内容の特質に応じて，観察・実験をしたり，式やグラフで表現したりするなど実際に知識や技能を用いる場面を設けるなど，多様な方法を適切に取り入れていくことが考えられる」（『報告』，8頁）とされています。「知識・技能」というと年号や単語などの暗記・再生（「知っている・できる」レベルの学力）を思い浮かべがちですが，ここで示されているのは「概念」の意味理解（「わかる」レベルの学力）の重視です。日々の「わかる」授業により理解を伴った豊かな習得

従来の4観点はどのように評価されてきたか

能力・学習活動の階層レベル（カリキュラムの構造）	資質・能力の要素（目標の柱）			
	知識	スキル		情意（関心・意欲・態度・人格特性）
		認知的スキル	社会的スキル	
教科等の枠付けの中での学習 / 知識の獲得と定着（知っている・できる）	事実的知識，技能（個別的スキル）　**知識・理解　技能**	記憶と再生，機械的実行と自動化	学び合い，知識の共同構築	達成による自己効力感
知識の意味理解と洗練（わかる）	概念的知識，方略（複合的プロセス）　**思考・判断・表現**	解釈，関連付け，構造化，比較・分類，帰納的・演繹的推論		内容の価値に即した内発的動機，教科への関心・意欲　**関心・意欲・態度**
知識の有意味な使用と創造（使える）	見方・考え方（原理と一般化，方法論）を軸とした領域固有の知識の複合体	知的問題解決，意思決定，仮説的推論を含む証明・実験・調査，知やモノの創発（批判的思考や創造的思考が深く関わる）	プロジェクトベースの対話（コミュニケーション）と協働	活動の社会的レリバンスに即した内発的動機，教科観・教科学習観（知的性向・態度）

※「関心・意欲・態度」が表からはみ出しているのは，本来学力評価の範囲外にある，授業態度などの「入口の情意」を評価対象にしていることを表すためである。

図2. 従来の4観点による観点別評価の実践傾向（石井，2019）

新しい3観点はどのように評価していくか

能力・学習活動の階層レベル（カリキュラムの構造）	資質・能力の要素（目標の柱）			
	知識	スキル		情意（関心・意欲・態度・人格特性）
		認知的スキル	社会的スキル	
教科等の枠付けの中での学習 / 知識の獲得と定着（知っている・できる）	事実的知識，技能（個別的スキル）	記憶と再生，機械的実行と自動化	学び合い，知識の共同構築	達成による自己効力感
知識の意味理解と洗練（わかる）	**知識・技能**　概念的知識，方略（複合的プロセス）	解釈，関連付け，構造化，比較・分類，帰納的・演繹的推論		内容の価値に即した内発的動機，教科への関心・意欲
知識の有意味な使用と創造（使える）	**思考・判断・表現**　見方・考え方（原理と一般化，方法論）を軸とした領域固有の知識の複合体	知的問題解決，意思決定，仮説的推論を含む証明・実験・調査，知やモノの創発（批判的思考や創造的思考が深く関わる）	**主体的に学習に取り組む態度**　プロジェクトベースの対話（コミュニケーション）と協働	活動の社会的レリバンスに即した内発的動機，教科観・教科学習観（知的性向・態度）
豊かなテスト				**豊かなタスク**

図3. 新しい3観点による観点別評価の方向性（石井，2019）

（有意味学習）を保障し，記憶に定着しかつ応用の利く知識にして，生きて働く学力を形成していくことが求められているのです。

「知っている・できる」レベルの評価は重要語句の穴埋め問題や選択問題などの客観テスト，および簡単な実技テストが有効です。これに対して「わかる」レベルの評価は学んだ内容を適用することで解ける適用問題はもちろん，豆電球が光る仕組みについて学習者のイメージや説明を自由に記述させたり（描画法），歴史上の出来事の因果関係やマインドマップを図示させてみたりして，学習者がどのように知識同士をつないでいて内容に対するどのようなイメージを構成しているのかを表現させてみること，あるいは数学の問題を作らせてみて計算の意味を生活と結びつけて捉えられているかどうかを問うことなどが有効です。「三権分立の定義を答えよ」でなく「もし三権分立が成立していなかったらどのような問題が起こりうるか」といった具合に，テストの問い方を工夫してみることも重要です。

「思考・判断・表現」の評価と育成のポイント

「思考・判断・表現」の評価は「ペーパーテストのみならず，論述やレポートの作成，発表，グループでの話合い，作品の制作や表現等の多様な活動を取り入れたり，それらを集めたポートフォリオを活用したりするなど評価方法を工夫することが考えられる」（『報告』，9頁）とされており，「パフォーマンス評価（Performance Assessment：PA）」の有効性が示されています。PAとは思考する必然性のある場面（文脈）で生み出される学習者の振る舞いや作品（パフォーマンス）を手がかりに，概念の意味理解や知識・技能の総合的な活用力を質的に評価する方法です。現実的で真実味のある場面を設定するなど，学習者の実力を試す評価課題（パフォーマンス課題）を設計し，それに対する活動のプロセスや成果物を評価するわけです。パフォーマンス課題の例としては，学校紹介VTRにBGMをつける音楽科の課題，電気自動車の設計図（電気回路）を考えて提案する理科の課題，地元で実際に活動している人たちとともに浜辺のごみを減らすためのアクションプランを考案して地域住民に提案する社会科の課題などがあります。文脈に応じて複数の知識・技能を総合する「使える」レベルの思考力を試すのがパフォーマンス課題です。

「真正の学び」につながる「使える」レベルの思考は基本的にはタスク（課題）でこそ評価しうるものですが，作問を工夫することで，ペーパーテストで思考過程のポイントを部分的に問うことはできます。たとえば，全国学力・学習状況調査の「活用」問題や，それと同じ傾向の各都道府県の高校入試の問題，あるいは大学入学共通テストの問題などには，そうした作問の工夫を見出すことができます。また大学の二次試験などの論述問題は，大学人目線でみた玄人な問いが投げかけられ，「学問する」力を試すものとなっていることがあります。単元で取り組んだパフォーマンス課題について，文脈を変えたりして評価問題を作成することも考えられるでしょう。

「主体的に学習に取り組む態度」の評価と育成のポイント

　「主体的に学習に取り組む態度」は「単に継続的な行動や積極的な発言等を行うなど，性格や行動面の傾向を評価するということではなく，（中略）知識及び技能を獲得したり，思考力，判断力，表現力等を身に付けたりするために，自らの学習状況を把握し，学習の進め方について試行錯誤するなど自らの学習を調整しながら，学ぼうとしているかどうかという意思的な側面を評価することが重要である」（『報告』，10頁）とされ，それは「①粘り強い取組を行おうとする側面」と「②粘り強い取組を行う中で，自らの学習を調整しようとする側面」という2つの側面で捉えられると説明されています。

　情意の中身を考える際は，学習を支える「入口の情意」（興味・関心・意欲など）と，学習を方向づける「出口の情意」（知的態度，思考の習慣，市民としての倫理・価値観など）とを区別してみるとよいでしょう。授業態度などの「入口の情意」は授業の前提条件として教材の工夫や教師の働きかけで喚起するものであり，授業の目標として掲げ意識的に評価するものというよりは，授業の進め方を調整する手がかりとなるものです。他方で，一言一言へのこだわり（国語），物事を多面的・多角的に捉えようとする態度（社会）や，条件を変えて考えてみたらどうなるかと発展的に問いを立てようとする態度（数学）など，教科の中身に即して形成される態度や行動の変容は「出口の情意」であり，知識や考える力と共に育っていく教科の目標として位置づけうるものです。

　『報告』からは，「主体的に学習に取り組む態度」は単に継続的なやる気（側面①）を認め励ますだけでなく，各教科の見方・考え方を働かせて，その教科として意味ある学びへの向かい方（側面②）ができているかどうかという，「出口の情意」を評価していく方向性がみて取れます。スポーツにしても勉強にしても，がんばりの量（粘り強く試行錯誤すること）だけでなく，がんばりの質（反省的に工夫すること）が重要というわけです。

　『報告』では「主体的に学習に取り組む態度」のみを取り出して評価することは適切でなく，「思考力・判断力・表現力」などと一体的に評価していく方針が示されています。問いと答えの間が長く試行錯誤のあるパフォーマンス課題（思考のみならず，粘り強く考える意欲や根拠に基づいて考えようとする知的態度なども自ずと要求される）を設計し，その過程と成果物を通して「思考・判断・表現」と「主体的に学習に取り組む態度」の両方を評価するわけです。例えば「俳句」の学習で句会を開き互いに味わい合うことを通して俳句を作り読み取る力を試すと共に，句を作るうえでこだわって試行錯誤や工夫したことを振り返りにまとめることで，主体性を合わせて評価することが考えられるでしょう。その時点でうまくできたり結果を残せたりした部分の評価と共に，そこに至る試行錯誤の過程でみせた粘り，あるいは筋（センス）のよさにその子の伸び代を見出し，評価するという具合です。スマートで結果につながりやすい学び方をする子だけでなく，結果にすぐにはつながらなくても，泥臭く誠実に熟考する子も含めて，教科として意味ある学びへの向かい方として，おもに加点的に評価していく方向性がよいでしょう。

単元設計と評価課題・評価問題の一体的な改善へ

学びの節目で「総合」問題に取り組む機会をつくる

　観点別評価は一時間単位ではなく，単元単位に注目しながら授業と学びをデザインすることを促すものです。教師主導で内容を順次網羅するのではなくここ一番で時間をかけて，教師の支援や見守りの下で，生徒主体で主体的に協働的に問いやテーマを掘り下げる，あるいは学んだことを総合して挑戦的な課題に取り組む。教師が教える舞台ではなく生徒が学ぶ舞台として授業を組み立て，わかるように教師から教えられるだけでなく，学び取ることや考え抜くことを生徒たち自身が経験できるようにしていくことが肝要です。

　これまでも教師たちは生徒たちの考える力を育ててきましたが，多くの場合，日本の教科学習は知識を問題解決的に発見的に学ばせる過程で，知識をつないだり構造化したりする「わかる」レベルの思考（比較・分類などの理解志向）を育てようとするものでした。これに対し「使える」レベルの思考は，現実的な問題解決・意思決定などの応用志向です。

　その違いに関しては，ブルームの目標分類学において問題解決が，「適用（application）」（特定の解法を適用すればうまく解決できる課題）と「総合（synthesis）」（論文を書いたり，企画書をまとめたりと，これを使えばうまくいくという明確な解法のない課題に対して，手持ちの知識・技能を総動員して取り組まねばらない課題）の2つのレベルに分けられていることが示唆的です。「わかる」授業を大切にする日本の学校で応用問題は「適用」問題が主流だったといえます。しかし「使える」レベルの学力を育てるには，折に触れて「総合」問題に取り組ませることが必要です。単元というスパンで学びをデザインし，単元末などに「使える」レベルの「総合」問題に取り組む機会を保障しつつ，毎時間の実践では「わかる」授業を展開するとよいでしょう（**表1**）。

「学びの舞台」を軸に「末広がり」の単元を構想する

　こうして，学力の3層構造を意識しながら「学びの舞台」づくりとして観点別評価を実施していくことは，単元の学びの組立てを「末広がり」にしていきます。これまで中学校では単元単位で学びを構想する視点は多少あるものの，多くの場合，単元や授業の導入部分で具体例的に生活場面が用いられても，そこからひとたび科学的概念への抽象化（わたり）がなされたら，後は抽象的な教科の世界の中だけで学習が進みがちで，元の生活場面に「もどる」（知識を生活に埋め戻す）ことはまれです。さらに，単元や授業の終末部分

表1．学力の質的レベルに対応した各教科の課題例（石井，2020b）

	国語	社会	数学	理科	英語
「知っている・できる」レベルの課題	漢字を読み書きする。文章中の指示語の指す内容を答える。	歴史上の人名や出来事を答える。地形図を読み取る。	図形の名称を答える。計算問題を解く。	酸素，二酸化炭素などの化学記号を答える。計器の目盛りを読む。	単語を読み書きする。文法事項を覚える。定型的なやり取りをする。
「わかる」レベルの課題	論説文の段落同士の関係や主題を読み取る。物語文の登場人物の心情をテクストの記述から想像する。	扇状地に果樹園が多い理由を説明する。もし立法，行政，司法の三権が分立していなければ，どのような問題が起こるか予想する。	平行四辺形，台形，ひし形などの相互関係を図示する。三平方の定理の適用題を解き，その解き方を説明する。	燃えているろうそくを集気びんの中に入れると炎がどうなるか予想し，そこで起こっている変化を絵で説明する。	教科書の本文で書かれている内容を把握し訳す。設定された場面で，定型的な表現などを使って簡単な会話をする。
「使える」レベルの課題	特定の問題についての意見の異なる文章を読み比べ，それらをふまえながら自分の考えを論説文にまとめる。そして，それをグループで相互に検討し合う。	歴史上の出来事について，その経緯とさまざまな立場の声を紹介し，その意味を論評する歴史新聞を作成する。ハンバーガー店の店長になったつもりで，駅前のどこに出店すべきかを考えて，企画書にまとめる。	ある年の年末ジャンボ宝くじの当せん金と，1千万本当たりの当せん本数をもとに，この宝くじの当せん金の期待値を求める。教科書の問題の条件をいろいろと変えて発展的に問題をつくり，追究の過程と結果を数学新聞にまとめる。	クラスでバーベキューをするのに一斗缶をコンロにして火を起こそうとしているが，うまく燃え続けない。その理由を考えて，燃え続けるためにどうすればよいかを提案する。	まとまった英文を読んでポイントをつかみ，それに関する意見を英語で書いたり，クラスメートとディスカッションしたりする。外国映画の一幕をグループで分担して演じ，発表会を行う。

では，問題演習など機械的で無味乾燥な学習が展開されがちです（尻すぼみの構造）。

　これに対して，よりリアルで複合的な現実世界において科学的概念を総合する，「使える」レベルの学力を試す課題を単元や学期の節目に盛りこむことは，「末広がり」の構造へと単元構成を組み替えることを意味します。単元の最初のほうで単元を貫く問いや課題を共有することで，「見せ場」に向けた学びの必然性を単元レベルで生み出すこともできるでしょう。そして「もどり」の機会があることによって，概念として学ばれた科学的知識は，現実を読み解く眼鏡（ものの見方・考え方）として学び直されるのです。

「逆向き設計」論を生かしてゴールまでの道筋をデザインする

　ウィギンズ（Wiggins, G.）らの「逆向き設計（backward design）」論は「目標と評価の一体化」の一つのかたちであり，次のような順序でカリキュラムを設計していくことを主張します。①生徒に達成させたい望ましい結果（教育目標）を明確にする。②そうした結果が達成されたことを証明する証拠（評価課題・評価問題，評価規準・評価基準）を決める。③学習経験と指導の計画を立てる。

　いわば教師が実現したい中核的な目標を，生徒たちの学びの実力が試される見せ場とし

て具体化し，そのゴールの見せ場に向けてカリキュラムを設計するわけです。「逆向き設計」論は，細かい知識の大部分を忘れてしまった後も残ってほしいと教師が願う「永続的な理解（enduring understanding）」（例：目的に応じて，収集した資料を表，グラフに整理したり，代表値に注目したりすることで，資料全体の傾向を読み取ることができる）と，そこに導く「本質的な問い（essential question）」（例：「全体の傾向を表すにはどうすればよいか？」という単元の問い，さらに「資料の活用」領域で繰り返し問われる「不確実な事象や集団の傾向を捉えるにはどうすればよいか？」という包括的な問い）に焦点を合わせ，それを育み評価するパフォーマンス課題を軸に単元を設計することで少ない内容を深く探究し，結果として多くを学ぶこと（less is more）を実現しようとします。

核となる評価課題・評価問題で単元に背骨を通す

　単元のコアとなる評価課題・評価問題（学びの舞台）からゴール逆算的に設計する「末広がり」の単元は，**図4**のようなかたちで組み立てることができます。

　一つは，パーツ組立て型で，内容や技能の系統性が強い教科や単元になじみやすいものです。例えば，栄養学の知識を用いてバランスの取れた食事を計画する課題を中心とした単元において，「健康的な食事とは何か」という問いを設定する。生徒たちは，自分の家族の食事を分析してその栄養価を改善するための提案をしたりするパフォーマンス課題を遂行する際にその問いを繰り返し問う。こうして問いに対する自分なりの答え（深い理解）を洗練していくといった具合です。

　もう一つは繰り返し型です。説得力のある文章を書く単元において，単元の最初に生徒たちは，文章の導入部分を示した4つの事例に関して，どれが一番よいか，その理由は何かという点について議論する。こうして，よい導入文の条件を整理し，自分たちの作ったルーブリックを念頭に置きながら，説得力のある文章を書く練習に取り組んでいくといった具合です。

　パーツを組み立てて総合するにしても，まとまった単位の活動を拡張しつつ繰り返すにしても，①概念や技能を総合し構造化する表現（例：電流のイメージ図や江戸時代の3大改革のキーワードを構造化した概念マップなど，頭の中の知識の表現を，単元前後で書か

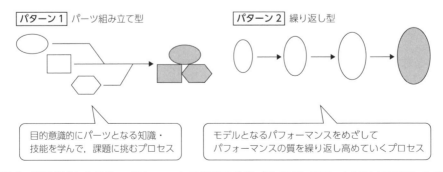

図4. 単元構成における，パフォーマンス課題の位置づけ（西岡，2008。ふき出しは引用者による）

せてその変容で伸びを実感する），あるいは，②主題や論点の探究（例：自分たちの住む
○○県のPR活動のプランニングをするために，地域調査を行ったり，それに必要な知識
や技能を習得したり，新たな小課題を設定したりして，現状認識や解決法を洗練してい
く）を，単元の背骨を形成する課題とするとよいでしょう。

授業づくりと単元づくりで「ヤマ場」を意識する

　授業は教材を媒介とした教師と生徒との相互作用の過程であって，始めから終わりまで
一様に推移するわけではありません。それゆえ授業過程で繰り広げられる教師と生徒の活
動内容には，時間的推移に沿って一定の区切り（「導入−展開−終末（まとめ）」といった
教授段階）を取り出すことができます。すぐれたドラマや演奏には感情のうねり，展開の
緩急，緊張と弛緩などの変化があり，それが人々の集中を生み出したり，心をゆさぶった
り，経験の内容や過程を記憶に焼きつけたりします。すぐれた授業にも同じ性質がみられ
ます。

　授業は教科書通り流すものや次々と脈絡なく課題をこなし流れるものではなく，ドラマ
のようにリズムや緩急やヤマ場があり，ストーリー性をもって局面が「展開」するものと
して捉えるべきです。ゆえに「展開」段階はまさに「展開」の名に値するものとしてデザ
インされねばなりません。展開の段階においては，授業の「ヤマ場（ピーク）」をつくれ
るかどうかがポイントになります。授業はいくつかの山（未知の問いや課題）を攻略して
いきながら教材の本質に迫っていく過程です。この山に対して教師と生徒たちが，それぞ
れに自分のもてる知識や能力を総動員し討論や意見交流を行いながら，緊張感を帯びた深
い追究を行えているかどうかが，授業のよしあしを決定する一つの目安となります。

　「授業において導入がいのち」というのは，「導入を盛り上げる」ということとは異なり
ます。盛り上がった先には盛り下がるのであって，導入ではむしろ生徒たちの追究心に静
かに火を付けること，学びのための知的な雰囲気と学びの姿勢を形成し，学びのスタート
地点に生徒たちを立たせることに心を砕くべきです。そしてヤマ場に向けて生徒たちの追
究心をじわじわ高め，思考を練り上げ，終末段階において，教えたい内容を生徒たちの心
にすとんと落とすといった具合に，1時間の授業の展開のストーリーを描く展開感覚が授
業づくりでは重要なのです。そうした授業レベルで意識されてきたヤマ場を軸にしたス
トーリー性を，「学びの舞台」を軸に単元レベルでも意識するとよいでしょう。

　「ヤマ場」は授業者の意図として「思考を深めたい」場所で，「見せ場」は生徒にとって
「思考（学習成果）が試される場所」（手応えを得られる機会）です。授業のヤマ場の豊か
な学びよりもテストという貧弱な見せ場に引きずられる状況を超えて，ヤマ場と見せ場を
関連づけることで「学びの舞台」が生徒たちにとって真に学びの目標となる「見せ場」に
なるよう学びのストーリーを組み立て，単元や授業のヤマ場を構想していくことが重要で
す。

学力の質や観点に応じて総括のタイミングを柔軟化する

　単元や年間を通して生徒を長期的に見守り育てていくうえで，年間の学力評価計画を立てておくことが有効です。その際，学力の質や観点に応じて，総括のタイミングを柔軟に運用することが肝要です。「知識・技能」は授業や単元ごとの指導内容に即した「習得目標」について，理解を伴って習得しているかどうか（到達・未到達）を評価する（項目点検評価としてのドメイン準拠評価）。いっぽう「思考・判断・表現」は長期的でスパイラルな育ちの水準をルーブリックのような段階的な記述（熟達目標）のかたちで明確化し，重要単元ごとに類似のパフォーマンス課題を課すなどして，学期や学年の節目でパフォーマンスの洗練度や成長を評価するわけです（水準判断評価としてのスタンダード準拠評価）。「知識・技能」は単元テストや定期テストで，「思考・判断・表現」や「主体的に学習に取り組む態度」は重点単元や学期の節目の課題でといった具合です（図5）。

　その際，単元を超えて繰り返す類似のパフォーマンス課題の設定や年間指導計画における位置づけがポイントとなるでしょう。単元で学んだ内容を振り返り総合的にまとめ直す「歴史新聞」を重点単元ごとに書かせることで，概念を構造化・体系化する思考の長期的な変化を評価する。さまざまな単元において実験レポートをまとめたり，時には自ら実験計画を立てたりすることを求めたりして，科学的探究力を育て評価する。あるいは，学期に数回程度，現実世界から数学的にモデル化する思考を伴う問題解決に取り組ませ，思考の発達を明確化した一般的ルーブリックを一貫して用いて評価することで，数学的モデル化や推論の力の発達を評価する。勝負の授業，単元末の課題，あるいは，中間，期末などの学期の節目といった，長い時間軸で成長を見守り，学びの舞台を設定して見せ場で伸ばすわけです。

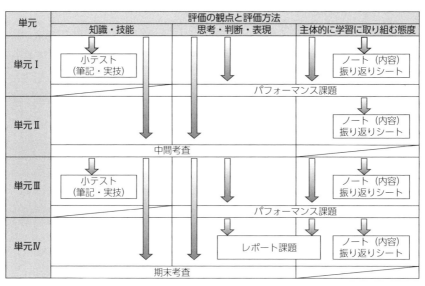

図5．各観点の評価場面の設定（大阪府教育委員会『新学習指導要領の趣旨を踏まえた「観点別学習状況の評価」実施の手引き（令和3年1月）』，15頁）

第 2 章

国語科の観点と評価の実際

- 国語科の指導と評価
- 「思考・判断・表現」の指導と評価
- 「知識・技能」の指導と評価
- 「主体的に学習に取り組む態度」の発揮と評価
- 国語科の学習評価と効率的に向き合う八つの視点

1 国語科の指導と評価

国語科は生徒に「どんな力」を育成するか

◆国語の授業で学ぶこと―3種の学習内容

例えば，夕方の食卓で親子のこんな会話があるとしよう。

> 親：今日は小学校で何の勉強をしたの？
> 子：かけ算だよ。

算数の授業で「かけ算」を学習したことがわかる。では，国語ではどうだろうか？

> 親：今日は小学校で何の勉強をしたの？
> 子：「ごんぎつね」だよ。

「ごんぎつね」を学習したことになる。これはよくない。「ごんぎつね」は教材名だからだ。国語科は「教材を教える」教科ではない。教科書に掲載される教材は出版社によって異なる。もしも国語科が「教材を教える」ならば，教科書が異なる地域間で学習内容が違ってしまう。また，理科的な内容の説明的文章教材を扱う国語の授業は，理科を教える時間になってしまう。だから国語科は「教材で教える」教科でなければならない。

国語の教材で獲得する学習内容は3種ある。親子の会話の続きで整理する。

> 親：「ごんぎつね」で何がわかったの？
> 子：A．ごんが兵十に火縄銃で撃たれて終わったよ。
>   B．ごんの自業自得だけど，撃たれたのはとても悲しかったよ。
>   C．銃の筒口からのぼる青い煙は，ごんが天国へ行くことなどを表していたよ。

ABCの三つの回答にはそれぞれ異なる学習内容が反映されている。

Aは教材の内容が反映された回答。国語で正確に理解できるようにすることは国語科の目標の一つであるから，教材の内容を正しく読み取ることは欠かせないし，それを確認する必要もある。だから教材の内容は国語の授業で学ぶ内容の一つとなり得る。ただし，教材の内容だけを学ぶのであれば「教材を教える」授業に陥ってしまう。

Bは教育的な学習内容が表れた回答。「命の尊さ」「因果応報」「思いやり」などである。道徳教育は全教育活動を通じて行うため，国語の授業中も蔑ろにしてはならない。ただ

し，教育的な内容のみを教えるなら道徳の授業になってしまい，国語の授業ではない。

　Cは国語科的な学習内容をつかんだ回答だ。景色を描くことで心情を表したり，事象を暗示したり，余韻を生んだりするという「情景描写」の効果や役割を認識できていることがわかる。「情景描写」は文章を読む際や書く際にとても有用な技の一つだ。

　国語の授業にはこうした国語科的な学習内容が欠かせない。しかし，教師が「情景描写とは……」と講義し，この用語や定義を暗記させてもあまり意味がない。「情景描写」が実際の文章にどう用いられ，どんな効果を発揮しているかは具体例を通してこそ実感できる。ごんの死や兵十の心情を読み取って心が動かされるほど「情景描写」のよさも強く感得できる。だから国語の授業では，教材の内容を正確かつ豊かに扱いながらも，国語科的な学習内容を学ぶ。抽象的な思考がむずかしい小学生段階では個別の具体例（教材の内容）の扱いが多くなるが，中学生は教材という個別の具体例から一般化した国語科的な学習内容への理解がより重要になる。何を学ぶ授業なのか，子どもたちにも意識させたい。

◆国語科の目標と内容

　新学習指導要領に示された中学校国語科の目標に，次の下線を引いて抜粋すると，

　言葉による見方・考え方を働かせ，言語活動を通して，国語で正確に理解し適切に表現する資質・能力を次のとおり育成することを目指す。
(1) 社会生活に必要な国語について，その特質を理解し適切に使うことができるようにする。
(2) 社会生活における人との関わりの中で伝え合う力を高め，思考力や想像力を養う。
(3) 言葉がもつ価値を認識するとともに，言語感覚を豊かにし，我が国の言語文化に関わり，国語を尊重してその能力の向上を図る態度を養う。

「言語活動を通して　資質・能力を　育成する」となる。つまり「どうやって」「何を」育成するかが示されている。

　国語科は「国語で正確に理解し適切に表現する資質・能力」を育成する。資質・能力の三つの柱のうち，〔知識及び技能〕と〔思考力，判断力，表現力等〕は新学習指導要領の「内容」に，学年ごとに指導事項として整理されている。指導事項は国語の授業で生徒が何を理解し，どう使い，何ができるようになればよいのかを示し，基本的に行為の姿を表す文（〜すること）が書かれている。この姿を生徒に体現させることが資質・能力の育成につながる。

　もう一つの柱「学びに向かう力，人間性等」は新学習指導要領の「目標」にのみ示され，「内容」には示されていないため「目標」を念頭において指導することが必要だ。

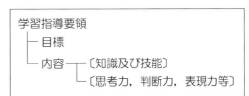

国語科は「どのように」力を育成するか

　新学習指導要領は国語科に限らず全教科の目標に，教科の「見方・考え方を働かせ」と「活動を通して」と記している。「何を教えるか」を中心に示した旧学習指導要領と異なり「どうやって学ばせるか」という手段に言及した学習指導要領だと言える。どの教科でも「活動を通して」に該当する部分は，教師主導の活動ではなく，生徒自身が目的や見通しをもって課題を解決するような学習活動が重視されている。先述のとおり，国語科は「言語活動を通して」であり，言語活動の中で，指導事項に示された姿を体現させ，資質・能力を育成する。他教科では授業の一場面での話し合いや発表，記述などの行為を言語活動というが，国語科では意味が異なる。単元を通した大きな一つながりの「話す・聞く・書く・読む」活動を言語活動と呼ぶ。例えば「スピーチをする」という言語活動であれば，話す内容を決めたり，構成を考えたり，抑揚や手振りを工夫したスピーチの練習を互いに見て助言し合ったりしながら，よりよくスピーチを行えるように単元を通して取り組む。本書はそういった単元の言語活動による授業の指導と評価の事例を掲載している。各学年の「話すこと・聞くこと」「書くこと」「読むこと」を網羅し，古典教材を用いての言語活動も掲載した。

◆相手，目的や意図，場面や状況への意識の必要性

　国語科の目標の(1)や(2)には「社会生活」という語句が並び，生きて働く国語力を重視している。実際に社会生活で言語を運用するには，目的や意図，相手や場面などへの意識が必須だ。相手や目的が変われば，適切な言葉遣いも伝えるべき情報も変わる。同じ相手でもチラシに書いて伝えるか，スピーチで伝えるかでは適切な情報量も順序も変わる。だから授業の言語活動でも「何のために」「誰に」「どういう意図で」「どんな場で」「どの媒体で」を常に生徒に意識させて，社会生活における人とのかかわりの中で伝え合う力を育成する。

国語科は「どのように」評価するか

◆三つの柱による目標と評価の観点の整理

　国語科で育成する資質・能力は他教科と同じく三つの柱で整理され，目標も対応している。目標の(1)は〔知識及び技能〕，(2)は〔思考力，判断力，表現力等〕，(3)は〔学びに向かう力，人間性等〕の柱に対応する。評価の観点も呼応し「知識・技能」「思考・判断・表現」「主体的に学習に取り組む態度」の三つだ。国語科の旧観点は五つだったので数の違いが目を引くが，数の差は本質的に大きな変化ではない。観るものが変化していないからだ。観点とは対象を観察する際の目のつけ所である。観点「思考・判断・表現」の評価は，観察対象である生徒の「話すこと・聞くこと」「書くこと」「読むこと」といった言語運用の様子に目をつけて評価を行う。つまり，対象も目のつけ所も旧観点と変わらない。一方で「関心・意欲・態度」が「主体的に学習に取り組む態度」となったのは大きな変化

だ。これは名称の変更ではなく，目のつけ所が大きく変更されている。その違いは後で詳述する。

◆国語科の指導と評価の一体化

　学習評価は，学んだことが身についたかどうかの確認だ。例えば授業中に登場人物の心情を読み取り，定期テストで「この人物の心情を答えなさい」という問題を出しても，教材の内容を記憶できたかを確認するだけで，読み取る力は測れない。身につけさせたい力と評価する力がちぐはぐだ。改善策として初見の文章で読解問題を出す方法があるが，授業で「読み方」を指導していなければ実力テストになってしまい，学習評価として機能しない。だから学ぶ場面を授業中に設定する。また学ぶ場面でも生徒の学習状況を評価すれば，それを生かして適切な指導が可能になる。

　本書では単元の終末の総括的評価を行う評価場面❷に向け，指導に生かす形成的評価を行う評価場面❶を設定した実践を多く掲載した。評価場面❶で単元を総括する学習活動を取り上げる単元では，評価場面❷は定期テストなど（外付け）の評価問題を取り上げる例も掲載した。各評価場面❶❷では生徒の活動の様子やワークシートなどの記述例とBとAの評価基準のほか，指導と評価の一体化の具体例としてBやC評価の生徒への手だても示す。

2 「思考・判断・表現」の指導と評価

〔思考力，判断力，表現力等〕は「どんな力」を育成するか

◆新学習指導要領の内容

　国語科の単元学習は新学習指導要領の〔思考力，判断力，表現力等〕の内容と密接な関係にある。だからまず，観点「思考・判断・表現」の指導と評価から確認する。

　〔思考力，判断力，表現力等〕は「A 話すこと・聞くこと」「B 書くこと」「C 読むこと」の3領域で形成される。つまり国語科の「思考・判断・表現」とは，「話す・聞く・書く・読む」といった言語運用そのものを指す。各領域内は「指導事項」と「言語活動例」で形成される。

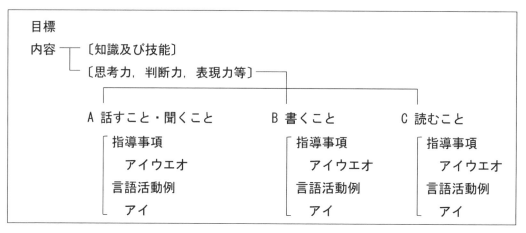

　指導事項はア〜オ（第3学年「C 読むこと」はエまで）の順に並び，言語活動の自然なプロセスになっている。例えば「B 書くこと」のアは「題材の設定，情報の収集，内容の検討」，イは「構成の検討」，ウは「考えの形成，記述」，エは「推敲」，オは「共有」に関する行為の姿が書かれている。題材を決め，情報を集め，構成を考え，記述し，推敲し，発信して反応を得るのは自然な流れだ。ア〜オに示された姿を単元内で生徒に順に体現させることで言語運用の質が高まる。つまり指導事項とは言語運用の上手なやり方を示している。なおア〜オは一方通行ばかりではなく，繰り返したり，戻ったり，省略したりすることもある。

　言語活動例はどの学校・どの教室でも使えるように一般化されている。例えば第1学年「B 書くこと」のイには「行事の案内や報告の文章を書くなど，伝えるべきことを整理し

て書く活動」という例が示されている。例中の「行事」には，体育会，文化祭，星空観測会など各学校や地域の行事を当てはめることができる。また，「指導事項」に書かれた姿が体現できる言語活動であれば，言語活動例に示されたもの以外でも設定可能である。

〔思考力，判断力，表現力等〕は「どうやって」力を育成するか

◆国語科の単元のつくり方

　国語科の単元学習は，基本的に〔思考力，判断力，表現力等〕の指導事項を順に指導しながら言語活動に取り組めば成立する。前述のように指導事項は繰り返したり，戻ったりできる。また各単元で重点とする指導事項を定め，他の指導事項を省略することもできる。年間を通じて全指導事項の指導と評価が網羅できればよい。指導の重点としない指導事項でも単元の言語活動の過程で取り組むことがある。それ以前の単元で重点とした指導事項であれば学び直しのよい機会となる。その際は記録に残し評定に用いる評価は必要ないが，学習状況を把握して補充的に指導する。

　なお，〔知識及び技能〕の指導事項も単元の流れの中に適宜組み込んで指導し，評価するのが基本だ。そうすれば〔知識及び技能〕が言語活動の中で役立つ実感を伴って学ばせることができる。ただし，〔知識及び技能〕の指導事項はその特性を考慮して，言語活動を行う単元と切り離し，独立した単元で指導することもできる。

◆言語活動の設定のポイント

　言語活動によって生徒の意欲も大きく変わるため，言語活動の設定は注意が必要だ。言語活動を設定する際は，下記の３点を意識するとよい。

① 指導事項の姿が表れる

　言語活動を行うことは目的ではなく，資質・能力を育成するための手段だ。基本的に指導事項は行為の姿の文で書かれているため，その姿が表れない活動を手段としても目的を達成できない。例えば「昼休みに放送する学校のニュース番組を作る」という言語活動であれば「Ｂ書くこと」の指導事項の姿が順に表出し学びになる。しかし「昼休みの音楽番組（セレクトした曲を流すだけ）を作る」では，いくら楽しそうでも言語活動とはなり難い。

② 相手と目的がある

　相手と目的がある言語活動は場面や状況，意図が生じ，社会生活で生きて働く国語力の育成につながる。自分が相手という場合もある。自分のために読んだり，書いたりすることも言語活動だ。相手が伝えていることを目的をもって読み取る場合もあるが，無目的に教材を読み解く授業は避けたい。また単元ごとに同級生・保護者・地域の人・小学生・不特定多数の人など相手を変えることで言語運用時の考慮事項を変え，学びを広げることが望ましい。

③ 生徒がやりがいを感じる

　生徒にとって挑戦的でやってみたくなる言語活動だと授業が楽しくなる。同じだけ価値

があり力がつくならば，楽しい活動の方がいい。またリアルな言語活動はやる気が高まりやすい。例えばオープンスクール用の「学校紹介ムービーを制作する」，体育大会を盛り上げるために「ブロック便りを作る」など現実的な文脈での言語活動では，勉強は未来のために我慢する現在の苦役でなく，成長しながら今をよりよく変えていく営みになる。もちろん必要に迫られた言語活動だけがよいわけではない。写真に自作の詩を載せてポストカードを作ったり，小説の書評を紹介し合ったりするなど，言葉の豊かさを味わう言語活動も大切だ。

〔思考力，判断力，表現力等〕は「どのように」評価するか

◆学習課題例から考える，指導と評価を具体的にする「コツ」

　例えば，第２学年の「Ａ 話すこと・聞くこと」の領域で次のようなスピーチの言語活動を設定し，学習課題として提示したとする。自分が生徒ならどんなスピーチをするだろうか。想像してみてほしい。そして，教師はどう評価するかを考えてみよう。

学習課題 スピーチをしよう。

中学校生活も残り半分です。中学校生活をよりよくするためには，一人でできることもあれば，クラス全体で取り組むべきこともあります。各自の考える「学校生活をよりよくするためにクラスで取り組みたいこと」を２分間のスピーチで発表し合い，よいアイデアがあればみなで実践してみましょう。取り組みたいことは，日常的なもの，行事に関するものなど何でも構いません。よりよい中学校生活をつくれるよう，がんばってください。

条件
・いつ，何に取り組みたいのかを具体的に述べること
・自分の意見の根拠を述べること

　生徒は健康のための教室の換気や，クラスマッチで勝つための練習，午後の授業に集中するための昼寝，クラスを楽しくするためのお楽しみ会などを提案するかもしれない。教師はスピーチをどう評価するだろうか。当然ながら，提案した取り組みのよしあしは国語の評価にはならない。国語の授業では国語科の指導事項をもとにした規準で評価する。次のように指導事項の文末「すること」を「〜している」に書き換えて評価規準とする。

第２学年　Ａ 話すこと・聞くこと（1）イ　をもとにした評価規準
自分の立場や考えが明確になるように，根拠の適切さや論理の展開などに注意して，話の構成を工夫している。

　この言語活動では「根拠の適切さに注意して話の構成を工夫しているか」を評価することになるが，何をもって「根拠の適切さに注意した」と判断するのか，評価規準だけではわかりにくい。この状態で授業を行えば，ＢとＡの判断の基準が不明で評価があいまいになる。何となく活動はできても，「何となく」で評価しては生徒も納得がいかない。

　そこで，評価規準を各単元に合わせて具体化し，判断の基準を明確にした評価基準を設定するため，各スピーチにおける「根拠の適切さに注意した」とは何かを掘り下げる。教室の換気を提案するなら，換気の効果を調べ科学的なデータを根拠とすれば説得力がある。その際，調べた情報の出典の信頼性を吟味したか，複数の情報元を比べたかなどは「根拠の適切さに注意」に該当する。それらを確かめず誤情報を根拠に用いたら，根拠の適切さに注意していないと言えるだろう。お楽しみ会を提案するなら，書籍などで検索する二次情報は根拠としてあまり意味がない。クラスでアンケートをしたり，ヒアリングしたりと，自分で収集する一次情報の方が効果的な根拠になる。この場合の一次情報では調査の実施人数が「根拠の適切さ」につながるかもしれない。また自分の提案の根拠には書籍などの二次情報と身近な一次情報のどちらがよいかという判断自体が「根拠の適切さに注意」の大切な要素だろう。以上を踏まえると例えば次のような具体的な評価基準を想定できる。

Ｂ基準：複数の情報源を比較したり直接収集したりした誤りのない情報を根拠としている。
Ａ基準：自分の提案に合う根拠として一次情報と二次情報の適切な方を用いている。

　「根拠の適切さに注意した」と言える要素は他にもあり，もちろん評価基準はこの例がすべてではない。言語活動が違えば求められる「適切さ」が変わり評価基準も変わる。
　自分の授業の評価基準を具体的に想定すれば授業中の指導が明確になる。前述のＡとＢの評価基準をもてば，一次情報と二次情報の違いを説明した後，どちらを根拠とすれば提案の説得力が高まるかを考えさせるなど具体的に指導できる。一次情報は身近で実感を伴いやすい反面，一般性に欠け科学的な信憑性も薄い。二次情報はより広範囲の情報や科学的に立証された情報も得られるが，実感や信頼性に欠ける場合もある。こうした情報の特性を踏まえて考慮することは生徒が根拠の適切さに注意して話の構成を工夫する際に役立つ。つまり「一次情報と二次情報のどちらが自分の提案の根拠にふさわしいかを考える」ことは，この指導事項を体現する際の一つのコツと言える。言語運用にはこうしたコツが無数にあり，それらは国語科的な学習内容でもある。指導事項に含まれる言語運用のコツを拾って指導し，学ばせ，そのコツをつかんで使えているかを評価すれば授業の評価基準が具体的になる。

◆指導と評価を具体的にする「コツ」の見つけ方
　言語運用のコツを見つけるにはまず教師自身が単元の言語活動をやってみることが一番だ。言語活動の下見とも言える行為で，強く勧めたい。遠足の下見と同じで，必要なものや時間配分，注意すべきポイントが見え，指導のイメージができる。教師が言語活動をやってみると，当然ながら生徒より質の高いパフォーマンスができる。なぜなら国語教師は言語運用の質を高めるコツを無意識にでも使って工夫するからだ。だからまず自分でやってみて，自分が行った工夫を分析することが大事だ。すると生徒に教えるコツが整理できる。「一次情報，二次情報」といった用語は知らずとも，国語教師なら自然と生徒に「こ

の提案なら科学的な情報を根拠にすると説得力が出るよ」「この提案はみんなの声を根拠にしたらどう？」とコツを助言できる。もちろん自分がスピーチする際も無意識に根拠の適切さに注意を払えている。だから自分でやってみて，自分の言語活動がなぜ生徒より優れているのか，生徒とどこが違うのか，何に気を配ったのかを見直すと，指導すべきコツは案外簡単に見つかる。

◆「思考・判断・表現」の評価問題例

　「思考・判断・表現」の評価は単元の言語活動の中で行うのが基本だ。「話す・聞く・書く・読む」といった言語運用を指導するため，評価時も言語運用の実際を見る方が正確だ。ただし，ペーパーテストによる評価も不可能ではない。ペーパーテストの問題も当然〔思考力，判断力，表現力等〕の指導事項に対応させることになる。例えば，

【問１】文章中の下線部から読み取れる登場人物の気持ちの変化として，適切なものを次のア〜エから一つ選べ。

といった問題は，次の「Ｃ 読むこと」の指導事項に対応している。

第１学年　Ｃ 読むこと（1）イ
場面の展開や登場人物の相互関係，心情の変化などについて，描写を基に捉えること。

「Ｃ 読むこと」の評価問題に限らず，他の領域もペーパーテストで多少の評価はできる。

第２学年　Ａ 話すこと・聞くこと（1）イ
自分の立場や考えが明確になるように，根拠の適切さや論理の展開などに注意して，話の構成を工夫すること。

　上記の指導事項に対する評価問題の例として二つの問題を示す。

【問２】あなたは生徒会役員の一人である環境美化委員長です。来月の全校集会で演説を行います。みんなに呼びかける内容（あなたの主張）は次のとおりです。あなたの主張にみんなが賛同してくれるようにするため，根拠となる情報も述べたいと思います。根拠とするのにふさわしい情報をア〜ウから一つ選び，その理由も答えなさい。

あなたの主張
「地球全体で海洋プラスチックが問題になっている。原因の一つであるペットボトルの使用量を減らすため，学校にはペットボトルではなく，水筒を持参してほしい」

根拠となる情報
ア　誰かのブログに載っていた「世界の海のペットボトルゴミの量」の情報
イ　複数のサイトを見比べて確かめた「世界の海のペットボトルゴミの量」の情報
ウ　自分が校区の海岸でペットボトルゴミをたくさん目にして驚いたという情報

　アは根拠の適切さを欠くので不正解。イとウは理由次第で正解。イは「大きな規模の情報を根拠にすれば，深刻な問題だと捉えられるから」など二次情報の利点を理由としてい

れば正解となり，ウは「身近な情報だと問題も身近に捉えられるから」など一次情報の利
点にふれていれば「根拠の適切さ」に注意していると言えるため正解だ。

【問3】あなたは生徒会役員の一人である保健委員長です。各クラスの保健係にクラスの消
毒液が少なくなったら補充するよう伝えました。しかし補充していないクラスがあり，保健
係に声をかけました。ところが次の会話文のように話がかみ合いません。どう言えばかみ合
い，保健係が補充してくれたでしょうか。下線文を適切に書き換えてください。

　あなた：「補充してくださいね。消毒液がボトルの半分になっていますので」
　保健係：「いや，補充しなくていいですよね。消毒液はボトルの半分ありますから」

　正答例は「消毒液がボトルの半分になっていて，少なくなっていますので」だ。この会
話の問題点は言葉遣いなどではなく，主張の根拠が「消毒液がボトルの半分」という客観
的な情報（事実・データ）のみになっていることにある。半分を多いと捉えるか少ないと
捉えるかは主観によるので「少なくなっている」という主観的解釈（理由づけ）を加えて
根拠としなければ話がかみ合わない。「主張」を「事実・データ」と「理由づけ」の二つ
で支える「三角ロジック」で「根拠の適切さ」に注意できるか否かを確かめる問題だ。
　【問2】は先例のスピーチの言語活動の単元の終了後に，定期テストなど外付けの評価
問題として使用できる。しかし【問3】は使用できない。同じ指導事項に対応する問題で
も授業で身につけた力と確かめる力が一致しないため，学習評価として成立しない。評価
問題とは授業で学んだことを確かめるものでなければならない。

3 「知識・技能」の指導と評価

〔知識及び技能〕は「どのように」評価するか

◆「わかる」と「できる」

　知識は「知っているか」「わかっているか」，技能は「できるか」の話である。漢字を知っているかどうかを，読むことができるか，書くことができるかで判断するように，国語科では多くの場合，知識と技能は不可分として評価できる。ただし，書写の指導事項にある「調和した仮名の書き方を理解して，読みやすく速く書くこと」などは，わかっているからといって，即座にできるとは限らない指導事項である。こういう場合は「できない」イコール「わかっていない」と見なして評価しないように注意が必要である。

◆「知っている」と「わかっている」の差

　同じ知識でも「知っている」「わかっている」では理解レベルに差がある。「知っている」「わかっている」に「使える」を加え，三つのレベルで「尊敬語」の知識の理解の差を整理したのが図1である。

　「相手を高めて敬意を表す」など尊敬語の定義に関する知識や，「『～れる・られる』を付け

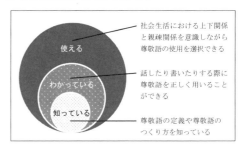

図1.「尊敬語」についての三つの理解レベル(石井，2012をもとに筆者が加筆修正)

て表す」など尊敬語のつくり方の知識は「知っている」のレベルだ。

　「知っている」を確かめるには，例えば次のような評価問題が考えられる。

【問4】尊敬語の説明として正しいものを次のア～ウから一つ選べ
ア　相手の動作や状態，相手のものなどを高めて表現し，相手への敬意を表す
イ　自分の動作や状態，自分のものなどをへりくだって表現し，相手への敬意を表す
ウ　自分の言葉遣いを上品にするための表現で，相手への敬意とは関係ない
【問5】下線部のうち，尊敬語が使われているものはどれか
いつ頃こちらに来られる予定ですか。お会いするのが楽しみです。

　これらは正誤で評価できる。「わかっている」は少し複雑で例えば次のような問になる。

【問6】各文の下線部を尊敬語に書き直しなさい
ア　先生が会議に出席する　　　イ　廊下から先生が見る

この問は，書き直せたかを評価する。ただしイの答えには「ご覧になる」「見られる」が想定できる。どちらも正答だが，「見られる」は適切な表現とは言い難い場合がある。「廊下から教室内を先生が見られる」なら適切だが，「廊下から先生が見られる」の場合，先生が行為主体なのか受け手なのかわからず誤解が生じやすい。敬語の誤用ではないが，適切な表現とも言えないだろう。この場合は正誤だけでなく，適否による評価が必要となる。

　尊敬語を社会生活で「使える」レベルで考えるとさらに複雑だ。例えば年上の同僚や友人に杓子定規に用いる尊敬語は正解とも不正解とも言えない。敬語には親疎関係を表す働きもあるため，場面や状況によっては良好な人間関係のためにあえて敬語を用いない選択も有り得る。これは正誤では判断できず，適否の基準もあいまいだ。「尊敬語」という知識をより深く理解していることが思考・判断の質を高めることは間違いない。現実場面を模した問題で，各自の考える最適解とその理由を問い，理解の深さを評価する。

【問7】あなたは２１歳の大学生です。あなたには１歳年下の妹がいます。妹は半年前，７歳年上の社会人であるサトルさんと結婚しました。つまりサトルさんはあなたの６歳年上で，義理の弟です。妹とサトルさんが家に遊びに来ました。次の会話文中の，あなたのセリフとして適切だと思うものを後のア〜エから一つ選び，その理由も答えなさい。

　　　母　　：いらっしゃい。サトルさん，よく来たわね。
　サトル：おじゃまします。お母さん，これ召し上がってください。お土産です。
　　　妹　　：サトル，そんなにかしこまらずに，自分の家だと思ってくつろいでよ。
　　　母　　：そうよ。家族なんだから，そんなに気を使わなくていいのよ。
　サトル：そうですか。でも，ちょっと緊張してしまって……。
　あなた：＿＿＿＿＿＿＿＿。

ア　そうです。よくぞ参られましたね。　　　イ　そうです。よくぞお越し下さいました。
ウ　そうですよ。よく来てくれました。　　　エ　そうだよ。よく来てくれたね。

この問題には唯一の正解は存在しない。選択肢のアのみ，謙譲語「参る」の誤用で不正解。残るイウエはどれも不正解ではないが，現実にはどれが正解かはわからない。ただ，選択理由から国語としての評価は可能だ。イを選択した理由として，次の三つを想定した。

---

① 尊敬語が正しく使えているから。　② サトルさんは年上なので，尊敬語を使うべきだから。
③ 尊敬語を使うと親しみは生まれにくいが，サトルさんが緊張しているので，初めは敬意を表しつつ相手に合わせて少し距離をとってあげると安心すると思うから。

---

③は尊敬語が上下関係と親疎関係を表すことを加味した「使える」レベルに達しているのでA評価とし，①や②はB評価とする。エを選択した理由としては，

---

④ 弟は目上の相手ではないので，敬語は使わなくていいから。
⑤ 母も妹もサトルさんにくつろいでほしいと思っているが，兄の立場の自分が敬語を使うとサトルさんも敬語でないと話しづらくなり，くつろぎにくくなるから。

などが想定でき，④はB，⑤はAにできる。ウを選択した場合でも，尊敬語を避け丁寧語のみを用いる意図に上下関係と親疎関係のバランスを考慮した理由が書ければAとなる。

指導にあたっては当然，【問7】の実施前に尊敬語の上下関係と親疎関係を表す役割について学習する時間が必要だ。「知っている」だけでなく，「わかっている」「使える」レベルで生徒が思考する機会を授業中に設けておく。知識は常に「知っている」「わかっている」「使える」の3区分が明確になるものではないが，どうやら国語科の「知識・技能」の評価には，正誤による評価だけでなく，適否の評価が存在することがわかる。そして，社会生活に生きて働く国語力の育成には，後者を踏まえた指導と評価が欠かせないだろう。

◆「知識・技能」と「思考・判断・表現」の関係

観点名に含まれる「知識」「技能」そして「思考」「判断」「表現」という語句の関連性を考えてみる。すると「知識をもとに思考し，判断し，技能を用いて表現する」というつながりが見える（一部教科では異なる）。もし「知識もなく思考し，判断し，技能なく表現する」ならば，それは当てずっぽうでしかない。つまりよい表現は，必ずよい知識が支えている。そのため，授業の成果物など生徒の表現を見て評価を行う際，観点「知識・技能」と観点「思考・判断・表現」のいずれの評価とすべきかを迷うことがある。

例えばスピーチの授業で，聞き手である級友の賛同を得る意図で話した生徒が，親疎関係を踏まえ，あえて敬語を用いずに「みんなで一緒にやってみよう」と呼びかけたとする。スピーチの場での言葉遣いとしての適否はさて置き，「尊敬語」について深く理解できており，知識を用いてじっくり思考・判断した結果の表現である。「知識・技能」「思考・判断・表現」のいずれの観点で評価すべきだろうか。結論を言えば，どちらでも評価し得る。

◆評価の観点は指導事項に応じる

そもそも学習評価は，学びの状況を確認することで子どもを伸ばすためのものであり，授業で学習した内容に対して行う。学習せずに有しているもの（才能など）や，学習不可能な能力（例えば視力）に優劣を付けるためのものではない。だから授業では新学習指導要領の内容〔知識及び技能〕や〔思考力，判断力，表現力等〕に示された事項を指導し，その指導事項に照らして評価する。「尊敬語」は〔知識及び技能〕の内容の

> **(1) 言葉の特徴や使い方に関する事項**
> **第2学年　カ**　敬語の働きについて理解し，話や文章の中で使うこと。
> **第3学年　エ**　敬語などの相手や場に応じた言葉遣いを理解し，適切に使うこと。

といった「言葉遣い」に関する指導事項に付随する知識である。よって，観点「知識・技能」として評価することが可能である。また，〔思考力，判断力，表現力等〕の内容の

> **第3学年　A 話すこと・聞くこと　(1) ウ**
> 場の状況に応じて言葉を選ぶなど，自分の考えが分かりやすく伝わるように表現を工夫すること。

にも合致すると思われるので，当該事項を指導する単元であれば，「思考・判断・表現」の評価とすることも可能である。

　問題例【問4，5】のような尊敬語の定義などを「知っている」レベルが「知識・技能」，【問6，7】のような「わかっている」「使える」レベルが「思考・判断・表現」と単純に分けないよう注意したい。【問4〜7】のいずれも「知識・技能」の評価になり得るからだ。しかし「思考・判断・表現」の評価にできるのは指導事項に照らすと【問7】だけだろう。

◆**言語運用に役立てる知識，基盤となる知識**

　よい言語運用（思考・判断・表現）を支える知識が国語科には無数に存在する。例えば，スピーチの構成の工夫には「頭括型」「尾括型」「双括型」などの知識が有用だ。これらの型は新学習指導要領解説 国語編で第2学年〔知識及び技能〕の (1) オ，〔思考力，判断力，表現力等〕の「B 書くこと」の (1) イの指導事項に付随して説明されている。一方，「起承転結」「序破急」など我が国に深く根付く文章構成法は明示されていない（「起承転結」は国語の教科書に掲載され，授業で扱うことも多い）。またビジネス書などで主にプレゼンテーションに有効な構成法として紹介されるPREP（結論-理由-例-結論）も有益だ。つまり，学習指導要領や教科書に載っていなくても言語運用に役立つ知識が世の中に無数に存在し，あるいは生まれ続けており，それらもすべて国語科的な学習内容となり得る。ただし，これらの知識を「知っている」レベルで問う次のような問題には価値がない。

【問8】ＰＲＥＰの構成として適切なものを選べ
ア　Point（結論），Reason（理由），Example（例），Point（結論）
イ　Point（結論），Reaction（反応を見る），Else（他の考え），Point（結論）

　文章構成法のような言語運用に役立つ知識は，実際に言語運用時に使用させ，「知識・技能」や，「思考・判断・表現」の指導事項に照らして評価することが望ましい。一方，漢字，語彙，文法などを筆頭に「知っている」ことが言語運用の基盤となる知識も多い。漢字の読み方や語句の意味を知らなければ文章の読み書きはできない。これらは「知っている」レベルの評価で学習状況を確認し，確実に習得する必要がある。また，〔知識及び技能〕の (2) 情報の扱い方に関する事項や，(3) 我が国の言語文化に関する事項も各指導事項に照らして「知識・技能」で評価する。特に伝統的な言語文化，書写，読書に関する内容は，読む，書くといった言語運用の姿を伴う指導事項が示されており，観点「思考・判断・表現」と混同しやすい。各指導事項に照らして指導と評価を行うよう注意が必要である。

◆**観点「知識・技能」では評価しない知識や技能**

　〔知識及び技能〕に該当しない知識もある。例えば授業でよく扱う情景描写は〔思考力，判断力，表現力等〕の「B 書くこと」「C 読むこと」に付随してのみ解説されている。情景から機微を読むことや心情を仮託し効果的に書き表すことに役立つ知識や技能だが，「知識・技能」でなく，書く・読む際に役立てているかを「思考・判断・表現」で評価する。

「主体的に学習に取り組む態度」の発揮と評価

「主体的に学習に取り組む態度」との向き合い方

◆評価することより，発揮させることを考える

　「主体的に学習に取り組む態度」の評価方法について悩む声を聞くことが多いが，「どうすれば評価できるか」と悩む前にじっくり考えるべきことがある。それは「主体的に学習に取り組む態度」を「どう発揮させるか」である。例えば，ジャンプ力を測りたければ，ジャンプさせる。ジャンプさせずして，ジャンプ力の評価は不可能だ。同様に，主体的に学習に取り組ませなければ「主体的に学習に取り組む態度」の評価は不可能だ。そもそも生徒が主体的に学習に取り組む姿が見られない授業では，評価方法をいくら考えても無意味だ。

　新学習指導要領はこの観点の設置により「学ぶ内容」だけでなく「学ばせ方」にも言及したと言える。特定の指導法を強いてはいないが，生徒が主体的に学習に取り組める授業を教師に求めている。生徒が「主体的に学習に取り組む態度」を発揮できない授業をしていないか，すぐ見直したい。まず授業で「どう発揮させるか」を考えよう。

◆「どう評価するか」より「どんな評価なら伸ばせるか」

　評価方法の前に観点の意図を考えたい。「主体的に学習に取り組む態度」の観点が設けられたのは，その必要性の高さを表す。つまりこの観点の育成状況が十分ではないことの裏返しだ。Society5.0を目前にした現代はVUCA（変動性が高く不確実で複雑であいまい）だと言われる。この傾向は今後も加速度的に進展する。そんな社会では予め用意された正解を探して解決できる問題は少なく，問題解決に向けて必要なものを常に学びながら最適解を生み出し続けたり，自ら問題を発見したり，問題を回避する社会を能動的に創り出したりすることが求められる。OECDが「Education for 2030」で提唱するラーニング・コンパスで示すStudent Agencyの概念をはじめ，主体的に学びながら問題を解決していく姿勢の育成は世界中の教育界で叫ばれ，日本では「主体的に学習に取り組む態度」に色濃く表れている。「主体的に学習に取り組む態度」を国語の授業で育成するのが私たち国語教師の役割だ。上手に評価できても伸ばせなければ意味がない。この観点は「どう評価するか」より「どんな評価の仕方なら伸ばせるか」を考え工夫すべきだろう。

◆旧「関心・意欲・態度」との違いは「よりよく学ぼうとする」

　旧観点「関心・意欲・態度」との共通点と違いを確認する。共通点は，発表や挙手の回

数，忘れ物や提出物の提出状況で評価しない点だ。授業中の学習態度や教師への態度ではなく，国語への関心・意欲，国語を尊重する態度を評価するのが「関心・意欲・態度」であった。「主体的に学習に取り組む態度」では，さらに「よりよく学ぼうとする態度」の評価が重要になる。例えば，おいしい料理をつくるには「よい食材を集める」「上手に調理する」の二つのアプローチができる。教科において「よい食材」は，〔知識及び技能〕だ。よりよい知識や技能を獲得しようとする姿が「よりよく学ぼうとする」姿だと言える。また，国語科では〔知識及び技能〕だけでなく，「よりよい情報」を集めようとする姿も加えられると私は考える。よりよい話材を集めようと取材をしたり，集めた情報を吟味したり，文章を読んでよりよい解釈を構築したりすることで，言語活動は充実させられる。

　教科における「上手に調理する」は，〔思考力，判断力，表現力等〕だ。獲得した知識や技能を上手に使うことで，よりよく「思考・判断・表現」ができる。国語科においての「思考・判断・表現」は，言語活動における言語運用（話す・聞く・書く・読む）であるから，集めた「よりよい情報」を上手に使うことも含まれると考える。

　よって「主体的に学習に取り組む態度」は，<u>よりよい知識・技能や情報を獲得しようとする姿</u>と，<u>よりよく言語運用をしようとする姿</u>を見れば評価できる。

「主体的に学習に取り組む態度」を「どのように」発揮させるか

　生徒がよりよく学ぼうとするように「自らの学習を調整する」「粘り強く取り組む」場面を仕組む。例えば教師から「とにかく漢字練習を1万字やりなさい」と言われ，粘り強く取り組んでも，それは「主体的に学習に取り組む態度」とは言えないだろう。人の指示に疑いをもたず，目的や意味も考えず，従順に遂行する姿勢の育成を願う教師はいないだろうから，発揮させたい姿でもないはずだ。逆に，少し大袈裟だが次の❶～❽を自ら問いながら学習を進める姿を好ましく思う教師が多いだろう。

❶ 自分は何のために漢字を学ぶ必要があるか
❷ 自分はどのくらい漢字をわかっているか
❸ あとどのくらい漢字を学んでいくべきか
❹ 自分はどの漢字を学ぶか
❺ 自分はどうやって学ぶか
　くり返し書いて覚える／小テストをして覚える／家でも学習してくる
❻ ねらいどおりに学べているか
❼ もっとよい学び方はできないか
❽ もっと学ぶべき漢字はないか

❶～❺は学習の見通しである。❶は学習の目的，❹は学習内容の調整，❺は学習方略の調整であり，宿題も自己創出している。

❻❼❽は学習の途中で，自分の学習の状況を確認し改善しようとしている。❼は学習方略，❽は学習内容を調整し直し，粘り強く取り組む姿へとつながる。

❷❸❻は自らの学習をモニターするメタ認知だ。この精度が高ければ，学習を調整しやすくなり，学びがより充実する。だからメタ認知能力を高めることは「主体的に学習に取り組む態度」の育成につながる。

　学習内容や方略，他にも学習場所，時間，量，道具，形態，活動などの要素は，いつも生徒に調整させられるものではないが，これらを自己決定または選択できる裁量権は主体

性の発揮に強く影響する。単元や授業の入り口では教師が見通しを与える授業だけでなく，時には生徒に裁量権を与え，めあてや見通しを自ら立てさせる場面も設けるとよい。

また❻❼❽のように学習途中で状況を確認し，改善して粘り強く取り組む場面も大事だ。こうした場面として国語の授業で代表的なものは「推敲」だ。自分の書いた文書を見直し練り直す。単元途中で推敲の場面を設け，自己評価だけでなく相互評価と助言を仕組んだり，教師からのフィードバックを行ったりすると調整が充実する。

推敲のような行為は，「書くこと」に限らず，「話す・聞く・読む」にも存在する。「読む」ことでは，テキストを読み直してよりよい解釈ができないかを考えたり，必要な情報を取り出し直して読みを確かめたりする場面などが該当する。「話す」ことでは，構成段階や事前練習などで学習状況を確認し改善したり，「聞く」ことでは，正確に聞き取れたか，聞き取れた情報で十分かを注意深く確かめ，問い直したりする姿などが該当する。

「主体的に学習に取り組む態度」を「どのように」評価するか

◆評価と育成のタイミング

旧観点「関心・意欲・態度」は単元の最初と最後での評価が多かった。入り口でこれから学習する国語の内容への関心や意欲を評価し，出口で学んだ国語の内容を今後に生かそうとする態度を評価した。「主体的に学習に取り組む態度」はタイミングが少し変わる。例えば単元の最初に「粘り強く取り組む」は存在しないし，最後で「自らの学習を調整する」というのもいまさらな印象だ。単元の入り口，出口，途中での評価と指導を整理する。

①単元や学習の入り口

入り口では，学ぶ内容や方法を決めるなど，学習の見通しやめあてを立てる様子で「自らの学習を調整する」姿を評価できる。もちろん教師が見通しを与えただけの導入ではその姿は発揮できないので，そうした展開の授業では入り口での評価は避ける。また生徒が見通しを立てれば何でもよいわけでもない。教師は生徒の見通しに指導や助言も行う。不十分な学習内容や学習方法なら修正させ，よい見通しの立て方を学ばせる。ただし態度面の評価なので，見通しの出来ではなく，よい見通しを立てようと思案する姿で評価する。

②単元や学習の出口

出口では自己評価や振り返りを行わせる。単元末で調整や粘り強い取り組みを促しても仕方ないが，自らの学習を振り返ることはメタ認知能力を高めるために価値がある。旧「関心・意欲・態度」では国語を尊重する態度を評価したため，「この単元で学んだことを今後の生活に生かしたいと思いました」と書けばよい風潮もあったが，メタ認知能力を高めるなら話は別だ。自分が何を学び，何ができたのか，何がまだ不十分なのかという本人の認識を言語化させたい。教師の評価のためだけの振り返りなら記述などを提出させて終わりだが，育成のための評価なのだからフィードバックこそが重要だ。本人の認識（自己評価）と教師の客観的な評価を擦り合わせさせ，メタ認知能力を育成する。毎時の授業終わりに振り返りや自己評価をさせる場合も同様に，書いて終わりにしないことが大切だ。

　毎時の最後に振り返りをさせる際は別の注意も必要だ。他教科でも振り返りがあれば，生徒は毎日毎時間振り返りを書くことになる。自分が生徒ならどう感じるだろうか。生徒が煩わしく思うなら「主体的に学習に取り組む態度」を育てるはずが逆効果となる。他教科と調整し，振り返り法を簡略化したり振り返る時間を絞ったりする必要があるだろう。

　単元の出口では達成感や成就感も大切にしたい。これらは評価することはむずかしいが，主体的に学習に取り組む態度の育成のために欠かせない感覚だ。学習した結果として成長できた，成し遂げたという達成感や成就感は学習そのものを有意味化する。また，自分は学習すれば成長できるという成長型のマインドセットにもつながる。達成感は本人の中で湧き上がる感覚だが，成就感は言語活動に取り組んだ結果が，意図した通りに相手に伝わったり，相手や周囲から好意的な反応を得られたりすれば高まりやすい。例えば，学校紹介パンフレットを書く学習の成果物であるパンフレットが読み手から賞賛されたり，駅や商店で配布されたり，先生たちから感謝を伝えられたりすれば，生徒の成就感が高まることが想像できる。学習評価でないが，成就感のためのフィードバックも心がけたい。

③単元や学習の途中

　旧「関心・意欲・態度」と異なり，「主体的に学習に取り組む態度」の評価場面は単元の学習途中にも多い。よりよい知識・技能，情報を獲得しようとする姿や，よりよく言語運用しようとする姿が表れるからだ。これらは「知識・技能」「思考・判断・表現」の評価とも密にかかわる。生徒が「主体的に学習に取り組む態度」を発揮しよりよく言語運用しようと努力すれば，必然的に「思考・判断・表現」の評価もよくなる。評価を分けるのはざっくり言えば過程と結果だ。よりよく言語運用した結果は「思考・判断・表現」，その過程でよりよく学ぼうとしたかは「主体的に学習に取り組む態度」の評価になる。

　よりよい知識・技能や情報を獲得しようとする姿は，例えば自ら話材を集め検討する様子や，国語科的な学習内容を自ら調べるなどして獲得する様子で見ることができる。もちろん教師の指示どおりに学習を進行させる授業では「自ら」は不可能だ。授業のやり方を変え，学習の裁量権を生徒に託して調整や工夫ができる場面を増やす必要がある。

　よりよく言語運用しようとする姿の見取りがむずかしい場合，時間軸上の１地点のみでなく，２地点で同じものを見比べるとよい。例えば推敲前後の文章を見比べる。修正されていればよりよく言語運用しようとした証拠だ。同様に中間評価や助言を受けて改善した後と前の状態も見比べられる。紙媒体はもちろん，一人一台のICT端末で使用するドキュメントやプレゼンテーションのアプリケーションには編集履歴や版を残せるものがあり，改善前を見直すことができる。学習途中の状態を把握しておき，単元末との２地点で比較する。成果物に添えて改善点と改善理由の記述を提出させれば評価はさらに容易だ。

◆客観テストで評価せず，生徒の姿を観て評価し，育成する

　この観点は定期テストなどの外付け評価はそぐわず，基本的に学習内で評価する。正確性の追求は限界があるが，妥当性を高めるため生徒をよく観て根拠とする。評価のしやすさより，この観点の育成につなげることを重視し，評価やコメントをフィードバックする。

5 国語科の学習評価と効率的に向き合う八つの視点

評価すべき指導事項を絞る

　多忙な学校現場ですべての授業時間での生徒の記述や発言を分析して評価を行うことはむずかしいし，その必要はない。単元の重点とする指導事項を設定することは先に述べた。重点とする指導事項は単元の目標になる。だから〔思考力，判断力，表現力等〕と〔知識及び技能〕でそれぞれ一つを重点とすれば十分で，評価を記録するのはその二つだけでもよい。重点が増えると評価の労力が増えるし何より指導の重点がブレやすくなる。

評価を記録する時間を絞る

　学習評価には記録に残して評定に用いる総括的評価と，記録に残さず評定には用いない形成的評価がある。次の【単元計画】の例では総括的評価は５，６，７時間目だけとした。6, 7時間目は授業中に評価することも後から録画をもとに評価することもできるだろう。

 単元計画

言語活動　「学校生活をよりよくするためにクラスでやりたいこと」をスピーチする
重点とする指導事項
　　　第２学年〔知識及び技能〕(1)イ〔思考力，判断力，表現力等〕A(1)イ

時間	活動	指導事項	評価
1	・単元の学習の見通しを立てる ・話題（提案内容）を選定	〔思考力，判断力，表現力等〕 A(1)ア	形成的
2	・情報収集 ・さまざまな立場を想定し伝える情報を検討	〔思考力，判断力，表現力等〕 A(1)ア	
3	・根拠の適切さに注意して話を構成 ・必要に応じて情報を再収集	〔思考力，判断力，表現力等〕 A(1)イ	形成的
4	・表現を工夫してスピーチのリハーサルを行う 　（班で録画する） ・録画をもとに班で助言し合う	〔思考力，判断力，表現力等〕 A(1)ウ	形成的
5	・リハーサルの反応を踏まえ原稿を書き直す ・スピーチ中に相手の反応に応じて言い方を決めた方が良い箇所を想定する ・スピーチ練習	〔知識及び技能〕(1)イ	総括的

42

6 7	・クラスでスピーチ大会を行う（録画する） ・他者の提案に質問したり賛否を決めたりする ・リハーサルを踏まえて工夫したことや，単元で学んだこと，反省点を記述する。	〔思考力，判断力，表現力等〕 A（1）イ A（1）ウ A（1）エ	A（1）イ のみ 総括的

　総括的評価を行うのは重点とした二つの指導事項のみである。それ以外の指導事項を扱う時間は形成的評価としている。評価を設定しない時間もあってよい。

形成的評価は手軽に

　形成的評価はあまりむずかしく考えなくてよい。例えば作文中の生徒に「紙に目が近づきすぎだよ。姿勢を起こして」と声をかけるようなものだ。書く姿勢に対する教師の気づきが評価となり，評価結果（近づきすぎ）と助言（姿勢を起こして）のフィードバックで生徒を導く。記録に残して評定に入れる必要がなく，指導に生かすためだけに行う。だから毎回全員に行わなくてもよいし，完全に正確でなくてもいい。数名を抽出するだけ，気になる生徒に目を配るだけでも可能だ。形成的評価も単元中に現れる指導事項に対して行う。「全体として出来がよくない」と感じた指導事項は，その場で助言したり，別の単元で重点に設定したりして指導に生かせばよい。

　【単元計画】の3時間目は，重点とする指導事項（A（1）イ）を扱うが形成的評価しか行わない。6，7時間目で総括的評価を行うので，ここは指導に生かす評価で十分だ。机間巡視などの簡易的な評価を駆使し，「根拠の適切さ」をもっと考えさせた方がいい状況の生徒を見つけ，例とし，全員に考えさせたり相談させたりして指導する。そうして学んだことを生かして「よい根拠を用いて話せているか」を6，7時間目で総括的に評価すればよい。

「主体的に学習に取り組む態度」の評価は効率より効果を大切に

　「主体的に学習に取り組む態度」はこの【単元計画】であれば，いくつかの時間で評価できる。1時間目であれば，学習の見通しを自ら立てる姿で評価する。2時間目は，自分に必要な情報を自ら進んで集め，集めた情報をもとに検討しようとしている姿，3時間目は，「根拠の適切さ」を踏まえて自分に必要な情報を再収集しようとしている姿，5時間目はリハーサルを踏まえてスピーチを改善しようとしている姿，6・7時間目はリハーサルを踏まえて改善したスピーチをしようとしている姿，を評価すればいい。何を工夫しようとしたのかを生徒の記述から読み取り，実際のスピーチと見比べると確かな評価ができるだろうし，リハーサルの録画とスピーチ大会の録画を見比べて証拠とすることもできる。

　以上のように「主体的に学習に取り組む態度」を評価する機会は単元の中にたくさんあるので，どこで評価してもよい。ただし，教師は「どの時間なら手軽で正確に評価できるか」ではなく，「どの時間を評価しフィードバックすれば生徒が伸びるか」を考えて評価

すべきだと私は考える。教師の指示によって「やらされた」と生徒が感じる活動で「主体的に取り組む態度」を評価しても，生徒は高評価でも低評価でも満足も発憤もしないだろう。逆に，生徒が「自ら取り組んだ」「すごくがんばって工夫した」と感じている活動で評価されれば，評価結果がその後の励みになるだろう。生徒が自ら「よりよく学ぼうとする」姿を表出する場面でこそ評価したい。

評価指標を使って主体的に学習に取り組む姿を引き出す

　生徒の主体的に学習に取り組む姿を引き出すために，評価指標を活用する工夫がある。それは「テストに出るからな」と評価をチラつかせて学ばせるのとは異なる。

　評価のルーブリックを生徒に示してから学習させるという方法だ。評価の際に教師が何を見て，どう判断するか。どういう状態であれば，B評価やA評価とするか。こういった評価の基準を示した指標をルーブリックと呼ぶ。ルーブリックを生徒に示してから学習に取り組ませると，生徒は自分が何を学び，何ができるようになればよいかがわかりやすくなる。例えば次の【ルーブリック１】を生徒に提示すれば，生徒は原稿を準備すること，さらには相手の反応を見ながら原稿とは表現を変えながら話すことが必要だとわかり，それに向けて準備や練習を重ねる。それは主体的に学習に取り組む姿につながるだろう。また，ルーブリック中の「一次情報」「二次情報」という用語がわからず，自ら調べる生徒や質問する生徒もいるだろう。これも主体的に学習に取り組む姿につながる。

【ルーブリック１】　スピーチを評価するルーブリックのよい例

評価するもの（観点）	A	B	C
話し言葉と書き言葉の適切な使用（知識・技能）(1)イ	原稿をもとに話しながら相手の反応を得て，その場で言い直したり表現を変えたりしている	スピーチに合わせて準備した原稿をもとに話している	Bに達していない
根拠の適切さ（思考・判断・表現）A(1)イ	自分の提案に合う根拠として，一次情報と二次情報の適切な方を用いている	複数の情報源を比較したり直接収集したりした誤りの無い情報を根拠としている	Bに達していない

　必要な知識・技能，求める思考・判断・表現をルーブリックで学習前に提示すれば，教師がすべての学習活動を指示したり学習内容を説明したりせずとも，生徒自身で学習活動と内容を調整できる。本書では，第２学年の「書くこと②」（p116 ～ 121）で，同様の方法で主体的に学習に取り組む姿を引き出す事例を掲載した（ただし，ルーブリックの形式は異なる）。

　ルーブリックの項目や段階などの形式に決まりはない。本来，ルーブリックは教師の道具で，生徒への事前開示も必須ではない（説明責任として評価結果と共に開示することは大切）。もし事前に開示して主体的に学習に取り組む姿を発揮させたければ，生徒が学習

の改善方法をわかるように表記する必要がある。だからルーブリックには「数量」ではなく，パフォーマンスの「質」をできるだけ明瞭に書く方がよい。下記は悪い例である。

【ルーブリック2】　スピーチを評価するルーブリックの悪い例

評価するもの（観点）	A	B	C
話し言葉と書き言葉の適切な使用（知識・技能）	話し言葉と書き言葉の特徴を上手に生かしてスピーチしている	話し言葉と書き言葉の特徴を生かしてスピーチしている	Bに達していない
根拠の適切さ（思考・判断・表現）	根拠に対してクラスの3分の2以上の人が納得している	根拠に対してクラスの半数以上の人が納得している	Bに達していない

　【ルーブリック2】を見ると，「知識・技能」の評価のA基準とB基準の差は「上手に」である。B基準と判断された生徒がこれを読んでも，何をすれば「上手に」になるのかわからない。A基準とB基準の「生かして」が何をすることなのかも不明だ。こういったあいまいな表現の指標では生徒が自分のスピーチを改善する指針にならない。また，「思考・判断・表現」の指標は「半数」「3分の2」といった数量の差だ。数量は目標にはしやすいが，何をすれば数量が増えるのかはわからない。一方，【ルーブリック1】のようにパフォーマンスの「質」を表記すれば，何をすべきかがわかりやすくなる。

Aは必ずしも明記する必要はない

　評価指標においてA基準は必ずしも明記する必要はない。さまざまなAが存在し得るため一つに限定できないからだ。「おおむね満足」とするB基準の状態からよりよくなる要素は複数存在し得る。ただし，明記する必要はなくても評価者はどういった要素がAになり得るかを想定しておくことが大事だ。そうでなければ，形成的評価でBとした生徒へ何も助言できなくなってしまう。もちろん，Bは明確に想定して指導に当たる必要がある。

　評価指標をすべて教師が準備して示すのではなく，どうすればAやBとなるのかを生徒に考えさせることで，主体的に学習に取り組む姿を発揮させる指導の工夫もある。本書では，第1学年の「話すこと・聞くこと②」（p54〜59）において，単元の入口でルーブリックを生徒と教師で作成することで，生徒に学習の見通しを自ら立てさせる事例を掲載している。ただし，この事例でもルーブリックの内容を生徒任せにせず，教師が想定をもって指導に臨んでおり，評価場面では明確な基準を準備していることを確認してほしい。

「言語活動の下見」が最短の近道

　評価規準は指導事項をもとに設定するが，評価のABCを線引く評価基準は，指導者である各教師に委ねられる。「よく書けている」「深い読み取りができている」「説得力がある」

など，あいまいな基準では評価も指導もあいまいになる。反対に，何をもって「よく」「深い」「説得力がある」とするかを具体的に想定し，明確な評価基準をもてると，指導のポイントも絞れる。形成的評価や助言もしやすい。Bの基準を明確にする際も，BとAの差をはっきりさせる際も言語運用のコツを教師がつかんでいれば容易になる。だから，授業計画の段階で単元の言語活動を教師自身がまずやってみることが大事だ。そして重点とする指導事項のタイミングで，自分がどんな工夫をしているかを整理する。すると評価基準も，指導のポイントも具体的になる。

　逆に，とりあえず言語活動をさせて，生徒のパフォーマンスの結果から「どう評価するか」と考えていては，教師は評価の整合性を保つことに苦心するばかりで評価が指導に生きない。結果，評価は大変で面倒な作業になってしまう。多忙な学校現場では一見大変に見えるが，言語活動をまず教師がやってみる「言語活動の下見」が，指導と評価をクリアにし，指導と評価の一体化を実現し，授業を楽しく，評価を楽にする最短の近道になる。

　本書ではA基準とB基準をできるだけ具体的に書き分けることを試みた。ただし，B基準に加えることでAと成り得る要素は多数あり得るため，A基準は一例であることにご注意いただきたい。

定期テストの扱い

　定期テストは授業での学びを確認するもので，テスト問題は授業の指導事項に準拠する。定期テストのためにペーパーテストで評価しやすい指導事項ばかりを授業の重点にすると本末転倒だ。定期テストの実施は手段であり，目的ではない。「思考・判断・表現」の作問がむずかしい指導事項は，授業での評価を充実させる。時には定期テストの実施回数や問題数を減らすこともあるだろう。生徒の力を伸ばすため，観点や指導事項によって最も適した評価方法を選択したい。

第3章

第1学年の
評価プラン

話すこと・聞くこと

■ スピーチをする

■ グループ・ディスカッションをする

書くこと

■ 資料を引用してレポートを書く

■ 伝えるべきことを整理して案内文を書く

読むこと

■ 説明文を読んで考えたことを文章にまとめる（意味と意図）

■ 小説を読んで考えたことを伝え合う（少年の日の思い出）

■ 多様な情報を得て考えを伝える

伝統的な言語文化

■ 古文を読み，考えたことを伝え合う（蓬莱の玉の枝―「竹取物語」から）

スピーチをする
単元名：相手の反応を踏まえて自分の好きなことを紹介しよう

教材	「話の構成を工夫しよう　好きなことをスピーチで紹介する」（光村図書）
学習指導要領	〔知識及び技能〕(1) ア〔思考力・判断力・表現力等〕A (1) ア・イ・ウ，　A (2) ア

1. 単元の評価と授業改善のポイント

　日常生活の中から話題を決め，伝えたいことを明確にして考えた話の構成をもとに，内容や話し方を意識して話す資質・能力を育成したい。スピーチでは，自分の伝えたいことが相手に伝わるように，順序や構成，表現などを考えることが大切である。特に表現する際，事前に考えたことやスピーチメモにこだわりすぎて，聞き手の反応を疎かにしてしまうことが想定される。そこで相手を意識した表現の仕方について思考・判断する学習を仕組み，過程と最終のパフォーマンスを評価する。

> **単元の学習課題**　学級のスピーチ会で，自分の好きなことについてスピーチしよう。
>
> 　中学校入学から1か月。友達との距離が縮まってきていることと思います。互いをもっとよく知るため，好きなことについてスピーチを行い，自分を紹介しましょう。スピーチは1分間で行ってください（ニュースキャスターは1分に300字程度読み上げるとされています）。
> 　今回のスピーチは，スピーチメモをもとに行います。国語の授業で好きなことの話題選び，スピーチの構成づくり，スピーチメモづくりを行い，スピーチ会につなげていきましょう。
>
> ※原則スピーチメモをもとにスピーチを行いますが，原稿が必要な場合は300字程度のスピーチ原稿を用意しても構いません。自分の好きなことがよく伝わるようにするため，どちらの場合も必ず視線を前に向け，聞き手の反応を見ながら話してください。
>
> 条件
> ・好きなことの話題は，自分をよりよく知ってもらうために一つに絞ること。
> ・4人1グループのスピーチ会後，会を振り返りながらスピーチを撮影し提出すること。

2. 単元の評価規準

知識・技能	思考・判断・表現	主体的に学習に取り組む態度
① 音声の働きや仕組みについて，理解を深めている。((1)ア)	① 「話すこと・聞くこと」において，目的や場面に応じて，日常生活の中から話題を決め，集めた材料を整理し，伝え合う内容を検討している。(A(1)ア) ② 「話すこと・聞くこと」において，自分の考えや根拠が明確になるように，話の中心的な部分と付加的な部分，事実と意見との関係などに注意して，話の構成を考えている。(A(1)イ) ③ 「話すこと・聞くこと」において，相手の反応を踏まえながら，自分の考えが分かりやすく伝わるように表現を工夫している。(A(1)ウ)	① 相手の反応を踏まえた表現の工夫を粘り強く考え，学習の見通しをもってスピーチに取り組もうとしている。

3. 単元の指導と評価の計画

学習活動	評価基準（Bの例）〔評価方法〕	教師の支援
○学習課題を確認する。 ○人前でスピーチした経験について振り返る。 ○よいスピーチとはどのようなものか自分の考えを出し合う。 ○思いつくだけの「自分の好きなこと」をあげる。 ○あげた中から，友達に紹介したい話題を一つ選ぶ。	思① 自分をより知ってもらうために，自分の好きなものを整理し，伝えたい内容を検討している。［ワークシート］	・小学生時代のスピーチの経験を振り返らせ，目的・場面・相手や当時の気持ちなどを想起するよう促す。 ・三つのポイント（目的：互いをよく知る，場面：授業内，相手：学級の友達）を意識するよう確認する。 ・マッピングで，好きなことをたくさんあげられるように促す。 ・好きなことに出会ったきっかけなどをマッピングに記入し，友達に紹介したい話題を決めるよう促す。
○自分のスピーチをどのように組み立てるか考える。 ○スピーチの構成を考え，スピーチメモを作る。 ○スピーチメモをもとに，スピーチの練習をする。	思② 自分の好きなものがよく伝わるように，話の中心的な部分と付加的な部分，事実と意見との関係などに注意して，スピーチの構成を考えている。［ワークシート］	・マッピングをもとに自分の好きなことが聞き手にわかりやすく伝わるかについて，材料の取捨選択や話す順番の検討を促す。 ・既習の学習を想起し，「初め・中・終わり」の三段構成にすることや話し出しの言葉，強調したいことなどの工夫をするように促す。 ・スピーチメモを作成し，順序立ててスピーチするように伝える。
○モデル文をペアで練習し，スピーチをする際の表現の仕方についてアドバイスをし合う【評価場面❶】	思③ 表現の仕方を選択した理由として，聞き手の反応を想定しながら，話題の内容や構成と表現の仕方の関連を説明している。［活動の様子・モデル文，評価場面❶］※指導に生かす形成的評価を行う。 知① 音声の働きや仕組みについて，理解を深めている。［活動の様子・モデル文］	・既習の学習を想起し，モデル文をもとに，声量・発音，速度，間，視線・表情，身振り手振りの表現の仕方についてアドバイスし合うように促す。
○自分のスピーチの表現の仕方を考える。 ○スピーチ会を行う。 ○スピーチ会を振り返りながら自分のスピーチを撮影する。【評価場面❷】 ○学習全体の振り返りをする。	思③ 聞き手の反応を踏まえながら，自分の好きなことがわかりやすく伝わるように内容や構成を関連させ，表現の仕方を工夫して話している。［活動の様子・ワークシート，評価場面❷］ 主① 相手の反応を踏まえた表現の工夫を粘り強く考え，学習の見通しをもってスピーチに取り組もうとしている。［活動の様子・ワークシート］	・スピーチ会は4人のグループを作り，順にスピーチを行うように指導する。 ・自分のスピーチの表現の仕方についてスピーチ会前と撮影前の2回，ワークシートへ記入させる。

4. 評価場面❶：モデル文をペアで練習し，スピーチをする際の表現の仕方をアドバイスをし合う（思③）

① 学習活動と発問

　ここでは，授業中にはっとさせる発問を取り上げる。発問までの流れを以下のように確認する。前時までに生徒は，マッピングしたことをもとに自分の好きなことが聞き手にわかりやすく伝わるように，材料を取捨選択したり，話す順番を考えたりしてきた。また，既習の学習を想起しながら構成を「初め・中・終わり」の三段構成にすることや話し出しの言葉，強調したいことなどの工夫についても考えながら，スピーチメモの作成を行い，スピーチを練習してきた。本時は，モデル文をもとにスピーチをする際の表現の仕方について考える時間である。

　本時は導入時で，入学時４月に学習した「声を届ける【音読・発表】」（光村図書）を想起させ，ペアでアドバイスをし合うためにはスピーチ時の表現の仕方を評価する観点が必要であることに気づかせる。そしてその観点をもとに互いのスピーチを聞き合い，「相手に自分の好きなことが伝わるスピーチをする」をめあてとし，自分のスピーチ時の表現の仕方について考えさせていく。

　「声を届ける【音読・発表】」を想起させることで生徒は，発表する際には，①声量・発音，②速度，③間，④視線・表情，⑤身振り手振り，が必要であり，それらを観点とすればよいことに気づく。しかし，「好きなこと」という主題が同じであっても，発表の内容や表現は個々により違いがあるため，観点の基準に差異が生じてしまうと想定される。また，スピーチ原稿ではなく，スピーチメモをもとにスピーチを行うため，つまずくことなくスムーズに読むことができたということで満足をしてしまうことも想定される。そこで，モデル文をスピーチしているビデオを視聴させて表現の仕方を考えさせながら，下記の発問を指示する。

　発問は，①〜⑤の観点があがり，各ペアが観点について確認し合うタイミングで「観点をもとに自分のスピーチの表現の仕方を考えているようですが，次のようなスピーチならば，どのようにスピーチをしますか？」と全員にモデル文を配付し投げかける。全体で同じ視点に立って考えることで，相手を意識した表現の仕方について考える契機となる。本稿では評価課題として次の例を示す。

発問　スピーチをする際には，相手の反応を踏まえながら①声量・発音，②速度，③間，④視線・表情，⑤身振り手振り，の表現の仕方を考えていくことが大切です。みなさんが，この例のようなスピーチをする際，どのような表現の仕方でスピーチをしますか（①〜⑤の中から必要となる表現の仕方を選び，理由を書きましょう。表現の仕方同士をかかわらせて考えられるとなおよいです）。

終わり	中	初め

初め

　みなさんの好きなことは何ですか。

中

　私は、絵を描くことが好きです。幼稚園のときに大好きな祖父から お絵かきセットをプレゼントしてもらいました。それ以来、絵を描くことが大好きになり、今では、アニメのキャラクターをはじめ、近所の公園の風景、季節ごとの草木や木の様子などを描いています。

　これまでに描いたものの中で、一番のお気に入りは、祖父と祖母の似顔絵です。春、家族でお花見をしたときの2人の顔を描きました。桜の木の下で笑っている、温かく優しい顔を描くことができました。

終わり

　自分や家族、友達の似顔絵を上手に描くコツを知りたい人は、ぜひ声をかけてください。

　これで、私のスピーチを終わります。ありがとうございました。

② 評価のポイントと評価

　発問後に自分の考えを記述させ，話し合わせる。①〜⑤の表現の仕方の選択理由（記述や発言内容）を見て，学習状況を把握する。また，その後モデル文を使ったスピーチ練習にも取り組ませる。

		おおむね満足（B）の例	十分満足（A）の例
評価基準		思③　表現の仕方を選択した理由として，聞き手の反応を想定しながら，話題の内容や構成と表現の仕方の関連を説明している。	思③　表現の仕方を選択した理由として，聞き手の反応を想定しながら，話題の内容や構成と表現の仕方の関連に加え，表現の仕方同士の関連を説明している。
生徒の活動の様子と記述例		①声量・発音 「絵を描くこと」は声量を上げて話そう。 ②速度 「アニメのキャラクターをはじめ，近所の公園の風景，季節ごとの草木や木の様子など」は情報量が多いので，少しゆっくり話そう。 ③間 「初め・中・終わり」の区切りは，内容が変わるので間を空けて話そう。 ④視線・表情 「終わり」は，印象よく終わらせるために相手の顔を見て笑顔で話そう。 ⑤身振り手振り 「初め」のところで聞き手の関心を引きつけるために自分の描いた絵を見せながら話そう。	③間，④視線・表情，①声量・発音，②速度 「初め」の最初の質問を投げかけた後，少し間を置いて，考えてもらう時間をつくろう。 「絵を描くこと」は関心を引くために相手の顔を見て笑顔で話そう。声量を上げ，ゆっくり目に話すほうが伝わりやすそうだ。 ④視線・表情，⑤身振り手振り 「中」は，話す量が多いため伝えたい言葉をきちんと選んでおこう。「アニメのキャラクターをはじめ，近所の公園の風景，季節ごとの草木や木の様子など」や「祖父と祖母の似顔絵」などの言葉は笑顔で声量をあげ，描いた絵を見せながら少しゆっくり話そう。
判断の根拠		スピーチの内容や構成にかかわらせながら，自分が伝えたいと願う言葉や具体例などに沿って表現の仕方を選び説明している。	スピーチの内容や構成にかかわらせながら，さらに①〜⑤それぞれの表現の仕方のつながりを考え，①〜⑤同士を合わせて説明している。

③ 指導・支援の手だて

努力を要する：Cの状況への支援

・モデル文を読むことに終始し，表現の仕方を考えるのがむずかしい生徒には，モデル文の「初め」の部分を取り上げながら，「友達に話しかけるときはどのようにしているか」「今回のスピーチで一番伝えたいことは何か」と問いかけ，普段の生活に寄せ，自分事として考られるようにする。その際，モデル文には，線を引いたり，考えたことをメモしたりしながら考えるように促す。

・一人一台端末の録音・録画機能で，モデル文のスピーチを行った様子を互いに記録し，振り返ることができるようにする。その際，前時までに行ったマッピングを使って選び出した自分のスピーチメモの材料の言葉に着目させ，その言葉と表現の仕方とのかかわりを考えるように促す。

・身振り手振りについて考えづらい場合には，数字を指で示したり，大きさや高さを両手で示したりするなどの具体的な方法があることを示すようにする。

BをAへ引き上げる支援

・一人一台端末の録音・録画機能で，モデル文によるスピーチの様子を2回記録し，1回目と2回目の共通点と相違点に着目して，自分のスピーチを振り返るよう促し，表現の仕方同士を関連させられるとより伝わりやすくなることを気づかせる。記録するスピーチは，「初め・中・終わり」のような部分で区切らず，つまずく箇所があっても最初から最後まで通して記録させる。

5. 評価場面❷：スピーチ会を振り返りながら自分のスピーチを撮影する（思③）

① 学習活動と発問

　ここでは単元の学習課題への最終的なパフォーマンスを評価する。単元を通して身につけた力を発揮する活動である。詳細は本稿初め（p48）に【単元の学習課題】として記している。

> **学習課題**　スピーチ会を振り返りながら自分のスピーチを撮影し，提出しよう。

> **補足説明**　スピーチ会における聞き手の反応を踏まえて修正を行い，1分間のスピーチを正面から撮影してください。スピーチ中に修正を行った場合は，その修正した表現の仕方で撮影してください。修正する必要がなかった場合は，スピーチ会で行ったスピーチと同じ発表を撮影してください。なお，修正した場合も，しない場合も表現の仕方をワークシートに記入して提出しましょう。

② 評価のポイントと評価

　提出されたワークシートを中心に，音声情報と効果的な組み合わせを踏まえて評価する。聞き手の反応を踏まえてスピーチしようとしているかを見る。

	おおむね満足（Ｂ）の例	十分満足（Ａ）の例
評価基準	思③　聞き手の反応を踏まえながら，自分の好きなことがわかりやすく伝わるように内容や構成を関連させ，表現の仕方を工夫して話している。	思③　聞き手の反応を踏まえながら，自分の好きなことがわかりやすく伝わるように内容や構成，表現の仕方同士を関連させながら話している。
生徒の活動の様子と記述例	①声量・発音 「泳ぐこと」は，声量を上げて話したところ聞き手がこちらを見ていてくれたので同じように話した。 ②速度 「今では自由形はもちろん，平泳ぎ，背泳ぎもできるようになりました」は少しゆっくり話すと，聞き手がうなずいて聴いてくれたので同様に話した。 ③間 「初め・中・終わり」の区切りは，間を開けすぎて聞き手が少し不安な様子だったので間を短くした。 ④視線・表情 「終わり」の「ありがとうございました」を笑顔で話したところ，聞き手も笑顔で聞いてくれた。そのためもう少し前から笑顔で話すようにした。 ⑤身振り手振り 「初め」で描いた絵を見せながら話したところ，聞き手の目線を引きつけられたので，同様に話した。	④視線・表情，①声量・発音 「初め」の「みなさんの好きなことは何ですか」を笑顔で音声を大きくしながら話したところ，相手の視線が一斉にこちらを向いたので同じように声量を上げた。 ⑤身振り手振り 「中」で泳ぎ方の種類をあげるときには，わかりやすいように指を折りながら一つずつあげていった。 ②速度，③間 「終わり」は，「初め」に比べ，相手の視線がこちらを向いていなかったので，「水泳はとても楽しいですよ」という表現を「みなさんも水泳を始めてみませんか」と問いかけの表現にゆっくり投げかけ，間もつくった。笑顔で「初め」よりも大きな声量で話した。
判断の根拠	①〜⑤の表現の仕方を，聞き手の反応を踏まえ使用している。また「自分の好きなこと」を表現の仕方を使用し，音声で情報を補完し話している。	①〜⑤の表現の仕方を聞き手の反応を踏まえ，それぞれを関連させながら音声を加え話している。

③ 指導・支援の手だて

努力を要する：Cの状況への支援

・スピーチメモだけではスピーチが困難な生徒には，スピーチ原稿を作成し，表現の仕方に工夫が必要な箇所に線を引いたり，メモ書きしたりするように指導する。また，スピーチ時には，表現の仕方を記した部分を中心に，聞き手の反応を取れるようにする。

・スピーチを行うことに精一杯になって聞き手の反応を捉えきれない生徒には，聞き手側の様子を撮影しておき，その様子を見て自分の表現の仕方を振り返り，修正点を考えるように指導する。

・聞き手の反応を捉えきれない生徒には，発表後，グループで話し合う時間を設け，友達の聞き手の反応を踏まえた発表のよさや修正点を聞き自分のスピーチを振り返る視点を得るようにする。

6. 解説

＜この二つの場面を取り上げたのは，なぜか＞

・評価場面❷は単元の言語活動である学習課題に対する最終的なパフォーマンス（単元を総括する学習活動）であり，評価場面❶は，そこへ向かう過程の重要な一場面である。

・評価場面❷において，「中学校学習指導要領解説 国語編」が示すA(1)ウ「相手の反応を踏まえながら，自分の考えが分かりやすく伝わるように表現を工夫すること」を実現するために，必要となる学習を評価場面❶で仕組んでいる。

・スピーチ会本番だけの評価では，「相手の反応を踏まえる」場面を教師の主観だけで評価してしまう恐れがある。生徒が，実際にスピーチを行い，相手の反応を把握したことをまとめたワークシートと，撮影したスピーチの様子をあわせて評価することで，より確実に資質・能力の育成と見取りが実現できると考え，スピーチ会本番後に評価場面❷を設定した。

・音声言語は，瞬間で消える情報であるが，相手の反応を踏まえつつ臨機応変に表現の仕方を調節できるという利点がある。そこで，相手の反応と自分のスピーチにおける表現の仕方の効果的な組み合わせを評価場面❷では思考・判断・表現させたい。そのため，事前に相手の反応を想定した表現の工夫について理解を深める機会として評価場面❶を設定した。

・スピーチ会本番で相手の反応を踏まえて臨機応変に表現の仕方を工夫できたとしても，音声言語であるため，瞬間で消えてしまい，生徒自身の明確な振り返りがどうしてもできない場合がある。ワークシートに書き示すことや映像に残すという学習課題にすることで，自分のスピーチをメタ認知しながら振り返ることが可能になると考えた。

・評価場面❷は，評価場面❶で理解を深めた内容（相手の反応を踏まえて自分のスピーチができるか）を中心に評価する。また，単元を通じて試行錯誤し工夫したことが発揮されるため，「主体的に学習に取り組む態度」を評価する材料の一つにもできる。

＜定期テストとの関連について＞

・評価場面❶で示したモデル文をもとにした工夫するポイント（表現の仕方）記入型の類似問題を定期テストで出題できる。その際，表現の仕方の記入のみで評価せず，選択した理由（聞き手意識）を記述する欄を設ける。選択と理由の組み合わせにより，数段階の評点を設定しておく。「目的」「相手」「場面」により，満点とする解答にも多様な解が存在してよい。

・上記のように「話すこと・聞くこと」の内容も，項目によってはペーパーテストで「わかっているか」を測定することができる。ただし，「わかる」と「できる」が同義ではないことを考慮すれば，ペーパーテストよりも実技の評価を重視する必要がある。

グループ・ディスカッションをする
単元名：合唱コンクールに向けて必要なことを提案しよう

教材　「話題や展開を捉えて話し合おう　グループ・ディスカッションをする」（光村図書）
学習指導要領　〔知識及び技能〕(2) ア （思考力・判断力・表現力等）A (1) オ，A (2) イ

1. 単元の評価と授業改善のポイント

　どのような話し合いの場においても，話し合いの際には，多数決に頼るのではなく，互いの発言を結びつけて考えをまとめられる資質・能力を育成したい。グループ・ディスカッションを行う際，学習の見通しをもつために，モデルとなるグループ・ディスカッションを見ることと，ルーブリックによる評価がポイントとなる。モデルは教科書などのQRコードを活用できる。ルーブリックは生徒と共に作成することで，見通しをもつことにつながり，生徒による相互評価・自己評価を取り入れることが可能となる。この生徒による相互評価・自己評価は，「指導に生かす評価」「記録に残す評価」に活用できる。モデル，ルーブリックを活用し，二回のグループ・ディスカッションを行い，一回目を「指導に生かす評価」，二回目を「記録に残す評価」とし生徒のパフォーマンスを評価する。グループ・ディスカッションでは，タブレット端末を活用し，ホワイトボードソフトや，思考ツールソフトを使用することで話題や展開を捉えることができるようにする。

単元の学習課題　合唱コンクールで金賞を取るためには何が必要かをグループ・ディスカッションで話し合い，クラスに提案しよう。

　練習の成果を発揮し，金賞を取るためには，クラスの団結が欠かせません。合唱コンクールまで残り半月。これまで練習を重ねてきましたが，クラスの団結は深まっているでしょうか。練習の仕方や本番での心構えなど，準備は万全でしょうか。
　グループ・ディスカッションを通して，クラスの現状を把握し，今後のクラスの方向性を考えていきましょう。多数決ではなく，クラスのみんなが納得できるようなグループ・ディスカッションとするために，話題や展開を捉えながら話し合い，互いの発言を結びつけて考えをまとめ，クラスに提案しましょう。質問することで，互いの考えについて理解を深めながら話し合えるとなおよいです。

2. 単元の評価規準

知識・技能	思考・判断・表現	主体的に学習に取り組む態度
① 意見と根拠など情報と情報との関係について理解している。((2)ア)	① 「話すこと・聞くこと」において，話題や展開を捉えながら話し合い，互いの発言を結び付けて考えをまとめている。(A(I)オ)	① 積極的に互いの発言を結び付けて考えをまとめ，学習の見通しをもってグループ・ディスカッションをしようとしている。

3. 単元の指導と評価の計画

学習活動	評価基準（Bの例）［評価方法］		教師の支援
○これまでの話し合い活動を振り返り，話し合い活動で課題だったことを出し合う。 ○グループ・ディスカッションに取り組むことを知り，学習課題を確認する。 ○グループ・ディスカッションのモデル動画を視聴し，これまでの話し合い活動との違いを考える。 ○ルーブリックを作成する。	知①	意見と根拠など，発言の関係を意識しながらモデル動画を視聴している。［活動の様子］ モデル動画を視聴することで，これまで行ってきた話し合いとの違いを考え，学習の見通しをもってルーブリックを作成しようとしている。［ルーブリック］※指導に生かす形成的評価を行う。	・多数決で話し合いを進めて困った経験がないかを問う。 ・動画視聴のポイントとして多数決のまとめをしていないことを提示し，これまでの話し合いとの違いを考えられるようにする。 ・生徒に到達すべき目標を具体的な記述語として書かせ，全体で共通点と相違点を示しながらルーブリックとしてまとめていく。
○一回目のグループ・ディスカッションに取り組むために，自分の主張を考える。 ○　回目のグループ・ディスカッションに取り組み，クラスの現状を考える。【評価場面❶】 ○一回目のグループ・ディスカッションの様子をルーブリックで相互評価・自己評価する。	思①	グループ・ディスカッションで互いの発言から共通点，相違点を見つけ，共通点を結びつけている。［ワークシート・活動の様子，評価場面❶］※指導に生かす形成的評価を行う。	・今のクラスの状態について考えるよう促し，説得力のある主張には客観的な根拠が必要であることを伝える。 ・ＩＣＴを活用して，それぞれの主張を整理し，共通点や相違点を見つけながら話し合えるようにする。 ・評価したことは必ずフィードバックさせるようにする。
○二回目のグループ・ディスカッションに取り組むために，自分の主張を考える。 ○二回目のグループ・ディスカッションに取り組み，クラスの現状を改善する方法を考える。【評価場面❷】 ○二回目のグループ・ディスカッションの様子をルーブリックで相互評価・自己評価する。	主①	一回目のフィードバックを生かし，互いの発言を結びつけながら多数決に頼らない話し合いの仕方を考えようとしている。［活動の様子］※指導に生かす形成的評価を行う。	・一回目の反省を生かし，今後のクラスの方向性についてグループ・ディスカッションを行わせる。 ・主張の共通点と相違点を見いだした後，相違点をどのように扱うかを検討させる。
	思①	グループ・ディスカッションで互いの発言から共通点，相違点を見つけ，それぞれのまとまりごとに見出しをつけ，共通点を結びつけている。［ワークシート・活動の様子，評価場面❷］	
○合唱コンクールで金賞を取るための方法を提案書としてまとめる。 ○提案書を発表する。 ○学習の振り返りを行う。	主①	グループ・ディスカッションで，どのように互いの発言を結びつけて考えをまとめればいいのかについて考えたことを今後の活動に結びつけようとしている。［発表・ワークシート］	・ＩＣＴを活用し，提案書を作成し，各グループに配信して提案させる。 ・よい提案は積極的に賞賛するようにし，今後の合唱練習につなげられるようにする。

4. 評価場面❶：一回目のグループ・ディスカッションに取り組み，クラスの現状を考える（思①）

1 学習活動と発問

　話し合い活動を行う際，話し合うための課題が重要である。本単元のように多数決に頼らずに結論を導き出せる資質・能力を育成する場合には「開いた質問」が中心の課題を設定する。また生徒にとって話し合わなくてはならない必要感がもてる課題を選択したい。今回は学校行事を中心とした教科横断的な学習とし，「合唱コンクールで金賞を取るためには何が必要か」をメイン課題とする。一回目のグループ・ディスカッションでは，これまでの練習を振り返り，「クラスがどのような状態にあるのか」を話し合う。ICTのホワイトボード機能を活用して付箋に主張を記入し，意見を発表しながらホワイトボードに貼り付けていく。話し合いでそれぞれの主張を分類していくことで，主張の共通点，相違点が視覚的にも捉えられるようにする。共通点，相違点で分類したところで，多数決ではないまとめを促す。

　本単元の学習では，「ルーブリック」を生徒と共に作成することがポイントである。ルーブリックは，一回目のグループ・ディスカッションの前に作成しておくことで，学習のゴールの姿をイメージでき，ルーブリックを目標として見通しをもって主体的に学習できるようになる。ルーブリックはあらかじめ教師が出させたい記述語を想定し，教師用ルーブリックを作成しておくことで学習のねらいに迫ることができる。モデル動画も，教師用ルーブリックの基準で見せたいところを編集しておくことが大切である。小学校や中学校の学級会などで行ってきた話し合いを振り返らせ，モデル動画との違いを考えさせることで，生徒と共に記述語を作成していく。

　指導に生かす評価として，これまでのグループ・ディスカッションのパフォーマンスを評価する。パフォーマンス後，生徒にはルーブリックで相互評価を行わせ，評価の根拠をそれぞれフィードバックさせる。その後，自己評価を行うことで，一回目のグループ・ディスカッションを振り返り，改善点を考えることができる。必要に応じて，教師からも指導や助言を行う。次のグループ・ディスカッションは一回目でのフィードバックを活用して行うように生徒に伝え，次の学習への見通しをもたせる。

【教師用ルーブリックの例】
※学習のねらいに迫るためにどんな記述語が適しているか授業の前に考えておく。

	C	B	A
記述語	グループ・ディスカッションで互いの発言から共通点や相違点を見つけることができない。	グループ・ディスカッションで互いの発言から共通点，相違点を見つけ，共通点を結びつけている。	グループ・ディスカッションで互いの発言から共通点，相違点を見つけ，話し合いを発展させながら共通点を結びつけている。

学習課題

グループ・ディスカッションで，これまでの練習を振り返り，今のクラスがどんな状態かを考えよう。

条件　話し合いの際に，事前に作ったルーブリックや，事前に視聴したモデルを参考にすること。

② 評価のポイントと評価

　事前に視聴したモデル動画での話し合いの様子・ポイントと，事前に作成したルーブリックの評価基準を念頭に置きながら，グループ・ディスカッションに取り組ませ，指導に生かす形成的評価として見取っていく。

	おおむね満足（B）の例	十分満足：（A）の例
評価基準	思① グループ・ディスカッションで互いの発言から共通点，相違点を見つけ，共通点を結びつけている。	思① グループ・ディスカッションで互いの発言から共通点，相違点を見つけ，話し合いを発展させながら共通点を結びつけている。
生徒の活動の様子と記述例	例1：「アルトの声量が足りない」「男声はがんばっている」「大きな声で歌えていない」などの発言から，「声量について課題がある」と判断している。 例2：「音がとれない」「アルトにつられてしまう」などの発言から，「パート練習が足りてない」と判断している。	「練習に来ない人がいる」「練習量が少ない」「練習する場所がない」という発言に対して，「なぜ」「どうするとよいか」の質問をし，「みなで練習したい」「練習時間を増やしたい」「パート練習をする場所が欲しい」などの発言者の思いを導き出し，「先生へのお願い」としてまとめている。
判断の根拠	ホワイトボードソフトを活用し，出た意見を整理し，共通の話題ごとにまとまりを作っているので，共通点を結びつけていると判断することができる。	発言者に質問を繰り返し行うことで発言者の意図を理解し，話し合いを発展させているので，複数の発言から共通点を見つけようと話し合いを発展させていると判断することができる。

③ 指導・支援の手だて

努力を要する：Cの状況への支援

・互いの発言を理解することがむずかしいと感じている生徒には机間指導を活用して，現在の話し合いの状況を説明し，互いの発言の共通点を見つけられるよう声かけをしていく。

・話すことが苦手で話し合いに参加できない生徒には端末の活用を促し，ホワイトボードソフトに自分の主張を直接書き込むことで発言できるように配慮する。

・発言の共通点を見つけることができない生徒には，端末でメモがとれるようにし，適宜メモをとりながら，共通点を

話し合いマニュアル
1 話している人の方を見ながら聞き，意見をメモするようにする。 2 自分の発言のときには聞いてくれる人の目を見てしっかりと意見を伝える。 3 話し合いの際は，自分の考えと共通する点，異なる点を考える。見つけた際はそれぞれメモをするようにする。 4 積極的に質問することで，互いの考えが深まるようにする。

見つけられるよう配慮する。それでも共通点を見つけることがむずかしい生徒には端末にヒントカードとなる話し合いマニュアルを用意し，注意して聞くべきところを確認しながら話し合いに参加できるよう配慮する。

BをAへ引き上げる支援

・評価後のフィードバックと振り返りをしっかりと行わせ，自分に足りないものを補うための方法を考える時間を設ける。また，生徒同士で検討し合う時間も設ける。

5. 評価場面❷：二回目のグループ・ディスカッションに取り組み, クラスの現状を改善する方法を考える（思①）

1 学習活動と発問

　一回目のグループ・ディスカッションで受けたクラスメイトからの相互評価と自身の振り返り（自己評価），教師からのフィードバック（指導に生かす評価）を生かして，二回目のグループ・ディスカッションに取り組ませる。二回目のグループ・ディスカッションは「合唱コンクールで金賞を取るためには何が必要か」というメイン課題で話し合う。

　一回目は「これまでの練習を振り返り，今のクラスがどんな状態かを考えよう」ということで生徒が実際に見て感じたことを話し合ってきたが，二回目は「合唱コンクールで金賞を取るためには何が必要か」ということで，未来を想像して話し合うことになる。発言が広範囲に及ぶ可能性があり，共通点を見つけて結びつけるためには，これまで以上に話し合いを展開させる必要がある。

　この課題で生徒がどのように話し合いを展開させたかのパフォーマンスを，記録として残す評価とする。また，一回目同様，グループ・ディスカッション後に，ルーブリックで，生徒に相互評価・自己評価を行わせる。十分な振り返りをさせることで身につけた力を実感させ，今後の学習にどうつなげていくかを考えさせる。グループ・ディスカッションの学習をこれからの他教科の学習にも生かしていくことで，生徒の資質・能力を向上させられるようにする。

学習課題

グループ・ディスカッションで，合唱コンクールで金賞を取るためには何が必要かを考えよう。

条件　一回目のグループ・ディスカッションの相互評価・自己評価・先生からのフィードバックを踏まえて，二回目のグループ・ディスカッションに取り組むこと。

ワークシートの例

話題や方向を捉えて話し合おう　　年　組　番　名前（　　　　）
1 前の時間で話し合ったクラスの現状を改善するための方法を考えましょう。なぜそう考えたかの根拠も示しましょう。

2 グループ・ディスカッションで出た意見をメモしましょう。
※自分との共通点や相違点，新たな考えなど

◆裏面で，グループ・ディスカッションの様子をルーブリックで評価しましょう。グループの仲間の評価と，自己評価をしましょう。

評価をしよう　　　年　組　番　名前（　　　　）
1 ルーブリックをもとに仲間のパフォーマンスを評価しよう。

名前	評価	評価をした根拠
1	A	全く違う意見に対し，質問をくり返して共通点を見つけようとしていました。
2	A	「歌う姿勢」や「歌う態度」という意見から，筋力トレーニングをしようと結びつけていたことはすごかったです。

2 ルーブリックをもとに自己評価しよう。

自己評価	評価をした根拠
A	発言者に質問を繰り返すことで発言者の考えがよくわかり，発言者の気持ちを大切にしながら共通点を見つけられました。

3 この学習で学んだことは何ですか。また，学んだことをこれからの生活にどのように生かしますか。

2 評価のポイントと評価

　事前に作成したルーブリックに加え，一回目のグループ・ディスカッションの相互評価や自己評価・教師からのフィードバックを踏まえて二回目のグループ・ディスカッションに取り組ませ，その様子を記録に残す評価として見取っていく。

	おおむね満足（Ｂ）の例	十分満足（Ａ）の例
評価基準	思② グループ・ディスカッションで互いの発言から共通点，相違点を見つけ，それぞれのまとまりごとに見出しをつけ，共通点を結びつけている。	思② グループ・ディスカッションで互いの発言から共通点，相違点を見つけ，話し合いを発展させながらそれぞれのまとまりごとに見出しをつけ，共通点を結びつけている。
生徒の活動の様子と記述例	例1:「朝練習を行う」「放課後練習を行う」「練習中は真剣に取り組む」などの発言を「練習時間を無駄にしない」という見出しでまとめた。 例2:「ソプラノの声量を上げるためにソプラノの人数を増やす」「アルトは楽譜，歌詞をしっかり覚える」「男声は女声を聴くようにする」などを「声量を等しくする」という見出しでまとめた。	「他のクラスと歌い比べをする」「上級生の歌い方をまねする」「家庭での練習時間を増やす」という意見〜話し合いに質問を重ねながら，「他のクラスよりも質を上げる」「上級生の質に近づける」「家庭練習でモデルの質に近づける」など「質」という共通点を見出し，「質を上げる」という見出しでまとめた。
判断の根拠	ホワイトボードソフトを活用し，共通の話題ごとにまとまりを作り，それぞれを端的に表す見出しを付けているので，共通点を結びつけていると判断できる。	質問で相手の考えを確認して話し合いを発展させ，「質」という共通点を見出し，「質を上げる」という見出しでまとめたので，話し合いを発展させながら共通点を結びつけていると判断できる。

③ 指導・支援の手だて

努力を要する：Ｃの状況への支援

・発言に抵抗があり，話し合いへの参加がむずかしい生徒には，端末の活用を大いに促したい。本単元では，端末を「協働的な学び」を促す目的で使用しているが，文字や録音した音声を他者に送付するなど「個別最適な学び」でも活用していく。

・複数の発言から共通点が見つけられない生徒がいることを想定し，どのグループにもリーダー的な存在になれる生徒を配置することで，生徒同士フォローし合い，円滑に進むようにする。

6. 解 説

＜この二つの場面を取り上げたのは，なぜか＞

・評価場面❶の話し合いのテーマは生徒のこれまでの経験で考えられる内容だが，評価場面❷のテーマはこれからの展望となり，話し合いの質が違う。評価場面❶を経ることで評価場面❷が有効に行えるようにしてあり，段階を追って資質・能力を高められるように仕組んでいる。

・段階を追った２場面を設定することで，生徒は評価場面❶から単元を総括する学習活動である評価場面❷にかけて，粘り強く，学習の調整力を働かせながら学習に取り組む必要がある。この２場面に取り組むことで，「主体的に学習に取り組む態度」を評価できる。

・評価場面❶の後には教師のフィードバックを厚く行い，評価場面❷の後には生徒の振り返りの時間をしっかりとることで，生徒が自身の身につけた力を実感できるように設定している。

＜定期テストとの関連について＞

・「話すこと・聞くこと」の内容なので，ペーパーテストよりもパフォーマンステストで評価をするほうがより現実に即した生きた力を見取りやすい。例えば，対教師との話し合いの場面を設定しパフォーマンスを見取るなど，場を設けて評価する方が望ましい。

・ペーパーテストでは，異なる複数の発言からどのように共通点を見いだすかを出題することが可能である。話し合いの過程を提示して，共通点を見いだす力を見極めることができる。

資料を引用してレポートを書く

単元名：後輩が「中学生の壁」を超えるためのレポートを作成しよう

教材　「情報を整理して書こう　わかりやすく説明する」（光村図書）
「根拠を示して説明しよう　資料を引用してレポートを書く」（光村図書）
学習指導要領　〔知識及び技能〕(2) イ〔思考力・判断力・表現力等〕B (1) ア・ウ，B (2) ア

1. 単元の評価と授業改善のポイント

　目的に応じて題材を決め，情報を集め，どんなことを伝えたいか自分の考えを形成したうえで，根拠を踏まえて考えをまとめ，説得力のあるレポートを仕上げる資質・能力を育成したい。本単元では「自身が経験した中学校入学時の不安や失敗などをもとに，後輩である小学6年生に知らせておきたいことをレポートにまとめる」という言語活動を設定することで，生徒自身の活動に対する必要感と学習に対する調整力を高める足がかりとする。また，レポートを互いに読み合う際にＩＣＴ機器を利用し，より多くのコメントを参考にできるようにすることで，目的に合っているか，説得力があるかなど振り返れるようにし，レポートの完成度を高めさせたい。

単元の学習課題　小学6年生のために，「中学校生活をイメージできるレポート」を作成しよう。

　「中1ギャップ」という言葉があります。中学校に進学した際，これまでの小学校生活とは異なる新しい環境になじめないことを指す言葉です。中学生になった途端にさまざまな変化があり，みなさんも戸惑ったり，慣れるのに苦労したりしたのではないでしょうか。中には「まだ中学生に慣れない」という人もいるかも知れません。

　そこで，中学校入学当時を振り返り，「こんなことを知っておけばよかった，知っていればスムーズに対応できた」ということを，今度体験入学をする小学6年生に伝えましょう。同じ道を後輩に辿らせないために。そうです，「中学生の壁」を超えてもらうために。

　レポートの内容が事実でないことや独りよがりな解釈によるものでは困ってしまいます。クラスや学年のアンケート調査，全国の調査資料など，確かな根拠に基づいたレポートになるように意識しましょう。今まで学習したことや，これから学習する情報の集め方や資料の整理の仕方などを活用し，6年生に「読んでよかった」と思われることをめざしましょう。

2. 単元の評価規準

知識・技能	思考・判断・表現	主体的に学習に取り組む態度
① 比較や分類，関係付けなどの情報の整理の仕方，引用の仕方や出典の示し方について理解を深め，それらを使っている。（(2)イ）	① 「書くこと」において，目的や意図に応じて，日常生活の中から題材を決め，集めた材料を整理し，伝えたいことを明確にしている。(B(1)ア) ② 「書くこと」において，根拠を明確にしながら，自分の考えが伝わる文章になるように工夫している。(B(1)ウ)	① 根拠となる資料を粘り強く集めながら見通しをもってレポートを完成させようとしている。

3. 単元の指導と評価の計画

学習活動	評価基準（Bの例）〔評価方法〕		教師の支援
○学習課題を知り，活動の見通しをもつ。 ○6年生に伝えたいテーマや調査方法を決め，情報を集める。【評価場面❶】	主①	根拠となる資料を粘り強く集めながら，レポートの完成に向けて見通しをもって準備を進めようとしている。[活動の様子・振り返り] ※指導に生かす形成的評価を行う。	・言語活動がより魅力的で必要感のある活動に感じられるよう，入学から今までに自身が戸惑ったことや不安に思ったことなどを想起させる。
	思①	「中学生になるうえで知らせておきたいことを6年生に伝える」という目的に応じてテーマと調査方法を考え，情報を集めている。[ノート，評価場面❶] ※指導に生かす形成的評価を行う。	・調べたいという意欲を損なわないようにするため，6年生が中学校生活について興味をもちそうな事柄についても調査してよいことを知らせる。
○調査結果を整理し，得られた情報を正確に捉えて分析し，そこから何が言えるかを考える。 ○書く内容を決め，レポート全体の構成を考える。	知①	比較や分類，関係づけなどの情報の整理の仕方，引用の仕方や出典の示し方について理解を深め，それらを使っている。[ワークシート]	・結果を示すときにどのような資料の表し方が効果的か検討する際や構成を考える際には，レポートを渡す相手が6年生であることを常に意識させるようにする。
○図表などの調査結果を引用してレポートを作成する。【評価場面❷】	思②	根拠となる調査結果を整理しながら考えを形成し，その考えが明確に伝わるレポートを書いている。[ワークシート，評価場面❷]	・進められない生徒には，今まで出会ってきた説明的な文章や教科書の例などを参考にするよう声かけをする。
○レポートを読み合い，内容や構成，文章や図表の引用の仕方などについて，説得力があると思った点や，もっと詳しく知りたいと思ったことを伝え合う。 ○もらったコメントを参考にしてよりよいレポートにするために修正をする。 ○今までの学習を振り返る。	思②	根拠と集めた材料をもとにして伝えたいことが明確に述べられているかという視点で意見を述べ合い，自分のレポートに生かしている。[コメント・レポート・振り返り]	・より多様な意見や評価をもらえるようにするため，ICT機器を用いて，誰にでもコメントを送付できるようにする。
	主①	積極的に意見を求めながら，レポートをよりよくするために粘り強く修正を検討しようとしている。[レポート・振り返り]	・目的に合ったレポートになっているか，説得力があるかなど，6年生の視点でコメントをしてもらい，6年生にとってわかりやすいレポートになっているか検討できるようにする。

4. 評価場面❶：6年生に伝えたいテーマや調査方法を決め，情報を集める（思①）

① 学習活動と発問

ここでは，目的に合ったテーマを決めること，決めたテーマに則って調査方法を考え，情報を集めることがメインの学習活動である。形成的評価として見取っていくので，評価Bに満たない生徒を中心に見取り，適切に支援することが重要である。テーマを決めるために，導入では中学校生活について不安だったことや始まって驚いたこと，困ったことや慣れるまで心配だったことなど，自身の経験からあげさせる。これらを参考に6年生にとって有益だと思えるテーマを決定する。

> 発問1　入学時，不安だったり困ったりしたことはどんなことですか。
> また，入学して驚いたことや苦労したことはどんなことですか。

> 発問2　出てきた不安や困ったことのうち，どんなテーマが6年生の役に立ちそうですか。

> 生徒の回答例
> ・ 入学時の自分　制服を着ることに慣れるまで時間がかかった
> → 疑問　みんな慣れるまでどのくらい時間がかかったのだろう？
> → テーマ　制服生活でのアドバイス
> ・ 入学時の自分　勉強についていけるか心配だった（今も）
> → 疑問　みんなはどうやって対応してきたのだろう？
> → テーマ　中学生の学習時間と学習方法

レポートのテーマにつながるような疑問を自らもたせることが大切である。ここでの活動が，その後の調査への意欲につながるので，必要に応じて「自身はどのようにして対応してきたか」という補助的な発問と共に，じっくり考えられる時間を設ける。

テーマが決定したら，仮説を立て，どのような調査をすれば検証できるかを探らせる。テーマに応じて中学生全般について調べるのか，学年やクラスでアンケートをとることで証明できることなのか，全校生徒に調査すべきことなのかなど，調査する対象や方法を考える。

> 発問　テーマに対して仮説を立てましょう。そしてその仮説は，誰にどのような調査をすれば説得力のある検証ができるでしょうか。

> 生徒の回答例
> ・ テーマ　部活動を決定するときに，どのようなことが決め手になったか
> → 仮説　「3年間続けられそう」という理由が一番多いのではないか
> → 対象と方法　全校生徒にアンケート，顧問の先生への質問
> ・ テーマ　登校する何時間前に起きているか→ 仮説　1時間前くらいではないか
> → 対象と方法　全校生徒にアンケート，養護教諭への質問，専門家の意見（SNS）

　ここでも，正確な調査になり，不安や困り事を解消するための「対象は誰か」「方法はどのようにするか」という2点を主に念頭に置かせることが重要である。常にゴールとなる言語活動を意識させる言葉かけや支援を行っていきたい。調査対象や方法をもとに，実際に調査を進めていく。

② 評価のポイントと評価

　授業後のノートを中心に，どのような必要性を感じどのような手順で課題を決めたかという観点と，調査対象や方法をどのようにして決定するかという観点で学習状況を評価する。

	おおむね満足：(B) の例	十分満足：(A) の例
評価基準	思① 「中学生になるうえで知らせておきたいことを6年生に伝える」という目的に応じてテーマと調査方法を考え，情報を集めている。	思① 「中学生になるうえで知らせておきたいことを6年生に伝える」という目的に応じて多様な角度からテーマを検討し，説得力のある考察につながる調査方法を考え，情報を集めている。
生徒の活動の様子と記述例	調べたいテーマ： 疑問 小学生のときと比べて一日の過ごし方がどのくらい変わったのだろう？ → テーマ 中学生の一日の過ごし方 調査対象と方法： 全校生徒にアンケート調査をする。	調べたいテーマ： 疑問1 制服に慣れるまでの期間は？ 疑問2 友達はどのように増えたか？ →「友達」という発言でみんなが頷いていた，多くの人が入学時に不安に思うテーマかもしれない。 → テーマ おすすめの友達のつくり方 調査対象と方法： ・先輩とSNSでアンケート調査する。 ・養護教諭に意見を聞く。
判断の根拠	調べたいテーマ：「6年生の不安感や心配事を取り除く」という目的を意識してテーマを決定している。 調査対象と方法：仮説をもとにして調査すべき対象を決め，どのような方法で調べれば検証することができるか，テーマに合った調査対象や方法を考えている。	調べたいテーマ：複数の候補から，6年生がより必要を感じるテーマはどれか，根拠の主観的な部分（自身の疑問）と客観的な部分（みんなの頷き）を吟味して決めている。 調査対象と方法：より説得力のある考察にするために，同世代のアンケート（先輩，SNS）を集めるとともに，専門家（養護教諭）の意見も集めている。

③ 指導・支援の手だて

努力を要する：Cの状況への支援

・テーマを決定する際には，自分本位に決定するのではなく「中学生に上がる前の6年生に対して」という相手意識と，「中学生になることの不安を解消するため」という目的意識をもたせることが重要である。評価のうえでも「どうしてこのテーマにしたか」という判断の理由を書かせる時間を設定する。例えば，単に「自身が知りたいから」という理由で「中学生のお年玉の額」というテーマを出した生徒には，「中学生になることの不安を解消するため」という目的からテーマを見いだせるよう，入学時の困り事や苦労などを再度確認するなど，支援する必要がある。

・調査方法を決める際には，調べたいテーマの調査に適しているかをよく思案させることが重要である。例えば，「中学生の家庭学習時間」というテーマを設定した生徒が，全国や都道府県の平均学習時間のみを調査しようとした場合，所属する中学校と隔たる場合があることが予想される。このような生徒に対しては，「体験入学に来る生徒が知りたいのは全国や都道府県の平均だけなのかな？」，「私たちの通う中学校ではどうだろう？」などと問いかけ，生徒自身に気づかせることが，必要な情報を集めたレポートを作成する支援につながるであろう。

5. 評価場面❷：図表などの調査結果を引用してレポートを作成する（思②）

① 学習活動と発問

　ここでは，テーマについて調べた結果をもとに，資料などを引用しながらレポートの構成に沿ってまとめていく活動を行う。内容や構成，文章や図表の引用の仕方などについて，考察や6年生に向けてのアドバイスとの関連づけを大切にしながら説得力がある構成にすることをねらいとする。ゴールとなる言語活動である，レポートの完成に生かす指導をするため，自分の考えを示した部分と，根拠となる調査結果などの資料とがつながっているかを説得力という視点で評価する。

学習課題

調査結果と，考察や「6年生へのアドバイス」をもとにレポートを作ろう。

　教科書の「レポートの例」などを参考に，集めた資料や自分の考えをレポートの形にしましょう。このとき「読者である小学6年生がレポートをどう感じるか」を考えながら（客観的に）読みます。事実と自分の考えのつながりに注意しながら，「中1ギャップ」の原因になり得る「壁」を超える手助けになるような説得力のあるレポートをめざしましょう。

② 評価のポイントと評価の例

　根拠を踏まえてどのように考えを形成し，どのようにレポートを工夫したかを評価する。

	おおむね満足（B）の例	十分満足（A）の例
評価基準	思② 根拠となる調査結果を整理しながら考えを形成し，その考えが明確に伝わるレポートを書いている。	思② 根拠となる調査結果を整理しながら，根拠を踏まえて考えを深め，その考えが明確に伝わるレポートを書いている。
生徒の活動の様子と記述例	**テーマ：中学生の登校前の過ごし方** **仮説**：登校前に学習の時間をとっている中学生が多いのではないか。 **方法**：生徒全員に，小学生時代と現在について，「登校の何時間前に起きているか」「登校前に何をしているか」を調査する。 **調査結果**：起床時間は，小学生時代より早まっている生徒が8割いた。登校前に学習する生徒は約3割（小学生時代は約1割）。また，部活動の朝練に行く生徒が約2割（小学生時代は0人）。朝食を食べる生徒は7割で，小学生時代から1割減。	
	考察：8割の生徒が，小学生時代より起床時間が早まっている。私たちの通う中学校は複数の小学校から生徒が集まっており，大半の生徒の通学時間が伸びていることが要因のようだ。学習を行う生徒は約3割で，それほど多くはないが，集中しやすい朝を有効活用している生徒がいることがわかる。朝食は7割が食べているが，もっと多くの生徒が食べたほうがよいと思う。 **アドバイス**：余裕をもって朝ごはんを食べ，登校できるように早起きしよう。登校前に学習の時間をつくれると，効率よく勉強できるのでおすすめ。	**考察**：8割の生徒が，小学生時代より起床時間が早まっている。通学時間の伸びが最大の要因のようだ。他にも，学習を行う生徒が約3割，部活の朝練を行う生徒が約2割おり，その分小学生時代より早く起きる必要が生じたことがわかる。朝食を食べる生徒は1割減で，通学時間の伸びや朝練で時間がとれなくなっている可能性がある。 **アドバイス**：通学時間の伸びや朝学習などで小学生時代より早起きが必要になるので，今から早起きの習慣を身につけられるとよい。学校生活時間が長くなり，部活も始まる中学校生活では，なるべく朝ごはんを食べてエネルギーを蓄えよう。

判断の根拠	調べたことから根拠を示し，考察とアドバイスを書いてレポートをまとめている。	調べたことから根拠を示し，「起床時間の早まり」と「登校前の学習・朝練」を関連づけるなど，根拠と整合性の高い，説得力のある考察とアドバイスを書いてレポートをまとめている。

③ 指導・支援の手だて

努力を要する：Cの状況への支援

・「考察」を書き始められない生徒には，まず「何のためにこのテーマを考えたの？／この調査をしたの？」などと問い，次に「この結果からどんなことが言えそう？」「仮説と比べるとどう？」「6年生にはどんなことを伝えたい？」など質問して言葉で答えさせ，それらについて付箋などを用いながらメモさせる。メモをもとに書く順序を考えることから取り組ませるようにする。

・「考察」に書きたいことは決まっていても，思うようにまとめられない生徒には，既習の説明的文章（図表などの資料が扱われている作品）から筆者がどのように主張をまとめていたか確認させ，参考にできるようにする。

・「考察」につながりが見られない「調査結果」や「図表」を示している生徒には，「どうしてこの結果を載せたの？」と目的を問うようにする。生徒が述べた目的と「考察」を比較させ，必要に応じて「考察」を加筆させたり，つながりの見られない「調査結果」を削除させたりする。

・「調査結果」とはつながらない主観的な「考察」を示している生徒には，「どこからこのことが言えるの？」などと問いかけ，考察が客観性に欠けることを気づかせたうえで，違う調査結果を示させたり必要な調査を再度行わせたりする。

6. 解説

＜この二つの場面を取り上げたのは，なぜか＞

・評価場面❶は新学習指導要領解説 国語編が示す内容B(1)ア「目的や意図に応じて，日常生活の中から題材を決め，集めた材料を整理し，伝えたいことを明確にすること」を実現するために必要な「テーマを決め，情報を集める」過程を指導に生かす形式的評価の場面として設定した。その後における実際の調査や評価場面❷（単元を総括する学習活動）につながる重要な場面（生徒の実態を把握し，必要な支援を行う場面）として認識したからである。

・評価場面❷は新国語科学習指導要領解説 国語編が示す内容B(1)ウ「根拠を明確にしながら，自分の考えが伝わる文章になるように工夫すること」を実現するために，作成したレポートを記録に残す評価の場面として設定した。根拠となる調査結果をどのように整理し，どのように伝えたいことを明確にして表すか探る場面である。テーマを決め，材料を集めた評価場面❶とつながっており，また，生徒自身の工夫や努力が表れる場面として認識したからである。

＜定期テストとの関連について＞

　テストよりも実践的な活動（評価場面）での評価を重視すべきだが，下記の例が考えられる。

・レポート（テーマ，調査結果，考察のつながりに欠けるもの）を提示し，「説得力を高めるためにどのようなアドバイスをするか」を文章や図表で記述させる問題が考えられる。

・テーマと仮説を示し，「誰にどのような調査が必要か」を選択させる問題も考えられる。その際には理由を記述する欄も設け，選択した調査対象や方法に見合った理由であるかで正否を判断すべきであろう。

伝えるべきことを整理して案内文を書く

単元名：「我が校案内リーフレット」で中学校のことを紹介しよう

教材　「行事案内リーフレット　必要な情報をわかりやすく伝える」（三省堂）
学習指導要領　〔知識及び技能〕(2) イ〔思考力・判断力・表現力等〕B (1) ア・イ，B (2) イ

1. 単元の評価と授業改善のポイント

　中心となる情報が明確になるように，リーフレットのページごとの内容のまとまりやリーフレット全体におけるそのページの役割を考え，構成する資質・能力を育成したい。今回作成する三つ折りのリーフレットは，開き方によって見えるページの範囲が異なるという特徴がある。その特徴と収集した情報の重要度や情報と情報の関係性を意識しながら，中心にしたい情報がどれなのか，どんな順番で紹介したいのか，どの内容同士を隣り合わせるのがいいのかなどを考え，その意図を明確にしてリーフレットの配置について思考・判断する学習を仕組む。そして，その学習の過程および単元末テストや定期テストの活用問題で評価する。

単元の学習課題　学校見学で小学6年生に配布する「我が校案内リーフレット」を作成しよう。

　小学6年生にとって学校見学は，自分が来年度から通う中学校を知るための大切な機会です。みなさんも，1年前，緊張しながら中学校に訪れたことを思い出してください。「あのとき，こんなことがわかってよかった」ということ，逆に，「あのとき，こんなことがわかっていたらよかった」ということ，それらを一番理解しているのは，昨年，小学6年生だったみなさんです。そこで，小学6年生のために，本校のことを紹介する「我が校案内リーフレット」を作成し，中学校についてより深く知ってもらいましょう。今回作成するリーフレットが，小学生の不安を払拭したり，希望を膨らませたりする手助けになるといいですね。

条件
・A4三つ折りの様式で作成すること。三つ折りとなるため，①表紙，②裏表紙，③〜⑥の6ページに分けて考え，中心となる情報が明確になるよう意識すること。
・②〜⑥の一つには，11月に行われる「文化発表会の案内」を入れること。

2. 単元の評価規準

知識・技能	思考・判断・表現	主体的に学習に取り組む態度
① 比較や分類，関係付けなどの情報の整理の仕方について理解を深め，それらを使っている。(⑵イ)	① 「書くこと」において，目的や意図に応じて，日常生活の中から題材を決め，集めた材料を整理し，伝えたいことを明確にしている。(B⑴ア) ② 「書くこと」において，書く内容の中心が明確になるように，段落の役割などを意識して文章の構成や展開を考えている。(B⑴イ)	① 伝えたい内容をどのように配置すればいいのかを粘り強く試行錯誤しながら，学習課題に沿って案内文を完成させようとしている。

3. 単元の指導と評価の計画

学習活動	評価基準（Bの例）〔評価方法〕		教師の支援
○単元プランシートで，単元の学習課題を確認する。 ○三つ折りのリーフレット見本を数種類見て，完成形のイメージを膨らませる。 ○小学生に紹介したいことをイメージマップで書き出す。 ○マッピングした情報から載せたい項目を選択し，項目一つにつき一つのカードを準備する。 ○カードに項目の具体的内容を書き足す。 ○紹介内容で不明瞭な部分を調べ，確かな情報を収集する。	思①	学習目標に応じて，小学生に紹介したい中学校のことを決めている。［ワークシート］ 情報同士の関係を考えて，マッピングや項目ごとのカードの中に位置づけている。［ワークシート］	・紹介したいことを見つけにくい生徒には，昨年の学校見学でどんなことがわかったか，どんなことが知りたかったかを想起させたり，ホームページを見て，足りない情報は何かに着目させたりする。 ・個人で考えた後，班ごとに一つイメージマップを作らせ，学級全体で共有することで，考えを広げさせる。 ・必ず「文化発表会」の案内を入れることを確認する。 ・入学後に配布されている生活や学習についての資料が閲覧できるように準備しておく。
○選択した項目の配置を決める。【評価場面❶】 ○配置について意見交流を行う。 ○交流を踏まえ，再度配置の検討を行う。	思②	中心の情報が明確になるよう各ページのまとまりや特徴を意識して案内文の構成を考えている。［ワークシート，評価場面❶］ 伝えたい内容をどう配置するのかを試行錯誤しようとしている。［活動の様子・ワークシート］※指導に生かす形成的評価を行う。	・白紙のリーフレットを配り表紙を含め6ページで構成され，開き方で見える範囲が異なることを示す。 ・①表紙，②裏表紙，③〜⑥のページ番号を示し，①を開くと④と③が隣り合って見えること，③を開くと④〜⑥が一覧できることを確認する。 ・配置の意図をワークシートに記入させる。
○リーフレットを作成する。 ○リーフレットを相互評価する。	思②	リーフレットの構成をページのまとまりや特徴を意識して考えることで中心が明確になっているかを確認している。［評価シート］	・リーフレットと配置の意図を記入したワークシートで評価させる。 ・目的（小学生に中学校を知ってもらう）を再確認し，目的に沿った内容と構成（配置）ができているか評価させる。意図に合った配置になっているかも考えさせる。
○単元振り返りシートを記入する。	主①	伝えたい内容をどのように配置すればいいのかについて考えたことを，今後の学習につなげようとしている。［単元振り返りシート］	・単元プランシートで示した学習目標の達成状況と今後の課題を記述させる。 ・今回の学習での学び（わかりやすく伝えるための工夫）を明記させる。
○単元末テストや定期テストの問題を解く。【評価場面❷】	思②	中心の情報が明確になるように，それぞれの位置のまとまりや特徴を意識して案内ポスターの構成を考えている。［単元末・定期テスト，評価場面❷］	・授業で扱った「思考・判断・表現」を評価するテスト問題を作成する。

67

4. 評価場面❶：選択した項目の配置を決める（思②）

1 学習活動と発問

　前時までに，生徒は小学生に伝えたい中学校についての項目（学習の変化，年間行事，生徒会活動，部活動，一日の流れ，校舎内の地図など）を，マッピングを用いて書き出し，その中から，リーフレットに載せたい項目を選択している。選択した項目をカード（付箋）に一つずつ書き，その項目の中で紹介したいより具体的な情報を書き加えるとともに，必要なものは中学校で配布されたプリントなどを用いて調査を行った。本時は，選択した項目をリーフレットのどのページに配置していくのかを検討する，単元を総括する学習活動の時間である。

　本時の導入では，三つ折りのリーフレットの構造を確認する。本単元では，リーフレットの特殊な構造が配置を考えるうえで大きく影響する。そこで，①表紙，②裏表紙，③＋④，⑤，⑥とページ番号を示して確認しておく。この確認作業を通して，生徒に次のことに気づかせたい。(1)閉じた状態で常に見えているのは①表紙と②の裏表紙であること。(2)①の表紙を開くと④（左側）と③（右側）は隣り合うこと。(3)③を開くと④〜⑥を一覧できること。これらは，実物があった方がわかりやすいため，白紙のリーフレットを生徒の手元に準備しておき，操作させながら進める。

　これらを生徒から引き出したうえで，「知ってほしい情報が伝わりやすいリーフレットをつくる」をめあてとし，各ページにどの情報を配置していくかを考えていくという学習課題を提示する。

学習課題

リーフレットのどのページに，どの項目を配置すると中心の情報が明確になるか考えよう。そこに配置する意図も明確にしてください。

補足説明　この時間では，項目の配置に焦点を当てて考えます。そのため，ワークシートのリーフレットの枠の中に，項目ごとに作成したカード（付箋）を置いていきましょう。最終決定したら，貼り付けます。一つのカードの内容を2ページに書くなどした場合は用意したカードを全部使わなくてもよいです。ただし，「文化発表会の案内」は必ず入れます。

　また，ワークシートの右の空欄には，そのような配置にした意図を書きます。項目と項目の関係やつながりにも着目して決められるとなおよいです。

［ワークシートの例］

① 表紙	② 裏表紙	③
④	⑤	⑥

配置の意図

［生徒が準備したカードの例］

年間行事	文化発表会の案内
学習の変化	一日の流れ
部活動	体育大会・文化発表会

② 評価のポイントと評価

課題を提示した後，自分の考えを記述させる。評価は，配置の意図の記述内容を材料に行う。

	おおむね満足（B）の例	十分満足（A）の例
評価基準	思② 中心の情報が明確になるように，各ページのまとまりや特徴を意識して案内文の構成を考えている。	思② 中心の情報が明確になるようにするとともに，項目と項目の関係にも着目しながら，各ページのまとまりや特徴を意識して案内文の構成を考えている。
生徒の活動の様子と記述例	例1：・表紙を開いたあとずっと見えるページは④である。ここには，中学校のイメージを膨らませるのに一番必要だと考える「年間行事」を配置する。 例2：閉じた状態でも常に見ることができる②裏表紙には，「文化発表会の案内」を配置することで，開かなくても次の中学校の活動を知る機会を確認することができるようにする。 例3：③は表紙を開いたときに最初に見え目立つため，小学生からの興味関心が高く，中学校独自の「部活動」を配置する。	例1：学校の年間行事とそれぞれの行事の詳細は関係性が強く，年間行事を見て，その行事の詳細を知りたいと思う人も多いと思うから，④に「年間行事」を示し興味を引いた後，③を開いて見える⑤に「体育大会・文化発表会」を配置する。 例2：部活動に興味をもっている小学生も多いと思うので，最初に見える③に「部活動」のことを配置する。ただ，部活動は希望する生徒のみのため，全員にかかわることを④〜⑥で一覧として見えるようにするため，④に「年間行事」，⑤に「一日の流れ」，⑥に「学習の変化」を配置する。 例3：項目が具体的になっていくように並べたい。そのために，④に「年間行事」，⑤に「一日の流れ」，⑥「学習」とし，一覧できるページの中で，左から右により具体的になるように並べる。
判断の根拠	作成するリーフレットで中心としたい項目について，配置の説明ができている。また，配置したページの特徴を述べている。	一つの項目とページの特徴に着目するだけでなく，項目と項目の関係を考えて，複数の項目にふれながら意図を説明できている。

③ 指導・支援の手だて

努力を要する：Cの状況への支援

・配置を決められずにいる生徒には，まず，項目の重要度の高い順番や自分が伝えたいと思っている順番に並べてみるようにアドバイスし，項目には，軽重や伝えたい度合いに差があるということを確認する。そして，リーフレットのページの特徴を押さえ直す。

・配置の意図を記述できずにいる生徒には，「なぜ，そのページに配置しようと思ったのか」を問いかける。その際，リーフレット全体におけるそのページの特徴，例えば「開いて最初に見えるページ」に対して「どんな項目がふさわしいのか」などを考えさせ，配置している項目がその条件に合っているのか確認する。

BをAへ引き上げる支援

・一つ一つの項目ごとにのみ着目し，配置の意図を説明している生徒には，「なぜ，この項目とこの項目を隣り合わせたのだろう」や「表紙を開いてからずっと見えている④と，③を開かないと見えない⑤・⑥はどうやって決めたのかな」などと問いかけ，項目同士の関係を意識して配置を考えることができることを伝える。

5. 評価場面❷：単元末テストや定期テストの問題を解く（思②）

① 学習活動と発問

　ここでは，単元後の単元末テストや定期テストで評価する。活動の中で身につけた力を違う文脈で発揮できるかを確認するものである。

「学習発表会（保護者向け）」の案内ポスターのレイアウトを決めよう。

　「学習発表会（保護者向け）」のポスターを作成しています。
　ポスターには，三つの項目
　「本校の具体的な取り組み（学びの約束・GIGA スクールの実現）の説明」
　「日時・場所・実施内容一覧」
　「学習委員長の意気込み（これまでの成果と課題，今回の見どころなど）」
　を入れます。
　どの位置に入れるのがよいか答え，その理由を書きなさい。

※項目はカードを準備し，具体的な内容まで示しておくとよい。

```
学習発表会の案内
┌─────────┐
│    A    │
├─────────┤
│    B    │
├─────────┤
│    C    │
└─────────┘
```

② 評価のポイントと評価

　配置は，どの順番になることも考えられる。そのため，配置の意図が読み取れる理由の部分で評価を行う。今回は配置が縦に並んでいることを配置の検討の材料にする必要がある。

	おおむね満足（B）の例	十分満足（A）の例
評価基準	思② 中心の情報が明確になるように，それぞれの位置のまとまりや特徴を意識して案内ポスターの構成を考えている。	思② 中心の情報が明確になるようにするとともに，項目と項目の関係にも着目しながら，それぞれの位置のまとまりや特徴を意識して案内ポスターの構成を考えている。
生徒の活動の様子と記述例	例1：A「日時・場所・実施内容一覧」，B「本校の具体的な取り組みの説明」，C「学習委員長の意気込み」 保護者にとって，一番重要な情報は日時などだと考えるので，ポスターの一番上部にあるAに配置した。 例2：A「本校の具体的な取り組みの説明」，B「日時・場所・実施内容一覧」，C「学習委員長の意気込み」 ポスターは中央部のBに視線がいくと考えるので，一番確認したい情報である日時などをBに入れる。	例1：A「日時・場所・実施内容一覧」，B「本校の具体的な取り組みの説明」，C「学習委員長の意気込み」 日時などは，一番に確認したい情報だと思うので上部のAに配置する。学習委員長の意気込みは，日時などに続いて取り組みの説明をした後の方が，成果や課題が理解しやすくなると考えて配置した。 例2：A「本校の具体的な取り組み」，B「学習委員長の意気込み」，C「日時・場所・実施内容一覧」 本校の取り組みとその成果と課題がつながり，今回の見どころを説明するようにし，当日の具体的な内容にした方が，発表会までの経過の説明にもなると考え，上から順にした。

判断の根拠	中心となる情報を明確にして配置を決めることができている。また、中心となる情報を配置したA〜Cの位置の特徴について述べている。	Bに加えて、二つ以上の情報同士の関係と配置する位置の特徴を関連させて、意図を説明している。

③ 指導・支援の手だて
努力を要する：Cの状況への支援

・配置を決められなかった生徒には、三つの情報の重要度でランキングをつけさせる。またA〜Cの位置で、一番目をひくのはどこかを考えさせ、ランキングと照らし合わせるように声をかける。

・テスト後、学級や班で解答を交流し、模範解答一つだけが正解でないことを伝え、多様な解答にふれさせたい。また文脈は違うが、考え方は授業で取り組んだことと重なることを確認したい。

6. 解説

＜この二つの場面を取り上げたのは、なぜか＞

・「中学校新学習指導要領解説 国語編」のB(1)イは「書く内容の中心が明確になるように、段落の役割などを意識して文章の構成や展開を考えること」という「構成の検討」に当たる指導事項である。よって本単元で「構成の検討」に当たるリーフレットの配置を検討する活動を評価場面❶とした。指導事項では「段落」とあるが、本単元ではリーフレットのページが段落と置き換えられると考え、リーフレットの特殊な構成について理解を深め、全体で共有する段階を設定している。その理解を踏まえ、配置を検討することで、中心としたい項目をどのページに配置することが適切なのかを考えることにつながり、思②の評価に適している。

・本単元では完成したリーフレットについて、「配置が伝えたい情報を伝えるものになっているか」について相互評価を行う場面を設定している。思②について生徒同士が評価する場面ではあるが、他の作品を「読むこと」に関連するため、評価場面❷とはしていない。ただし、相互評価によって、自身の作品の改善点に気づくことも考えられるため、「主体的に学習に取り組む態度」を評価する材料の一つとすることも可能である。

・評価場面❷は外付けの評価として、単元末および定期テストの問題を設定した。一度検討し、考えを共有した作品では、活用できる資質・能力として身につけることができたか評価することはむずかしい。よって、別の文脈を用意し、身につけた資質・能力を再現できる場面を設定した方がよい。

＜定期テストとの関連について＞

・評価場面❶で示した配置を選択し、その意図を説明する活動と類似した問題を評価場面❷で出題した。評価基準でも示したように、中心としたい内容がより伝わりやすいと考える配置を決定し、その意図を説明できていることが重要である。

・テストの場合、時間制限を考慮して設定する。そのため、3項目に絞った。3項目は、必ず伝えるべきものや伝わってほしいものなど、バリエーションのあるものにできるようにする。

・作成の留意点は、「書くこと」の指導事項からずれないようにすることである。例えば、出来上がったポスターなどを用い、より効果的な配置になっているものを選択させる問題も想定できるが、その場合は、配置の意図を読み取り、二つ以上のものを比較して効果を評価するという「読むこと」の第1学年(1)エや第2学年(1)エの指導事項にかかわることが考えられる。あくまでも、「書くこと」の指導事項の中で問える問題を作成する必要がある。

説明文を読んで考えたことを文章にまとめる

単元名：言葉によるコミュニケーションのポイントをまとめよう

教材　「意味と意図」(川添愛，三省堂)

学習指導要領　〔知識及び技能〕(2) イ〔思考力・判断力・表現力等〕C (1) ウ・オ，C (2) ア

1. 単元の評価と授業改善のポイント

　文章を読んで理解したことと身の回りの事例を関連づけて，自分の考えを説明する資質・能力を育成したい。文章を要約して内容を解釈する際に，必要な情報を正確に捉えることにつまずきが想定される。「筆者の考えを捉える」という目的に沿って要約に取り組み，文章内容の正確な理解に基づいた自分の考えの形成につなげる。自分の考えを形成する際には，自身の事例や体験と関連づけて思考・判断する学習を設定し，過程と最終の成果物を評価する。

単元の学習課題　**日常の言葉によるコミュニケーションの注意点や工夫を説明しよう。**

　私たちはコミュニケーションをとることで人とつながっています。そのコミュニケーションには「言葉の意味」よりも「言葉の意図」が大切であり，私たちは日々無意識に言葉の意図を捉えて相手の伝えたいことを理解しています。しかし，言葉の意図は状況や場面によって変わります。さらに，近年はスマホの普及でメールやSNSが日常的に使われ，言葉のやりとりに誤解が生まれることも少なくありません。このような日常において，あなた自身が「言葉によるコミュニケーション」を成立させるためにどのような注意や工夫をしていくかを多角的に考えて書きましょう。

条件
・「実に危ういものでもあるのです」という筆者の考えを70字程度で説明すること。
・日常の言葉によるコミュニケーションを失敗しないためのポイントを□□□内に簡潔に書くこと。
・失敗しないポイントを自分の知識や経験とつなげて説明する文章を「○」の後に書くこと。

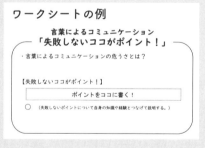

ワークシートの例

言葉によるコミュニケーション
「失敗しないココがポイント！」

・言葉によるコミュニケーションの危うさとは？

【失敗しないココがポイント！】

ポイントをココに書く！

○　(失敗しないポイントについて自身の知識や経験とつなげて説明する。)

2. 単元の評価規準

知識・技能	思考・判断・表現	主体的に学習に取り組む態度
① 比較や分類，関係付けなどの情報の整理の仕方，引用の仕方や出典の示し方について理解を深め，それらを使っている。((2)イ)	① 「読むこと」において，目的に応じて必要な情報に着目して要約し，内容を解釈している。(C(1)ウ) ② 「読むこと」において，文章を読んで理解したことに基づいて，自分の考えを確かなものにしている。(C(1)オ)	① 粘り強く文章を読んで理解したことに基づいて自分の考えを確かなものにしながら，学習課題に沿って文章にまとめようとしている。

3. 単元の指導と評価の計画

学習活動	評価基準（Bの例）〔評価方法〕		教師の支援
○会話例の提示から，学習課題を確認する。 ○教科書の本文を通読し，大まかな内容を捉える。 ○「ジャガイモ」と「窓」の例からコミュニケーションについて考えたことや疑問に思ったことを交流する。	※この時間の評価は第2時と合わせて行う。		・普段のコミュニケーションで注意すべきことを問う。 ・文章全体が五つのまとまりに分かれることを示し，内容を穴埋め問題で確認させる。 ・ワークシートに記入した後にグループで話し合わせる。
○文章の構成を確認し，序論から筆者の問題提起を捉える。 ○「重要なことは意図の理解」と述べている理由をまとめる。【評価場面❶】	知①	筆者の考えとその理由について，文章の必要な部分を捉えて整理している〔ワークシート〕。	・既習事項「序論→問題提起」を確認して，教科書P185L6までの文章から探すことを指示する。 ・要約した文章から重要な言葉を抜き出し，適切に並べかえたり，必要な言葉を補ったりすることも確認する。
	思①	筆者の述べていることの理由について，必要な文や言葉に着目して適切にまとめている。〔ワークシート，評価場面❶〕	
○SNSの例示部分（教科書P187L8～P188L16）の内容を捉える。 ○SNSの例をあげていることにどのような効果があるかを考える。	主①	文章を読んで理解したことに基づいて粘り強く自分の考えを確かなものにしようとしている。〔活動の様子・ワークシート〕 ※指導に生かす形成的評価を行う。	・穴埋め問題でSNSの具体例の内容と，それによって「筆者が伝えたいこと（P188L12～L16）」について整理させる。 ・次の2点に着目させる。 ①文字によるコミュニケーションは，言葉の意図が間違って伝わる危険性が高くなること ②日常的にSNSを使うと，その危険性はさらに高まること
○結論部分を読み，筆者の考えを確認する。 ○文章を読んで理解した筆者の考えについて，自分の考えをもつ。【評価場面❷】	思②	文章に表れている筆者の考えを捉え，自分の考えを確かなものにして，日常における言葉によるコミュニケーションを成立させる方法をまとめている。〔ワークシート，評価場面❷〕	・言葉を補ったり言い換えたりして，筆者の考えをペアで説明させる。 ・言葉の意図を伝えるための注意点や工夫を考えさせる。
	主①	自分の考えを確かなものにしながら，学習課題に沿って言葉によるコミュニケーションを成立させる方法をまとめようとしている。〔活動の様子〕	

4. 評価場面❶：「重要なことは意図の理解」と述べている理由をまとめる（思①）

１ 学習活動と発問

　前時では教科書の本文を通読して，文章を五つのまとまりに分けて大まかな内容をおさえるとともに，言葉の「意味」と「意図」の違いについて学習している。本時は必要な情報に着目して，整理しながら要約し，内容を解釈する時間である。

　まず要約を行う際は，既習事項を踏まえて文章前半を「序論（問い／問題提起）─本論（事実／具体例）─結論（答え／筆者の主張）」の構成で捉える。次に，筆者の問いに対する答えやその根拠となる部分からキーワードやキーセンテンスを抜き出しながら，形式段落ごとの要点をまとめる。そして，それぞれの要点がどのように関係しているかを考え，言葉を言い換えたり書き足したり，つなぎ合わせたりして文章を要約する。

　要約した文章は板書で提示（またはICT活用で電子黒板に提示）し，筆者が問題提起として「言葉によるコミュニケーションで重要なのは，『意味の理解』ではなく『意図の理解』」と述べている理由を考えることを学習課題として設定した。ここで生徒は，「文章前半の序論（問題提起）」に対しての「文章前半の結論（答え）」に着目して理由を説明しようとするだろう。しかし，それだけでは理由の説明が不十分であるため，下記の発問を投げかけ，「目的に応じて情報を整理しながら内容を解釈する学習活動」へとつなげていく。

> **学習課題**
>
> 筆者が問題提起として「言葉によるコミュニケーションで重要なのは，『意味の理解』ではなく『意図の理解』」と述べている理由を150字程度でまとめよう。

> **発問**
>
> 筆者の問題提起に対して，文章前半の結論だけでは理由の説明が不十分なようです。みなさんはどの言葉や文に着目して文章を整理すると，その理由を説明することができると考えますか。

〔生徒に示す板書例〕

文章前半の要約

序論

言葉によるコミュニケーションで重要なのは，「意味の理解」よりも「意図の理解」である。

本論

「ジャガイモもってきて。」という場面で，それが話し手の意図なのかは言葉の辞書的な意味だけからはわからない。相手との関係，一般常識などの状況を手がかりにして複数の可能性の中から「話し手の意図」を絞り込む必要がある。

「そこの窓，開けられますか？」という場面では，「質問」ではなく「依頼」と捉えることができる。

結論

つまり，私たちの持つ「他人の知識や思考，感情を推測する能力」が，相手の発言の「言外の意図」に気づかせてくれる。

→

【着目する言葉や文】

言葉によるコミュニケーションで重要なのは，「意味の理解」よりも「意図の理解」である。

「ジャガイモ持ってきて」では，話し手の意図は言葉の辞書的な意味だけからはわからない。

状況，文脈，相手との関係，一般常識を手がかりに話し手の意図を適切に解釈する必要がある。

相手の発言の「言外の意図」に気づく。

② 評価のポイントと評価

　発問後に要約した文章の重要な部分に線を引いたり，ペアで話し合わせたりして，自分の考えを記述させる。その際，重要な部分を並べ替えたり，必要な言葉を補ったりして，どのように文章を整理しているかを見て評価を行う。

	おおむね満足（B）の例	十分満足（A）の例
評価基準	思① 筆者の述べていることの理由について，必要な文や言葉に着目して適切にまとめている。	思① 筆者の述べていることの理由について，必要な文や言葉に着目して，わかりやすく説明するために並べ替えたり書き加えたりして適切にまとめている。
生徒の活動の様子と記述例	「ジャガイモ持ってきて」や「そこの窓，開けられますか？」の例では，話し手の意図は言葉の意味だけではわからないため，そのときの状況を手がかりにしたり，相手の発言の「言外の意図」に気づいたりして，「話し手の意図」を適切に解釈する必要があるから。	「ジャガイモ」や「窓」の例では，話し手の意図は言葉の辞書的な意味からだけではわからないため，そのときの状況，文脈，相手との関係，その他の一般常識を手がかりにしたり，相手の発言の「言外の意図」に気づいたりして，複数の可能性の中から「話し手の意図として適切な解釈」を絞り込む必要があるから。
判断の根拠	必要な部分をつなぎ合わせて，理由についてまとめることができている。	必要な部分をつなぎ合わせたり，言葉を補ったりして，理由について適切にまとめることができている。

③ 指導・支援の手だて

努力を要する：Cの状況への支援

・学習意欲が低い生徒には，課題に取り組む前にクラス全体で「誤解が生まれる状況を取り上げた動画」を視聴したり，「ある会話例から正しい意図を選択するクイズ」を出題したりして，「意図の理解」がなぜ重要なのかを話し合い，課題に対する考えをもたせてから活動に引き込みたい。

・必要な部分を選択できない生徒には，文や文章の前半や後半部分にキーワードやキーセンテンスが来ることが多いことを説明する。また，「重要なのは意図の理解である。なぜなら～だからだ。」と，文章の型を意識させることで理由部分に当たる言葉を考えさせる。

・必要な部分を選択したが適切に並べ替えることができない生徒には，理由を説明した文章末に，選択したどの部分があたるかを考えさせたり，話し合わせたりして，「話し手の意図を適切に解釈する必要があるから」を文章末に使うとよいことに気づかせる。また，ICT機器を活用することで，必要な部分をつなぎ合わせたり並べかえたりすることが容易に行えるようになる。

BをAへ引き上げる支援

・必要な部分を選択していて適切に並べ替えることができている生徒には，「適切な解釈のために何を手がかりにしたらよいのか」「意図として考えられる複数の可能性をどうしたらよいのか」と投げかけて，理由を詳しく的確に説明できているかどうか考えさせる。

5. 評価場面❷：文章を読んで理解した筆者の考えについて自分の考えをもつ（思②）

１ 学習活動と発問

　これまで文章内容を解釈する学習活動を行ってきた。ここでは，筆者の考えについて正確に理解し，自身の考えを確かなものにしてまとめたことを見取るために単元の学習課題に対する最終的な成果物を評価する。詳細は本稿初め（p72）に【単元の学習課題】として記している。

２ 評価のポイントと評価

　「言葉によるコミュニケーションの危うさ」についての記述（ワークシート上段）と，「失敗しないココがポイント（同下段）」の記述内容を評価する。筆者の考えを正確に捉え，確かなものにした自分の考えが，実際の生活に効果的なものになっているかを見る。

	おおむね満足（Ｂ）の例	十分満足（Ａ）の例
評価基準	思② 文章に表れている筆者の考えを捉え，自分の考えを確かなものにして，日常における言葉によるコミュニケーションを成立させる方法をまとめている。	思② 文章に表れている筆者の考えを捉え，自分の考えを確かなものにして，日常における言葉によるコミュニケーションを成立させる多角的な視点に立った方法をまとめている。
生徒の活動の様子と記述例	**言葉によるコミュニケーション** **「失敗しないココがポイント！」** 言葉によるコミュニケーションの危うさとは？ 　話し手と聞き手が「言葉の意味」だけでなく，多くの知識を共有していないと，意図が間違って伝わり，コミュニケーションが成立しなくなってしまうこと。 【失敗しないココがポイント！】 「YES」か「NO」かはハッキリすること ○「明日遊ぼう！」と友達にメッセージを送ったら「いいよ」と返ってきた。「OK」ということかもしれないが，わかりづらい。メッセージのやりとりでは，「YESかNO」かがはっきりわかるようにすることが大切だ。	**言葉によるコミュニケーション** **「失敗しないココがポイント！」** 言葉によるコミュニケーションの危うさとは？ 　言葉によるコミュニケーションは自分と相手が「言葉の意味」だけでなく，多くの知識を共有していないと「言葉の意図」が間違って伝わる危険性が高くなってしまうこと。 【失敗しないココがポイント！】 「〜ない」は伝わり方をもう1度考えてみること ○レストランで友達とランチしていた。料理がとても美味しかったので，「これ，美味しくない！」と言った。友達には当たり前に伝わる表現だが，店員や周りの人，年配の人たちは誤解するかもしれない。だから，友達の間で使う言葉は他人への伝わり方をもう1度考えて，状況によっては別の言葉で表現することも必要だ。
判断の根拠	コミュニケーションが成立しない理由を本文から捉え，筆者の考えをまとめている。また，日常的な場面や状況を取り上げて，言葉によるコミュニケーションを失敗させないための対応策や解決策を書いている。	コミュニケーションが成立しない理由を本文から捉え，筆者の考えをまとめている。また，日常的な場面や状況を取り上げて，言葉によるコミュニケーションを失敗させないための対応策や解決策を，話し手と聞き手に加え，第三者などの立場も考慮して書いている。

３ 指導・支援の手だて

努力を要する：Ｃの状況への支援

・筆者の考えをまとめることができない生徒へは，まず，「危うさ＝コミュニケーショが成立しない危険性」と確認する。そして，第2時で学習した「言葉によるコミュニケーションでは話し手の意図を適切に解釈する必要がある」と筆者が述べていたことに着目させ，どのような状況になるとコミュニケーションが危うくなってしまうのかを考えさせる。

・自身の体験が思い出せない生徒へは，SNSなどを利用した経験を振り返ったり他の生徒と話し合ったりさせ，言葉によるコミュニケーションの危うさを含む場面とその対応策を考えさせる。

・「いいよ」「普通」などのあいまいさを含む表現や，生徒間で肯定的な表現として用いられる「〜ない」などの例をあげ，誤解を生む場面を想像させ，効果的な対応策や解決策を考えさせる。

6. 解説

＜この二つの場面を取り上げたのは，なぜか＞

・本文は言葉によるコミュニケーションについて「言葉の意味と意図の違い」「意図の理解の重要性」「言葉によるコミュニケーションの危うさ」などの点から文章を展開しているが，生徒たちにとっては文章の解釈がむずかしかったり，解釈があいまいになったりすることが考えられる。そのため評価場面❶で内容の解釈に取り組み，評価場面❷につなげた。

・評価場面❷は「中学校学習指導要領解説 国語編」の第 1 学年 C (1) オ「文章を読んで理解したことに基づいて，自分の考えを確かなものにすること」を目標とし，単元の最終課題と総括的評価を行う場面である。生徒は文章から解釈したことを踏まえ，自身の知識や経験と関連づけたり他者の考えの根拠を共有したりして，考えを確かなものにしていく。教師は総括的評価を行うが，思考から表現の過程で生徒が試行錯誤したり，他者の考えを参考にしようとしたりする姿を，「主体的に学習に取り組む態度」の評価材料とすることも可能である。

・評価場面❷の条件設定「自身の知識や体験と関連づけること」は，「ワンチャン」，「エモい」，「肯定的表現として使う『〜ない』」などの生徒世代特有の表現について考えてみる有意義な機会であり，生徒それぞれの考えを交流することで実生活におけるコミュニケーションをよりよいものにしようとする姿勢にもつながっていくだろう。

＜定期テストとの関連について＞

・「筆者の考え」について選択問題や穴埋め問題，字数を指定した記述問題などで出題する方法がある。また「誤解が生じやすい言葉の例」をあげ，その理由と改善策を答える問題を出題することも考えられる（問題例は下記参照）。

問1　P185L1「言葉によるコミュニケーションにおいて重要なのは，実は『意味の理解』ではなく『意図の理解』のほうです。」と筆者が述べている理由について適切なものを次から選びなさい。
ア　言葉の辞書的な意味を理解しておくことは，コミュニケーションの成立に必要だから
イ　私たちの「言葉の意図」は「言葉の意味」によって大部分が伝えられるから
ウ　言葉の意味やその時の状況，人間関係など様々な要素を含めて，「相手の意図」を解釈する必要があるから

問2　P186L11「言葉の『字面どおりの意味』と，その言葉にこめられた『意図』」について述べた次の文の空欄に入る言葉を，それぞれ二字で本文中より書き抜きなさい。

> あなたが窓の側にいて，相手に「そこの窓。開けられますか？」と聞かれたら，すぐに手を伸ばして窓を開けてあげるでしょう。それは「そこの窓，開けられますか？」を字面どおりの（　①　）ではなく，（　②　）だと解釈できるからです。

問3　筆者は言葉によるコミュニケーションを「実に危ういものでもあるのです。」と述べている。解決法として重要だと思う意見を一つ選び，理由を30字程度で書きなさい。
ア　SNSやメールより，直接会って話したり電話で伝えたりする方法を優先する。
イ　日常生活や社会生活に必要な語彙を身につけ使いこなす。
ウ　誤解が生まれやすい言葉の使い方や場面を理解しておく。
エ　相手の言葉を受け止める，理解しようと努める姿勢をもつ。

【「誤解が生じやすい言葉の例」を用いた問題】
問4　例文「前田さんは山本さんのようにサッカーが上手ではない。」について，誤解が生じる理由を次から選び，記号で答えなさい。また，誤解が生じないように適切に書き換えなさい。
ア　山本さんはサッカーが上手かどうかわからないから

イ　前田さんはサッカーが上手かどうかわからないから
ウ　前田さんと山本さんがどのような関係かわからないから

問5　例文「日本代表選手の友人にインタビューをする」について，誤解が生じる理由を次から選び，記号で答えなさい。また，誤解が生じないように適切に書き換えなさい。
ア　「日本代表選手」と「友人」の関係がはっきりしないから
イ　「日本代表選手」へのインタビューの目的がはっきりしないから
ウ　「日本代表選手」へのインタビューの状況がはっきりしないから

【解答例】
問1　ウ　　　問2　①質問　②依頼
問3　「選択肢」と「その理由の例文」
　　　ア→相手の表情や言葉の調子，その時の状況から意図を適切に解釈できるから
　　　イ→伝える内容が複雑になるほど，相手にわかりやすい言葉の選択が必要だから
　　　ウ→問題が生じやすい状況を予め知っておけば，誤解やトラブルを予防できるから
　　　エ→誤解や対立を避け，互いの意見を粘り強く伝え合える状況を生むことができるから
問4　ア
（書き換え例）：「前田さんは山本さんほどサッカーが上手ではない。」
　　　　　　　　「前田さんは山本さんと同じくサッカーが上手ではない。」
問5　ア
（書き換え例）：「友人が日本代表選手で，その人にインタビューをする。」
　　　　　　　　「日本代表選手と友人関係にある人にインタビューをする。」

小説を読んで考えたことを伝え合う
単元名：「少年の日の思い出」の構成や展開に着目して続き物語を作ろう

教材 「少年の日の思い出」（ヘルマンヘッセ著・高橋健二訳, 三省堂）
学習指導要領 〔知識及び技能〕(1) ウ〔思考力・判断力・表現力等〕C (1) イ, エ, C (2) イ

1. 単元の評価と授業改善のポイント

　続き物語を創作するために作品を多面的に読む活動を通して, 分析的に読み, 根拠を明確にして考える資質・能力を育成したい。そこで, ジグソー活動やワールド・カフェ形式の交流などの対話的な活動を通して, 自分の読みを確認させるとともに, 他者の意見を参考にして読みや考えを深めさせる。分析したことを根拠として自分の考えを形成し, それらを反映させて創作した作品と創作に至るまでの過程をワークシートの記述や活動の様子から評価する。

単元の学習課題　作品を分析し, 続き物語を創作しよう。

　みなさんは1年生の間に, 国語の授業でたくさんの文学的な文章を読み, さまざまな学習課題に挑戦してきました。今回はその集大成となる学習です。これまでの学習で身につけた力を活用して課題を達成しましょう。

　さて, 今回の学習課題は「作品を分析し, 続き物語を創作しよう」です。物語を創作すると聞くと, 自由に表現すればよいと思うかもしれませんが, そうではありません。物語の「続き」を創作するので, 基となる作品を分析的に読まなければなりません。分析したこと, そこからあなたが考えたことを作品に反映させて続き物語を創作するのです。続き物語を創作するために何に注目しなければならないのかをみなで考えましょう。注目した観点に沿って作品を分析し, 分析したことを根拠として自分の考えをもちましょう。そしてそれらを生かしてあなただけの続き物語を創作しましょう。

条件　分析する学習の後に, 下記の条件からさらに2点の条件を追加します。※ p 82 参照
・続き物語の創作に必要な観点で作品を分析し, それを生かして続き物語を創作すること。
・200字以上400字以内で創作すること。

2. 単元の評価規準

知識・技能	思考・判断・表現	主体的に学習に取り組む態度
① 事象や行為, 心情を表す語句の量を増し, 話や文章の中で使うことを通して, 語彙を磨き語彙を豊かにしている。((1)ウ)	① 「読むこと」において, 場面の展開や登場人物の相互関係, 心情の変化などについて, 描写を基に捉えている。(C(1)イ) ② 「読むこと」において, 文章の構成や展開, 表現の効果について, 根拠を明確にして考えている。(C(1)エ)	① 粘り強く文章の構成や展開, 表現の効果等について考え, 考えたことを生かし, 学習課題に沿って続き物語を創作しようとしている。

3. 単元の指導と評価の計画

学習活動	評価基準（Bの例）［評価方法］		教師の支援
○学習課題を確認し，学習の見通しをもつ。 ○本文を通読し，続き物語を創作するのに必要な観点について話し合う。 ○登場人物の人物像と人物同士の関係を整理する。 ○「僕」とエーミールのそれぞれのチョウに対する考え方を捉え，共通点と相違点について話し合う。 ○「僕」のエーミールに対する思いを考える。	主①	続き物語を創作するために，文章の構成や展開，表現の効果など必要な観点について話し合ったり，粘り強く分析を繰り返したりしようとしている。［ワークシート・活動の様子］※指導に生かす形成的評価を行う。	・ルーブリックを提示し，身につける力を意識させる。 ・分析観点一覧表を提示し，学習課題を解決するのに必要な観点をグループでの話し合いで選ばせ，全体で共有させる。 ・人物相関図を書かせ，「私」と客の関係性や，前半部の客が後半部の「僕」であることなどを確認させる。 ・グループを「僕」とエーミールの担当に分け，ジグソー活動に取り組ませる。 ・「僕」がチョウを押し潰してしまう行動に注目させ，「僕」がエーミールに伝えたいことを読み取らせる。
	知①	登場人物の関係性や心情を表す語句に着目してその語句が文章中で果たしている役割を考えている。［ワークシート・活動の様子］	
	思①	描写に注目して人物の関係性や心情を捉えている。［ワークシート・活動の様子］	
○物語の語り手や視点について話し合い，「少年の日の思い出」の構成を捉える。 ○客（僕）の話を聞いて「私」がどのように感じたかを考え，「私」が語り直した意図を捉える。【評価場面❶】 ○「私」の語り直しを聞いて客（僕）が気づいたことや考えたことを話し合う。	思②	根拠を示して，「私」が客（僕）に伝えたいことを説明している。［ワークシート，評価場面❶］※指導に生かす形成的評価を行う。	・語りの構造を図式化させ，この作品が「私」によって語り直されている構成になっていることを確認させる。 ・Google Jamboardを活用させ，グループで話し合わせる。 ・ワールド・カフェ形式の交流に取り組ませる。
○これまでの学習を踏まえて，続き物語を創作する。【評価場面❷】 ○作品を読み合い，相互評価する。 ○単元の学習を振り返る。	思②	文章の構成や展開について根拠を明確にして自分の考えをもち，続き物語の創作に生かしている。［ワークシート，評価場面❷］	・学習課題の条件に現在の場面を想定して書くこと，「私」を語り手とすることを追加する。 ・これまでに分析したことや考えたことを整理させる。 ・続き物語を創作するにあたって工夫した点やこだわった点を書かせる。 ・続き物語を創作する際や，相互評価をする際は，ルーブリックを参考にさせる。
	主①	分析したことや考えたことを生かし，学習課題に沿って続き物語を創作しようとしている。［ワークシート・活動の様子］	

4. 評価場面❶：客（僕）の話を聞いて「私」がどのように感じたか を考え，「私」が語り直した意図を捉える（思②）

① 学習活動と発問

　生徒は前時で物語の語り手や視点について話し合い，「少年の日の思い出」が「私」によって語り直された構成となっているとも捉えられる作品だと確認している。そのことを踏まえて，続き物語を創作するにあたって「私」の視点で創作しなければならないことに気づくであろう。そして，「私」の視点で創作するためには「私」の思いを考える必要性に迫られる。そこで，ここでは「私」が語り直した意図を捉える学習に取り組ませる。

　まず，そもそもなぜ「私」はわざわざ客に語り直したのかを全体に問う。そうすると「客に伝えたいことがあったのではないか」という意見が生徒から自然と出ることが想定される。ここで，「『私』が客（僕）に伝えたいことを説明しよう」という学習課題を提示し，ワークシートを配布する。

　次に，学習課題に取り組むために「私」が客（僕）の話を聞いて感じたことについて考えさせる。ここではまず，個人で考えさせる。その際，物語のどの部分からそのように考えたのかを記述させ，学習課題を解決するための根拠を意識させる。続いて，考えを広げたり深めたりさせることを目的に小グループでの交流学習をさせる。ここでは，Google Jamboardを活用させることで主体的・対話的に学習させる。付箋機能を用いて一人一人に自分の考えを書かせ，グループ内で自分の考えとそのように考える理由を説明させ，出た意見をKJ法でグルーピングして整理させる。最後に，各班で整理したものを発表させ，全体で共有させる。このとき，「僕」に寄り添った意見や，「僕」の罪の意識のなさを指摘する意見などさまざまな意見が出されることが想定されるが，どの意見が最も正しいかを導き出すのではなく，どの部分に着目してその意見や考えにたどり着いたかを重視させる。そしてこのような「私」の思いが語り直すという行動につながったことに気づかせる。

　グループや全体での共有を通して多様な意見や考えにふれたところで，「私」が客（僕）に伝えたかったことを考えさせる。ここで考えたことが単元の学習課題である続き物語の創作に大きくかかわるため，書き終えた後に共有する活動を設定し，他者からの評価や助言を参考に考えを深めたり修正したりさせる。また，教師はワークシートを回収して学習状況を確認し，回収した段階でも努力を要する生徒が出てしまった場合は個別に支援を行う。

学習課題

「私」が客（僕）に伝えたいことを説明しよう。

条件
・「私」が客（僕）の話を聞いてどのように感じたかということに必ずふれること。
・根拠を示して説明すること。※物語の構成や展開を踏まえられるとなおよいです。

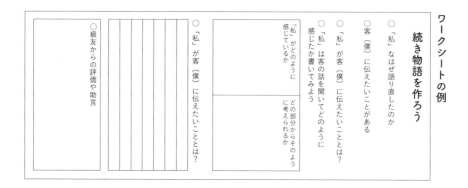

② 評価のポイントと評価

　話し合いの後，個人で取り組んだワークシートの記述で評価する。根拠を明確にするとともに，自分の考えを整理して，「私」が客（僕）に伝えたかったことを説明できているかを見る。

	おおむね満足（B）の例	十分満足（A）の例
評価基準	思②　根拠を示して，「私」が客（僕）に伝えたいことを説明している。	思②　物語の構成や展開を踏まえて，根拠を示しながら「私」が客（僕）に伝えたいことを説明している。
生徒の活動の様子と記述例	「チョウを一つ一つ取り出し，指でこなごなに押し潰してしまった。」という客の話を聞いて，「私」は客が過去のつらい経験をいまだに引きずっていると考えたのではないだろうか。客は本当は今でもチョウのことが好きであるが，エーミールの正義を盾に自分を軽蔑する姿に今もおびえ続けているのである。そのような客に対して，「私」は「もう大丈夫だよ，おびえなくていいよ」ということを伝えたいのではないだろうか。	大人になった客（僕）はエーミールに対して，「エーミールはまるで世界のおきてを代表でもするかのように，冷然と，正義を盾に，あなどるように，僕の前に立っていた。彼は罵りさえしなかった。ただ僕を眺めて，軽蔑していた。」と感じている。自分が盗みをおかし，クジャクヤママユを潰したにも関わらず，まるでエーミールが悪者でもあるかのように「私」に語っているのである。客の話を聞いて「私」は，客が自分を加害者ではなく被害者として捉えており，客の罪の意識が低いのではないかと感じているのではないだろうか。だから「私」は改めて語り直すことで，客に自分の罪としっかり向き合うことの必要性を伝えようとしていると感じた。
判断の根拠	物語の描写とそこから考えた「私」が感じたことを根拠にあげて，説明している。また，根拠と自分の考えに整合性がある。	Bに加えて，客の回想を受けて「私」が客に語り直すという構成や，物語のこれまでの展開を十分に踏まえて説明している。

③ 指導・支援の手だて

努力を要する：Cの状況への支援

・客の話を聞いて「私」がどのように感じたかを考えられない生徒には，これまでの学習で読み取った客（僕）の思いについて自分だったらどう思うかを考えさせる。また，グループ学習や全体での共有で出た意見の中で最も納得がいくものを参考にするように助言する。

・根拠の示し方がわからない生徒には，客（僕）の行動描写や心情描写に注目するように助言する。また，三角ロジックを用いさせ，物語の描写や段落などを事実，そこから「私」が感じたことを理由づけとして，「私」が客に伝えたいことを導くように促し，根拠と自分の考えや解釈に整合性をもたせる。

・考えがまとまらない生徒には，文章化する前にマインドマップを活用させて思考を図式化することで視覚的に捉えさせ，整理させる。

5. 評価場面❷：これまでの学習を踏まえて，続き物語を創作する（思②）

1 学習活動と発問

　ここでは，単元の学習課題に対するパフォーマンスとなる続き物語の創作を評価する。評価場面❶も含め，これまでの分析や交流活動で形成した自分の考えを生かし，単元で身につけた力を発揮する活動である。詳細は本稿の初め（p78）に【単元の学習課題】として記している。

学習課題

これまでの学習を踏まえて，続き物語を創作しよう。

条件　※以下の条件を追加することを伝える。
　　　　・現在の場面を想定して書くこと。　　・「私」を語り手とすること。

2 評価のポイントと評価

　これまでの学習で読み取ったことや考えたことを反映して創作した続き物語を評価する。作品の構成や展開を把握し，そこに自分なりの意味づけをして続き物語を創作しているかを見る。

	おおむね満足（B）の例	十分満足（A）の例
評価基準	思② 文章の構成や展開について根拠を明確にして自分の考えをもち，続き物語の創作に生かしている。	思② 「私」が語り直すという構成や物語の展開に関して，その意図や効果について根拠を明確にして自分なりの意味づけをして，続き物語の創作に生かしている。
生徒の活動の様子と記述例	私が話し終えると，彼は「どうして僕にもう一度こんな話をしたんだい。」とだけ言って，部屋を出て行ってしまった。私の話に腹を立ててしまったのだろうか。 　しばらくしても彼は帰ってこなかった。私の話を聞いて彼は何を考えているのだろうか。潰れてしまったクジャクヤママユのことだろうか。仲直りができないまま別れてしまったエーミールのことだろうか。自分で押し潰してしまったチョウのことだろうか。 　私は彼に「大丈夫だよ」と伝えたかった。でも結局それを伝えることはできなった。 　少年の日の思い出は今でも彼にとってつらい思い出のままになっているのかもしれない。	「ありがとう。君の話を聞いて，自分のあやまちに気づくことができたよ。僕は自分のことしか考えていなかったのだな。エーミールが僕を軽蔑するのも当然だな。」と彼は言い，うつむいて黙ってしまった。 　しばらく静じゃくが続いたが，私は自分の思いを彼に伝えることにした。 　「君は一度起きたことは，もう償いのできないものだと言ったが，そんなことはないさ。今君は自分の罪と向き合うことができたじゃないか。それに，君のチョウへの情熱は本物だったのではないか。」彼は微笑してまた巻きたばこを私に求めた。それから彼はこう言った。「君の収集をもう一度見せてくれないか。」 　私たちはチョウの収集を眺めた。さっきまで外の景色は闇に沈んでいたが，いつの間にか空は徐々に明るくなってきていた。
判断の根拠	「私」の語り直しを聞いた後の現在の場面であり，語り手が「私」の構成となっている。また，続き物語の中で「私」が客に伝えたかったことについて自分の考えをもち，創作に反映している。	Bに加えて，「私」が語り直した意図を踏まえ，客が「私」の語り直しを聞いて気づいたことなど，これまでの学習で考えたことを創作に生かしている。

③ 指導・支援の手だて

努力を要する：Cの状況への支援

・何を書けばよいのかわからない生徒には，まず，続き物語創作の条件を確認させる。これにより場面（現在）と語り手（「私」）が明らかになる。次にこれまでの学習を，ワークシートを見ながら振り返らせる。複数のワークシートで考えるのがむずかしい場合，教師の支援のもと，学んだことの要点を一枚の紙に簡易的にまとめさせ，本単元で学んだどの内容を続き物語に用いるかを選択させる。考えがまとまらない場合は，構成メモを書かせ，図式化することで思考を整理させる。

・続き物語を創作することはできているが，文章の構成や展開についての自分の考えが反映されていない生徒には，特に評価場面❶で理解を深めた内容を続き物語に生かすことができないかと問いかけ，課題を達成するためにはこれまでの学習を生かさなければならないことに気づかせる。

6. 解 説

＜この二つの場面を取り上げたのは，なぜか＞

・評価場面❷は単元の学習課題に対するパフォーマンスとなる続き物語を創作する場面（単元を総括する学習活動）であり，評価場面❶はそこに向かう過程の重要な一場面である。

・本単元における「思考・判断・表現」に関する中心となる指導事項は「文章の構成や展開，表現の効果について，根拠を明確にして考えること」である。今回の単元の学習課題には複数の条件づけをしているため，課題を解決するためには，単なる物語の内容読解だけでは不十分であり，文章の構成や展開を把握して，それらの意図や効果についても考える必要がある。さらにそこに自分の考えを支える根拠をあげることを求める。

・評価場面❶は続き物語を創作するという学習課題を解決するうえで，思考を深めさせたいヤマ場となる場面であり，評価場面❷は評価場面❶を含むこれまでの学習成果が試される見せ場となる場面である。

・評価場面❶はその場や次時以降の指導に生かすためのものであり，ここで理解を深めた内容が評価場面❷で発揮されるため，評定には加味しない。

・評価場面❷は特に評価場面❶で理解を深めた内容を生かす場面であり，これまでの学習で考えたことを創作に生かせているかを評価する。

＜定期テストとの関連について＞

・定期テストでは，既習の「トロッコ」（芥川龍之介，三省堂）や「字のない葉書」（向田邦子，三省堂）などを用いて，語り手の視点（一人称視点や三人称視点）について問うたり，文章の構成（現在－過去－現在など）について問うたりする問題を出題することが想定できる。ただし，視点や構成を選択させるだけでは「知識・技能」を問う問題になってしまうことが懸念されるため，「思考・判断・表現」を問う場合は，そのような視点や構成を用いることで期待される効果などについて記述させる必要がある。

・単元テストでは，「思考・判断・表現」を評価するためには一定量の記述が必要であるため，「私」の語り直しを聞いた客から「私」に宛てた手紙を書くといった問題や，「私」の語り直しを聞いた客が自分の思いを綴った日記を書くといった問題を出題することが想定できる。その際，文章の構成や展開について根拠を明確にして考えているかを評価基準として「私」の語り直しの意図を受けて客（僕）が気づいたことにふれて書くこととするなどの条件づけをし，本単元で身につけた「思考・判断・表現」に関する資質・能力を見取れるようにする。

多様な情報を得て考えを伝える
単元名：クラスメイトに私の「推し活」を紹介しよう

教材　「情報を集めよう／情報を読み取ろう／情報を引用しよう」（光村図書）
学習指導要領　〔知識及び技能〕(2) イ〔思考力・判断力・表現力等〕C (1) オ，C (2) ウ

1.単元の評価と授業改善のポイント

　さまざまな情報が溢れる現代社会においては，情報の波に翻弄されず，自分の力で考える生徒を育てることが課題となる。本単元では，効果的な情報の集め方とその活用の仕方を生徒が身につけることをねらいとしている。生徒が目的をもって課題に取り組むことができるよう，生徒の興味・関心に沿ったテーマが設定できる言語活動を軸に，授業の中でのパフォーマンスと授業後の単元テストで評価を行う。

単元の学習課題　クラスメイトに私の「推し活」を紹介しよう。

　中学校に入学して3か月，小学校との違いに戸惑うことも減り，少しずつ中学校に慣れてくる頃かと思います。そんな中学校生活をさらに充実させるための活動として，どんなことが考えられるでしょうか。自分が普段取り組んでいる活動の中で，友達におすすめしたい活動（推し活）を紹介し合い，中学校生活がよりよいものになるようにしていきたいと考えています。勉強や部活動，趣味に関することなど，実践することで中学校生活がよりよいものになることであれば，テーマは自由です。

条件
・テーマは「○○のすすめ」として，中学校生活がよりよいものになるためのおすすめ活動であること。その際，根拠となる情報を集め，適切に引用しながら自分の考えをまとめること。
・出典などを明記すること。

2.単元の評価規準

知識・技能	思考・判断・表現	主体的に学習に取り組む態度
① 比較や分類，関係付けなどの情報の整理の仕方，引用の仕方や出典の示し方について理解を深め，それらを使っている。((2)イ)	① 「読むこと」において，文章を読んで理解したことに基づいて，自分の考えを確かなものにしている。(C(1)オ)	① 粘り強く文章を読んで理解したことに基づいて自分の考えを確かなものにしながら，学習課題に沿って資料にまとめようとしている。

3. 単元の指導と評価の計画

学習活動	評価基準（Bの例）［評価方法］		教師の支援
○本単元で身につけたい力と学習活動の計画を確認し，学習の見通しをもつ。 ○学習課題を確認し，クラスメイトへすすめたい事柄を考える。 ○情報の集め方についての基礎知識を確認し，調べ方を考え，実際に情報を集める。			・情報の集め方がわからない生徒には，学校図書館司書に相談させる。
○グラフの種類や特徴，情報を読み取る方法を理解し，複数のグラフや文章の中の情報を関連づけて読み解く。 ○情報の適切な引用の方法や留意点を確認する。 ○集めた情報を適切に引用しながら読み取る。	主①	集めた情報を粘り強く読み，読み取ったことに基づいて自分の考えを確かなものにしようとしている。［活動の様子・ノート］	・内容や目的が明確になるよう，調べたいことを「問い」の形にさせる。 ・集めた情報の中で自分が設定したテーマに合うものを取捨選択させる。
○集めた情報から気づいたことや考えたことを書く。 ○グループで交流する。			・情報の引用の仕方や読み取り方は適切であるか，読み取ったことと自分の考えの関連づけはできているかなど，交流の際の視点を示す。
○情報を一つ以上引用し，内容と関連づけながら自分の考えをまとめる。【評価場面❶】	知①	出典の示し方に注意して「参考文献」を書いている。［ワークシート］	・交流での相互評価を踏まえて，テーマに適した情報はどれかを判断させる。
○目的に応じた情報の集め方やまとめ方について，学習過程で気づいたことを共有する。	思①	自分がすすめたい事柄について，集めた情報を読み取り，引用して関連づけながら，自分の考えをまとめている。［活動の様子・ワークシート，評価場面❶］	
○単元テストの問題を解く。【評価場面❷】	知①	比較や分類，関係づけなどの情報の整理をしている。［単元テスト］	・授業で扱った「知識・技能」と「思考・判断・表現」を評価するテスト問題を作成する。
	思①	文章から読み取った情報に基づいて自分の考えをまとめている。［単元テスト，評価場面❷］	

4. 評価場面❶：情報を一つ以上引用し，内容と関連づけながら自分の考えをまとめる（思①）

① 学習活動と発問

　ここでは，これまで集めてきた情報と自分の考えを関連づけながら，クラスメイトへすすめる「推し活」についてまとめる。

　前時までに生徒は情報の集め方や読み取り方，引用の仕方を学習し，実際に複数の情報を集めたうえで，自分が設定したテーマに合わせて取捨選択をし，交流を通して選んだ情報を吟味している。

　本時は導入で，前時の交流で気づいたことや考えたことを全体で共有し，引用する情報の選び方について確認する。そのうえで，テーマと情報，自分の考えと情報の関連を確かめながら，「『○○のすすめ』をつくる」をめあてとし，指定の用紙にまとめさせる。

　活動に入る前に，まとめの例を提示し，完成のイメージをもたせる。その際，集めた情報や読み取った内容だけにならないよう，そこから気づいたことや考えたことについて具体的に記述するよう声かけを行う。

　「推し活」という言葉のイメージから，ただ単に自分の好きなものやことを紹介する生徒が予想される。その際は，「この活動をすることで，学校生活のどの場面でよさを発揮できるか？　また，根拠となる情報は集められるか？」という問いを投げかけ，学習課題の目的に沿ったテーマかどうかを確認させる。

学習課題

中学校生活をよりよいものにするためにクラスメイトへすすめたいことについて，下記の例も参考にして適切に情報を引用しながら自分の考えをまとめよう。

［まとめの例］

読書 📖 本✏️ のすすめ　　1年（ 1 ）組（ 15 ）番
　　　　　　　　　　　　　　　　　氏名（ 南風原 菫子　）

右のグラフは、小学6年生へのアンケートで、「いろいろな本を読むかどうか」別で「難しいことを考える力がついたか」という質問の回答です。「とても感じる・まあ感じる」と答えた人は「読む」が74.9％に対し、「読まない」は35.2％と39.7pの差があります。
　読書をするといろいろな言葉を知って知識が増えたり、自分とは違う考え方を知って視野が広がったりします。そのため、読書（しかも、いろいろなジャンルの本）をすることで、勉強や人間関係などの難問についても考えて答えを見つけられると思います。

難しいことを考える力がついた
とても感じる　まあ感じる
読む　50.7　24.2　（74.9）
読まない　19.4　15.8　（35.2）
その差は　39.7p

○参考文献
・［小学生の読書に関する実態調査・研究］　2022年6月30日閲覧
URL　https:// berd. benesse.jp/up_images/textarea/bigdate/2091025
manabilnewsletter.pdf

② 評価のポイントと評価

ワークシートを提出させ，記述している内容について評価をする。

	おおむね満足（B）の例	十分満足（A）の例
評価基準	思① 自分がすすめたい事柄について，集めた情報を読み取り，引用して関連づけながら，自分の考えをまとめている。	思① 自分がすすめたい事柄について，集めた情報から読み取ったことをもとに，知識や経験と結びつけて自分の考えをまとめている。
生徒の活動の様子と記述例	※p86の学習課題の[まとめの例]を参照。	※自分の考えを述べる部分のみ抜粋 　読書をするといろいろな言葉を知って知識が増えたり，自分とは違う考え方を知って視野が広がったりします。例えば，これまで私は「平和とは戦争がないこと」だと思っていたけど，最近平和や戦争についての本を何冊か読んだことで，「戦争がなければ平和」というわけではないと思うようになりました。このことをきっかけに，今まで知ったつもりになっていたことを違う視点から捉え直すようになり，物事への理解や考えが深まったと実感しました。
判断の根拠	「読書のよさ」について，「読書をすることで実感できる効果」についてのアンケート結果を引用して関連づけながら，自分が読書をすすめる理由や考えについてまとめている。	「読書のよさ」について，「読書をすることで実感できる効果」についてのアンケート結果を引用しながら，自分が読書をすすめる理由や考えについて知識や経験と結びつけてまとめている。

③ 指導・支援の手だて

努力を要する：Cの状況への支援

・引用した情報と自分の考えのつながりがあいまいな生徒に対しては，情報の内容についての理解が十分にできているかを確かめさせる。

・情報の理解はできているが，自分の考えがうまくまとまらない生徒に対しては，「○○（引用した情報から読み取った内容）という結果から□□（テーマ）は中学校生活を充実させるために有効であると考える。なぜなら△△だと思う（自分の考え）から」のように，理解したことと自分の考えをつなぐ言葉を補うための定型文を提示する。

BをAへ引き上げる支援

・「テーマを決めるきっかけになった出来事や経験はあった？」と問いかけることで，生徒自身の知識や経験を想起させ，テーマの活動から得られるよさの具体を自分の経験の中から示す手だてとする。

5. 評価場面❷：単元テストの問題を解く（思①）

① 学習活動と発問

授業で身につけた力を確かめるテスト問題を作成し，生徒の定着状況を見取る。

次のグラフと文章を読んで，あとの問いに答えよう。

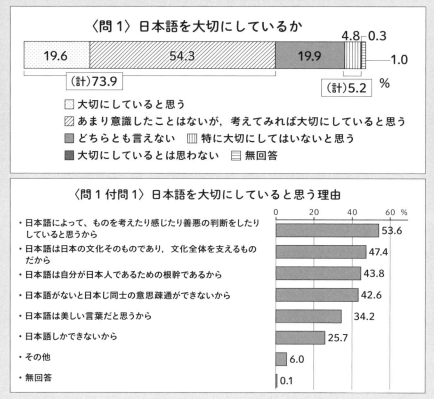

文化庁「令和2年度　国語に関する世論調査」をもとに筆者が作成

　令和2年度に文化庁が行った「国語に関する世論調査」で，全国16歳以上の個人6,000人に「日本語を大切にしているか」について尋ねたところ，結果は上記の通りとなりました。「大切にしていると思う」を選択した人の割合が19.6％，「あまり意識したことはないが，考えてみれば大切にしていると思う」が54.3％で，この二つを合わせた「大切にしている（計）」は73.9％となっています。一方，「大切にしているとは思わない」は0.3％，「特に大切にしてはいないと思う」は4.8％で，この二つを合わせた「大切にしていないと思う（計）」は5.2％となっています。「どちらとも言えない」は19.9％となっています。

　また，「大切にしていると思う」「あまり意識したことはないが，大切にしていると思う」と答えた73.9％の人にその理由を尋ねると，「日本語によって，ものを考えたり感じたり善悪の判断をしたりしていると思うから」が最も多く，53.6％となっています。

問① 日本語に対する世間の考えについて，グラフと文章から読み取れることを書きなさい。
問② 問①で読み取った情報に基づき，あなたの日本語に対する考えを書きなさい。

② 評価のポイントと評価

　条件を満たせば、「意見（主張）」「根拠」「意見と根拠をつなぐ考え（理由づけ）」の要素がそろう。さらに状況について具体的に述べられていれば十分満足できる内容と判断することができる。

	おおむね満足（Ｂ）の例	十分満足（Ａ）の例
評価基準	思① 　文章から読み取った情報に基づいて自分の考えをまとめている。	思① 　文章から読み取った情報に基づいて，自身の知識や経験と結びつけて自分の考えをまとめている。
生徒の活動の様子と記述例	問②の記述例： 日本語は日本の文化そのものであり，文化全体を支えるものだから，普段何気なく使っている日本語を，正しく使うことを意識したいです。これからは私も，日本語をもっと大切にしたいです。	問②の記述例： <u>以前，私の好きな海外アーティストが「カワイイ」という言葉を意味もそのままに使っていました。調べてみると他にも「モッタイナイ」「オツカレサマ」など，いくつもの日本語が世界で使われている</u>と知りました。これらの日本語は日本文化と関連が深いので，言葉と一緒に日本文化も世界へ広がっていると感じました。このことから，日本語は文化そのものであり，文化全体を支えるものだと私も思うので，これからは日本語をもっと大切にしたいです。
判断の根拠	読み取った内容を受けて「普段何気なく使っている日本語を正しく使うことを意識したい」「日本語をもっと大切にしたい」と自分の考えをまとめられている。	読み取った内容を受けて下線部のように自分の知識・経験と関連させながら「日本語をもっと大切にしたい」と自分の考えをまとめられている。

③ 指導・支援の手だて

努力を要する：Ｃの状況への支援

・記述式のテストでは「書く活動」そのものが苦手な生徒がＣの状況になることが予想される。その場合，再テストなどで個別に音声言語によるやりとりによって生徒の思考を見取り，評価する。今回は「書くこと」ではなく「読むこと」の領域の学習課題であるため，生徒が思考したことの表現方法については，記述にこだわらない評価の見取り方を工夫したい。

6. 解説

＜この二つの場面を取り上げたのは，なぜか＞

・評価場面❶は前時の形成的評価を踏まえたうえで，「中学校新学習指導要領解説 国語編」が示す内容Ｃ(1)オ「文章を読んで理解したことに基づいて，自分の考えを確かなものにしている」を実現するための総括的評価を行う場面である。ＩＣＴを活用せず，あえて手書きのワークシートにしたのは，資料を視写して引用する場面で数値や内容に注目することで，より丁寧に図表や文脈を読む手だてになると考えたからである。

・生徒は授業では異なる資料を読み取っていたので，評価場面❷の単元テスト問題で統一した資料を用いることで，生徒に身につけさせたい力の定着状況を把握したいと考えた。

＜定期テストとの関連について＞

・評価場面❷で示した類似問題を定期テストで出題することが想定できる。その際，今回とは異なる文章の種類を取り上げることで，単元同士のつながり，「知識・技能」との関連などを体系的に取り組ませられ，身についた力を定着させていくことが期待できる。

古文を読み，考えたことを伝え合う
単元名：学習テーマ「愛と別れ」に沿って問いを立て探究しよう

教材　「蓬莱の玉の枝―「竹取物語」から」（光村図書）
学習指導要領　〔知識及び技能〕(3) ア〔思考力・判断力・表現力等〕C (1) ウ・オ，C (2) イ

1. 単元の評価と授業改善のポイント

　中・高等学校において，生徒の古典に対する興味関心や意欲の低さは長年指摘され続けてきた課題である。学習者が本質的に，人間の在り方，生き方に示唆を与えてくれる学習を深く希求していると考えれば，古典は文法や古語理解のみに留まるべきではない。その点において，古典教材の先行研究者，竹村信治（2003）の「『生命と生き方への根源的な問い』を鍛え深めさせていく指導」（『言述論－for説話集論』，笠間書院）という視点は，示唆に富んでいる。

　本単元では，中学1年生という若い読み手ではあるが，主要人物のかぐや姫，竹取の翁と媼，帝が直面した「愛と別れ」に焦点を当て，「生命と生き方への根源的な問い」を鍛え深めながら，読む能力を育成したい。テーマに沿って「問い」を立て探究を行わせ，過程と最終課題を評価する。

単元の学習課題　学習テーマに沿って「問い」を立て探究を行い，結論をまとめよう。

例1：かぐや姫が，月を見ては激しく泣いたのは，なぜか？
例2：かぐや姫は，人間世界で暮らして幸せだったのか？
例3：かぐや姫は，月に帰るとき，どんなことを思っていたのか？
例4：竹取の翁と媼は，かぐや姫が月に帰ってから幸せに暮らせたのか？
例5：帝が不死の薬を燃やしてしまったのは，なぜか？

【「問い」づくりの留意点】
・学習テーマ「愛すること・別れること－人間を考える」に沿った問いであること。
・深めて探究する価値のある問いであること。
・物語の後半以降の範囲で考え，結論を400字程度の文にまとめること。※

※テーマへの認識を深めるため，物語後半の3場面を取り上げた補助資料を作成・活用する。

2. 単元の評価規準

知識・技能	思考・判断・表現	主体的に学習に取り組む態度
① 音読に必要な文語のきまりを知り，古文を音読し，古典特有のリズムを通して，古典の世界に親しんでいる。((3)ア)	① 「読むこと」において，目的に応じて必要な情報に着目し，場面と場面，場面と描写などを結び付けて内容を解釈している。(C(1)ウ) ② 「読むこと」において，文章を読んで理解したことに基づいて，自分の考えを確かなものにしている。(C(1)オ)	① 学習の見通しをもって文章を読み，理解したことに基づいて，自分の考えを確かなものにしながら進んで伝え合おうとしている。

3.単元の指導と評価の計画

学習活動	評価基準（Bの例）〔評価方法〕		教師の支援
○竹取物語についての既有知識を交流後，本文を通読する。 ○単元を通した学習テーマと学習課題を確認する。 ○文語と口語の違いを知り，仮名遣いに注意しながら，竹取物語冒頭文の音読練習を行う。 ○「蓬莱山」の場面を用いて音読練習を行う。	主①	調べてきたことを班や全体で交流し合いながら，読みを深めようとしている。〔ノート〕※指導に生かす形成的評価を行う。	・数種類の絵本や本を紹介し，『竹取物語』が千年以上の時を超え愛されてきたことに着目させる。 ・個人やペア，班で繰り返し音読練習をさせ，古典特有のリズムを味わわせる。 ・画家の描いた絵や本の挿絵を紹介し，視覚的支援を通して場面の理解を促す。
	知①	仮名遣いに注意しながら竹取物語を音読し，古典特有のリズムを通して古典の世界に親しんでいる。〔活動の様子・ワークシート〕	
○配布された物語後半の3場面を取り上げた補助資料（3枚）に目を通す。※事前に配布し，家で目を通させてきてもよい。 ○学習テーマに沿って，班で一つ共通の「問い」を立てる。	主①	物語後半を読んで理解したこと，考えたことを個人でまとめたり班で話し合ったりしながら，読みを深めようとしている。〔ワークシート〕※指導に生かす形成的評価を行う。	・「問い」づくりの留意点（前頁参照）を示し，複数考えた問いの中から班で一つに絞り込ませる。 ・ワークシートは，3場面の読みを通して問いへの考察が深まるように，3時間の学習記録が収まるA3版シートを作成する（記述は下記）。手がかりとなる情報の抜粋／問いに対する解釈／仲間の考え（書き加え）
○下記の3場面ごとに，毎時，同じ流れで学習活動を進める。 ・補助資料の通読（全体） ・「問い」探究の手がかりとなる情報の抜粋，解釈と記述（個人） ・班での交流 【評価場面❶（場面ウ終了後）】 〔1時間×3場面〕 場面ア:月を見て泣くかぐや姫 場面イ:月からの迎え，昇天 場面ウ:帝，不死の薬を焼く	思①	「問い」を探究するうえで必要な情報に着目し，場面と場面，場面と描写などを結びつけて内容を解釈している。〔A3版シート，評価場面❶〕	・単純な内容整理にならないよう，考えの根拠や考えの変化が書けているか，意識させる。 ・地上と月の世界の違いを対比できるシートを作成する。 ・月の世界の情報は予め印刷し，人間の世界を考えさせる。
	主①	物語後半を読んで理解したことを班や全体で交流し合いながら，読みを深めようとしている。〔ワークシート〕※指導に生かす形成的評価を行う。	
○かぐや姫が人間界に来た理由を資料で確認し，地上がどのような場所として描かれているか，月の世界と対比してまとめる。			
○「問い」に対する自分の結論を400字程度の文にまとめる。 【評価場面❷】	思②	物語後半を読んで理解したことに基づき，「問い」に対する自分の「結論」を確かなものにしている。〔結論シート，評価場面❷〕	・結論シートにまとめさせる。既習のA3版ワークシートをもとに，思考過程を振り返らせながら，考えの深まりがわかるように記述させる。
〔自班の結論シート集を持ち帰り，家で目を通しておく（指導者は印刷・配布）〕			
○班内で意見交流をする。 ○全体交流する（各班が問いとまとめを紹介）。	主①	自班の結論シート集を読んで考えたことを班や全体で交流し，読みを深めようとしている。〔自己評価カード〕	

4. 評価場面❶：「問い」探究の手がかりとなる情報の抜粋，解釈と記述（思①）

① 学習活動と発問

　生徒は，学習テーマに沿って班で共通の「問い」を立てた。ここでは，立てた「問い」を探究していく活動となる。『竹取物語』の結婚譚以降をア〜ウの３場面に区切り，１場面１時間で進めていく。また，学習に用いる教材として，補助資料とＡ３版ワークシートの２種類を作成，活用する。

「問い」探求の手がかりとなる情報を抜粋しながら，解釈をまとめよう。

　場面ア〜ウの補助資料を読んだ後，「問い」を探求するうえで必要な情報に着目して自分自身の言葉で解釈を記述しましょう。

補助資料（自作教材）　※見本はp96を参照

　各場面１枚，全３枚を作成（場面ア：月を見て激しく泣くかぐや姫，場面イ：月からの迎え，昇天，場面ウ：帝，不死の薬を焼く）。

　各資料には，Ⓐ該当場面の現代語訳（主文），Ⓑ４〜５行の原文（現代語訳を併記），Ⓒ挿絵，を共通して入れた。Ⓑは，最初に全体で全文通読した後，原文が放つ言葉の輝きやリズムを感じながら声に出して音読する時間を短時間でも組み込みたいと考え，一部分に掲載した。原文は，主要人物の心情にふれており文章に情緒が感じられること，原文だけでも意味がつかみやすいことを考慮して抜粋，教科書と同じ様式で現代語を併記した。また，Ⓒは，古典の作品世界を視覚的に支援するため活用した。なお，補助資料作成にあたって次の文献を使用した。【川端康成／ドナルド・キーン（1998）『竹取物語 The Tale of the Bamboo Cutter』講談社，宮田雅之の切り絵作品】

　学習活動は３時間，同じ流れで進める。具体的な流れは，(1)補助資料の通読・原文の音読練習（一斉学習），(2)「問い」探究の手がかりとなる情報の抜粋，解釈と記述（個人活動），(3)班交流である。(2)で想定される課題として「この場面では，取り上げた人物が直接描かれていないから，手がかりがない……」と訴える生徒が出ることが考えられる。このことは，ものの見方・考え方が「直接的に書かれた事柄から考える」ことに慣れ，「間接的な事柄や，別の事物を通して考える」ことに慣れていない状況を示すものと考えられる。多面的・多角的な見方・考え方を鍛えていく好機と捉え，班で着目した人物とは異なるもの（他の人物の言動や登場人物たちを取り巻く事象）の中からも，「問い」探究への手がかりを見いだしていくことに挑戦させたい。

　『竹取物語』は，帝の求婚までを描く前半と以降の後半とでは，物語が醸す雰囲気が大きく変化する。物語の後半から「問い」を立てさせる理由は，「生命と生き方への根源的な問い」を深め鍛える学びとして，かぐや姫，竹取の翁と嫗，帝が直面した「愛と別れ」に焦点を当てたいからである。「離別」という現象に際して生じる感情は，人間がもつ内在的価値「愛」が起点となる。単元を通して深めさせたい認識は「愛」であり，その糸口に「別れ」があると捉えた。特に『竹取物語』では別れを抜きに愛は思考できず，翁と嫗や帝，そしてかぐや姫の苦悩も，積み重ねてきた愛情の深まりに比例するように深みを帯びていく。「問い」探究を通して，時代が変遷してもなお，生きるうえで変わらない普遍的な価値，ひいては，私たちが古典を学ぶ意義に気づかせたいと考えた。

② 評価のポイントと評価

　3場面を通して，生徒は順次，「問い」に迫る手がかりとなる情報の抜粋と解釈をＡ３版ワークシートに書き込んだ。シートへの記述内容を評価し，学習状況を把握したい。

	おおむね満足（Ｂ）の例	十分満足（Ａ）の例
評価基準	思① 「問い」を探究するうえで必要な情報に着目し，場面と場面，場面と描写などを結びつけて内容を解釈している。	思① 「問い」を探究するうえで必要な情報に着目し，既習学習の場面や描写を相互に関連づけながら内容を解釈している。
生徒の活動の様子と記述例	問い：かぐや姫は，月を眺めながら，なぜ激しく泣いたのか	
生徒の活動の様子と記述例	場面ア：場面アの「（翁と嫗を）動揺させてしまうと思うと」「お嘆きすることを思うと」の言葉から，自分が月に去った後の翁と嫗の絶望感が想像できてつらかったのだと思う。 場面イ：資料に「羽衣を着ると，心が天人のものへと変わってしまう」というかぐや姫の言葉がある。ここから，自分が翁と嫗と過ごした日々の記憶を完全に失うという悲しみや恐怖感もあったのでないかと思った。 ・場面ウは割愛。	場面ア：最初は，翁と嫗に対して深く愛情を感じているため，別れがつらいのだろうと思ったが，場面アの「（翁と嫗を）動揺させてしまう…」「お嘆きする…」の言葉から，自分のつらさだけではなく，自分が月に去った後の翁と嫗の絶望感が想像できることもつらかったのだろう。 場面イ：「羽衣を着ると，心が……」というかぐや姫の言葉から，今後互いが離れ離れになるつらさに加えて，過去すら失うこと，つまり，自分が翁と嫗と過ごした日々の記憶を完全に失うという悲しみや恐怖感もあったのだろうと気づいた。 ・場面ウは割愛。
判断の根拠	場面ア・イ・ウのすべてで，手がかりとなる情報を抜き出している。また，場面ア・イ・ウのそれぞれで，「問い」に対して解釈し，自分自身の言葉に置き換えて※記述している。 ※資料の言葉をそのまま用いた「内容整理・資料の要約」ではないこと。	場面ア・イ・ウのすべてで，手がかりとなる情報を抜き出している。また，場面がア→イ→ウと進むにつれ，「問い」に対する解釈に，情報を関連づけた深まりや変容※が見られる。 ※「〇〇から，□□ではないかと考えが変わった。根拠として……」，「〇〇という考えが，さらに強く確信に近づいた。なぜなら……」，「〇〇と考えたが，さらに□□という見方もできると気づいた。着目したのは……」など。

③ 指導・支援の手だて

努力を要する：Ｃの状況への支援

・「かぐや姫は月の世界から迎えが来るため，帰らなければならない。翁と嫗が嘆くことを思うと悲しく，少しもうれしくない。だから激しく泣いたのだと思う」のように記述が内容整理に留まり，解釈が書けていない生徒に対しては，「資料にない言葉を用いて状況を分析する」ことや「なぜ，その人物はそう感じたのか」「なぜ，その言動を取るのか」など，「なぜ」を繰り返して推測するよう助言する。疑問の連鎖が深い探究につながることを伝えたい。

ＢをＡへ引き上げる支援

・「新たな情報を得て，前回に比べてどういう視点が加わったか，あるいは変化したか」という「変化」を丁寧に文章化するように助言する。シートへの記述が最終的な結論記述（400字程度）に結びつくことを意識させたい。

・評価場面❶では，場面ウの学習後に3回分の記述内容に対してまとめて評価を行うが，可能な範囲で場面ア・イの学習後もシートを回収，コメントを添えてフィードバックし支援を行いたい。

5. 評価場面❷：「問い」に対する自分の結論を400字程度の文にまとめる（思②）

1 学習活動と発問

　問いに対して導いた各自の「結論」を記述する，単元を総括する学習活動である。手元にＡ３版ワークシートを準備し，学習を振り返りながらまとめさせる。記述を通して，学習テーマ『愛と別れ－人間を考える』に迫り，この物語がなぜ生まれ語られたのかという，根源的な問いへの連鎖へと向かわせたい。

学習課題

「問い」に対する自分の「結論」を，400字程度の文にまとめよう。

条件

　文字数は380字以上とする。400字を超えてもよい。
・学習を重ねる中で考えが深まったことがわかるように，記述すること。
　　その際は，根拠となった情報を示すこと。（例）場面イの『……』という翁のセリフから
・学習テーマ「愛すること・別れること－人間を考える」に迫りながら，記述すること。

2 評価のポイントと評価

　問いに対する思考の深まりの度合いを結論の記述内容で見取り，下記の基準に従って評価する。

	おおむね満足（Ｂ）の例	十分満足（Ａ）の例
評価基準	思② 竹取物語後半を読んで理解したことに基づき，「問い」に対する自分の「結論」を確かなものにしている。	思② 竹取物語後半を読んで理解したことに基づき，「問い」に対する自分の「結論」を確かなものにしていると同時に，人間としての普遍的な価値に迫って考察している。
生徒の活動の様子と記述例	**問い：竹取の翁と媼は，かぐや姫が月に帰ってから幸せだったのか？** 　場面アでは，別れがつらくて，翁と媼はかぐや姫と一緒に激しく泣いていた。けれど僕はその後かぐや姫が月に帰ってからは，姫の幸せを願いながら，翁と媼も元の穏やかな生活を送り，二人で幸せに暮らしたのではないかと思った。 　しかし場面イで考えが変わった。羽衣を着たかぐや姫は，翁と媼を忘れ月の人の心になってしまった。これは夫婦にとって，とてもつらいことだと思う。また場面ウでは，翁と媼は血の涙を流し，悲しすぎて病気になり寝込んでしまった。つまり，互いを「家族」として深く愛し，幸せに過ごした年月を忘れることができない翁と媼は，結果として，以前のように幸せには暮らせなくなったのではないかと僕は考える。	**問い：かぐや姫は，翁と媼や帝たちと，どんな気持ちで過ごしていたのか？** 　かぐや姫の地上での数年間は，心から愛され，充実していて幸せであったと考える。だからこそ，翁と媼に別れを告げられず，苦しかったのではないかと考えた。 　かぐや姫は，地上での生活の中で，愛される幸せを知り，人としての優しさ，愛情，別れの悲しみを知ったのだと思う。翁と媼や帝は場面ウで「姫がいないと生きる甲斐がない」と言っていることから，自分の命以上にかぐや姫を大切に想っていたと考える。そんな３人をかぐや姫も深く愛したのだと思う。 　<u>いつの時代の人々も，この物語を通して，必ず訪れる大切な人との「別れ」を意識しながら，人が生きるうえで「愛し愛されること」の意味の大きさを考えたのだと思う。</u>
判断の根拠	根拠となる情報と，考えの深まりが示されている。また，「愛・別れ」にふれている。	根拠となる情報と考えの深まりが示されている。また，「愛・別れ」にふれ，<u>人間としての普遍的な価値に迫っている。</u>

③ 指導・支援の手だて

努力を要する：Cの状況への支援

・普段から文章を書くことに苦手感があり，書き進めることができていない生徒には，「問いに対して最初は……と予想した」から書き始めさせ，続いて「場面アでは資料の○○の言葉に注目して……と考えた。場面イでは……」と，順を追って着目情報と考えを書いていくよう助言する。

・記述が内容整理に留まっている生徒には，着目する人物の行動がどのような感情から生まれるのか，その感情はさらに何から生まれるのかを丹念に辿って考えるように助言したい。資料から得られる情報として，主要人物たちの激しい嘆きの感情に着目する生徒は多い。その感情を指摘するだけで留まってしまうと，単純な「整理」であり「思考」にはならない。彼らの激しい嘆きの感情が「なぜ」生まれるのかという，「なぜ→なぜ→なぜ→」を突き詰めた先に，人間の内在的価値に迫る深い視点の認識が生じるのではないかと考える。問いを単発で終わらせず，連鎖させていくことを助言したい。認識の深化はそこから生じると考える。

・評価場面❷でCの状況になっている生徒は，前時のＡ３版ワークシートの段階ですでに内容整理に留まっていると想像できる。そのため，評価場面❶後，個別に，解釈を促し深めていく指導・支援を行うことが大切になると考える。

6. 解 説

＜この二つの場面を取り上げたのは，なぜか＞

・本単元は「古典を学ぶ意義をどう感じ取らせるのか」という自問の中で立案した。生徒には，幼少時から絵本などで馴染んできた『竹取物語』が，古今の人間に共通する普遍的テーマ，人の心の在りようを考えさせ，今を生きる手がかりとなる学習材であるという認識をもたせたいと考えた。評価場面❶❷は，主要人物たちの愛と苦悩に焦点が当たり，テーマ性が非常に色濃くなる物語の後半部分を取り上げている。そのため，展開を追い思考を深めながら人間の価値に迫ることができると考え，後半部分から「問い」を立て「結論」を考察する学習を仕組んだ。教科書の本文では物語の展開を簡潔に述べる説明が多く，人物の心情にふれる記述は少ないため，補助資料を作成し，場面ごとに学習を進める形態を取った。

＜定期テストとの関連について＞

・評価場面❶で示した学習活動は，「問い→提示資料からの情報抜粋→解釈」のパターンに沿った活動であり，実力テストや高校入試などにおいても，従来，記述問題として多く出題されてきた型と言える。例えば「……についてあなたはどのように考えるか。資料Ａ・Ｂからそれぞれ根拠をあげて，自分の考えを○○字以内で書きなさい。」という設問例である。同様に，本単元を扱う定期テストにおいても，出題者が「問い」を設定し，提示資料から根拠とする情報を抜粋，記述させる形態の「出題」が可能だと考える。

・上記に関連して「読むこと」において求められる力の一つとして，「中学校学習指導要領解説 国語編」では，第１学年が「ウ　目的に応じて必要な情報に着目して要約したり（中略）結び付けたりして，内容を解釈すること」と示され，第２学年では「イ　目的に応じて複数の情報を整理しながら適切な情報を得たり，登場人物の言動の意味などについて考えたりして，内容を解釈すること」と示されている。「目的に応じて必要な情報に着目し解釈する力」を，普段の授業や定期テストなどで機会を捉え，さまざまな形で鍛えていくことが必要だと考える。

【補助資料の見本】場面ア

Ⓒ　Ⓑ　Ⓐ

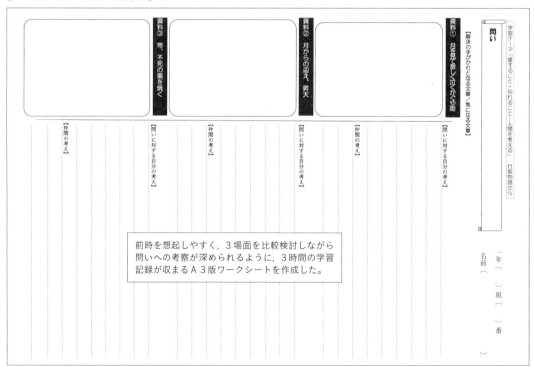

竹取物語　愛すること・別れること—人間を考える

月を見て激しく泣くかぐや姫（資料①）

その年の春の初めから、かぐや姫は、宮中に連れていくことを断ろうとした帝でしたが、それ以降、帝は、ただかぐや姫のことだけが思われて、しばしば、手紙や和歌をかぐや姫のもとに送るようになりました。かぐや姫も、情のこもった返事を帝に返すようになり、やがて三年ほどの月日が流れました。

その年の春の初めから、かぐや姫は、月が美しく出ているのを見ては、いつもよりもひどく物思いに沈むようになりました。まわりの人々は、月を見ることを止めようとしましたが、それでも、かぐや姫は、人のいない所では、月を見ては深い物思いに沈んでいました。

七月十五日の満月の夜、かぐや姫は縁側に出て、深く物思いに沈んでいました。そばで仕えている侍女たちは、竹取の翁に『姫君は、ただ事ではないご様子です。かぐや姫は、物思いに沈んでいる様子で、月を眺めているのですが、この世の中が終わりに近づいてくるかのように見えるのでした。〈帝の愛情を受けている姫にとって〉良い事が多いこの世であるはずなのに、』と嘆きました。

かぐや姫は『月を眺めていると、なんということもなく、特別に、悩んでききます。』と言いました。月が出ると悲しいので、月を眺めるのはもうやめなさい、と言うと、姫は『月を見ると、物悲しいのです。』と言って、物思いに沈んでいるのでした。

夕闇には、ものを思はぬ気色なり。

月のほどになりぬれば、なほ、時々は、うち嘆き泣きなどす。
親を始めとして、何事とも知らず。

これを、仕ふ者ども、『なほものおぼすことあるべし』とささやけど、親を始めとして、何事とも知らず。

八月十五日ばかりの月に出で居て、かぐや姫いといたく泣きたまふ。人目も、今は、つつみたまはず泣きたまふ。これを見て、親ども『何事ぞ』と問ひ騒ぐ。

出典：Ⓐ該当場面の現代語訳（主文），Ⓑ4〜5行の原文（現代語訳を併記）……川端康成／ドナルド・キーン（1998）『竹取物語 The Tale of the Bamboo Cutter』講談社，Ⓒ挿絵……宮田雅之の切り絵作品

【A3版ワークシートの見本】

学習テーマ「愛すること・別れること—人間を考える」竹取物語から

問い

一年〔　〕組〔　〕番　名前〔　　　　〕

【解決の手がかりとなる文章／気になる文章】

資料①　月を見て激しく泣くかぐや姫
【問いに対する自分の考え】
【仲間の考え】

資料②　月からの迎え、昇天
【問いに対する自分の考え】
【仲間の考え】

資料③　帝、不死の薬を焼く
【問いに対する自分の考え】
【仲間の考え】

> 前時を想起しやすく，3場面を比較検討しながら問いへの考察が深められるように，3時間の学習記録が収まるA3版ワークシートを作成した。

96

第4章

第2学年の
評価プラン

話すこと・聞くこと

▮ プレゼンテーションをする

▮ 討論をする

書くこと

▮ 手紙を書く

▮ 俳句を創作する

読むこと

▮ 解説文を読んで考えたことを文章にまとめる(クマゼミ増加の原因を探る)

▮ 小説を読んで引用しながら考えを伝え合う(走れメロス)

▮ 情報を活用し出典を明らかにしながら考えを提案する

伝統的な言語文化

▮ 古文を読み,考えたことを伝え合う(枕草子)

プレゼンテーションをする
単元名：三者面談で自分の生活について資料を用いて話そう

教材　「プレゼンテーション 資料や機器を活用して効果的に発表する」(三省堂)
学習指導要領　〔知識及び技能〕(2) イ〔思考力・判断力・表現力等〕A (1) イ・ウ，A (2) ア

1. 単元の評価と授業改善のポイント

　プレゼンテーションソフトなどのICT機器を用いて，音声情報と視覚情報をうまく組み合わせて自分の考えが伝わるように話す資質・能力を育成したい。プレゼンテーションソフトを用いる際，スライド内での情報過多，音声と文字の過剰な重複(スライドの文字を読み上げるだけの状態)などのつまずきが想定される。視覚に訴えることの効果を踏まえ，視覚情報と音声情報の組み合わせを検討し，文字情報となる言葉について思考・判断する学習を仕組み，過程と最終のパフォーマンスを評価する。

来月の三者面談で，自分についてプレゼンテーションしよう。

　三者面談の主役はあなたです。三者面談はあなたの中学校生活をよりよいもの (well-being) にするため，あなた自身と担任の先生と保護者の方が集まって相談する場です。大人の話を聞くだけの場ではありません。まず，あなたが自身のことについて，プレゼンテーションスライドを用いながら３分間で話してください。それに応じて先生や保護者の方からのアドバイス，相談を行います。国語の授業でスライドを作成し，リハーサルを行いましょう。

※保護者と学級担任以外には聞かれたくないプライバシーに係る内容は，リハーサルでは省略しても構いません。三者面談では困っていることの相談時間は別に確保しますので，プレゼンテーションに入れなくても大丈夫です。

・テーマは「自分の中学校生活のこれまでとこれから」とし，スライドは全部で20枚以内とする。
・リハーサルは２回行う。１回目は班の人に聞いてもらい，アドバイスをもらう。修正して２回目を行い，２回目の様子を撮影して動画で提出すること。

2. 単元の評価規準

知識・技能	思考・判断・表現	主体的に学習に取り組む態度
① 情報と情報との関係の様々な表し方を理解し使っている。((2)イ)	① 「話すこと・聞くこと」において，自分の立場や考えが明確になるように，根拠の適切さや論理の展開などに注意して，話の構成を工夫している。(A(1)イ) ② 「話すこと・聞くこと」において，資料や機器を用いるなどして，自分の考えが分かりやすく伝わるように表現を工夫している。(A(1)ウ)	① 自分の考えや中心となる事柄が伝わりやすいように粘り強く表現を工夫した資料を用いて，学習課題に沿ってプレゼンテーションしよう。

3.単元の指導と評価の計画

学習活動	評価基準（Bの例）[評価方法]		教師の支援
○教師のプレゼンテーション「Well-beingをめざす三者面談に向けて」を視聴して，学習課題を確認する。 ○自分を説明する情報として思いつくものを書き出す。 ○班員と相互に質問し合い，無意識にもっている情報を引き出す。 ○マッピングやフィッシュボーンで情報を関係づけて整理する。	知①	事実同士，事実と主観（感情など），中心と付加などの情報の関係を書き表している。[ワークシート]	・主観的な情報（感情や感想など）の必要性に気づかせるため，プロフィールのみの自己紹介と，具体的なエピソードと感想を加えた自己紹介を比較させ，印象の違いを問う。 ・質問が思い浮かばない生徒がいる班には教師の準備した質問リストとサイコロを渡す。 ・他者の質問への回答を踏まえ中学校に通う目的や学習や部活動への願いや理想の自分像を内省させ，日々の活動や今後の行動と絡めて書かせる。
○書き出した情報からキーワードを抽出する。 ○キーワードをカードに転記し，机上で並び替えたり，取捨選択したりしながら話の構成を検討する。 ○全体の構成を決め，話す順序でカードをワークシートへ貼る。	主①	※ここでは評価はせず，主①で評価する際に比較材料として用い変容を分析する。[ワークシート]	・スライドの文字数を20字以内に制限する。 ・構成の意図をワークシートに書かせる。
	思①	「これから」に対し「これまで」や「理想」を根拠とし，筋道が伝わるように話す事柄を順序立てている。[ワークシート]	
○キーワードをもとにスライドを作成する。 ○スライド例を見比べ，最適解を検討する。【評価場面❶】 ○スライド例を踏まえてスライドを修正する。	思②	スライド例を選択した理由として，伝えたいことが伝わりやすくなるように視覚情報の効果を生かすことを説明している。[活動の様子，評価場面❶] ※指導に生かす形成的評価を行う。	・文字より画像が有効なスライドでは写真の使用を可とする（その際は，著作権や肖像権について説明し，タブレット端末を用いて自分で撮影して来させる）。
	主①	伝わりやすく話すために，情報を取捨選択，付加修正して資料を工夫しようとしている。[スライド]	
○班でリハーサルを行い，助言し合う。 ○助言を受けて改善する。 ○プレゼンテーションの様子を撮影する。【評価場面❷】 ○撮影した動画を提出する。	思②	自分の考えが伝わるように話題としていることを書き示したプレゼンテーションスライドを用いて話している。[録画映像，評価場面❷]	・相互評価では，音声情報と視覚情報の関連，視覚情報の効果，話の中心や流れが視覚化できているかについて伝え合えるように，事前に観点を提示する。

4. 評価場面❶：スライド例を見比べ，最適解を検討する（思②）

① 学習活動と発問

　ここでは，授業中に生徒をはっとさせる発問を取り上げる。発問までの流れを以下に確認する。

　前時までに生徒は自分に関する情報（中学校生活でがんばっていることや，そのときに感じたこと・興味があること・これまでに取り組んだこと・困っていること・今後の目標・1年後や2年後の自分像・将来のことなど）を書き出した。そして，それらの情報からキーワードを抽出してカードを作成し，並び替えたり，取捨選択したりしながら話す内容や順序を検討し，プレゼンテーションの構成を決めた。本時はカードをもとに視覚情報となるスライドを作成する時間である。

　本時では導入で，教師が用意した200字程度の文字を書いたスライドと15字程度のスライドを提示し，比較させ，プレゼンテーションの視覚資料は文字数が少ないほうがよいことに気づかせる。そして，「見やすく伝わるスライドをつくる」をめあてとし，1枚のスライドに対して20文字以内という制限を加えて生徒に各々のスライドを作成させていく。（本番の三者面談ではスライドを1枚ずつ表示してプレゼンテーションを行った後に，スライドを一覧表示にして相談を行う。一覧表示でも読めるよう，文字の大きさと配色も指定しておくとよい。）

　文字数を制限したことで，前時に用いたカードに記載したキーワードをスライドへそのまま転記する生徒が多くなる。机間巡視による見取りを行うと，部活動についてのスライドに「部活動」と記載する生徒と，その具体となる「吹奏楽部」などを記載する生徒に分かれていることが想定される。また，そのどちらで書くべきかを悩む生徒や，「部活動と吹奏楽部のどちらで書くべきか」と教師に質問をしてくる生徒がいることも想定される。これら，生徒間の差異を発見したり，悩む生徒がいたり，生徒が教師に質問してきたりしたときが，教師が発問（本時の学習課題）を提示するタイミングとなる。

　発問は，机間巡視によって見取った実際の生徒の記述をもとに例を作成し，「部活動と書く人と，○○部と書く人に分かれているようですが，みなさんはどちらがよいと思いますか？」と全員に対して投げかける。個の疑問を全体へ広げることで，単純にキーワードを転記していた生徒も改めて言葉の適否や効果について考える契機となる。本稿では学習課題として次の例を示す。

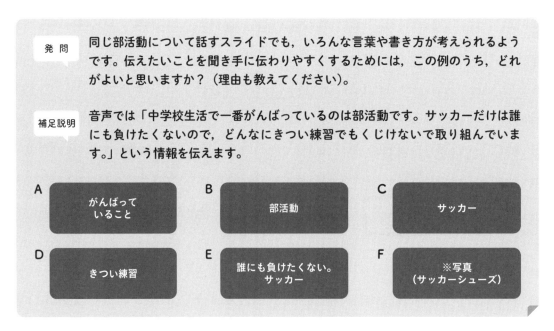

発問　同じ部活動について話すスライドでも，いろんな言葉や書き方が考えられるようです。伝えたいことを聞き手に伝わりやすくするためには，この例のうち，どれがよいと思いますか？（理由も教えてください）。

補足説明　音声では「中学校生活で一番がんばっているのは部活動です。サッカーだけは誰にも負けたくないので，どんなにきつい練習でもくじけないで取り組んでいます。」という情報を伝えます。

A　がんばっていること

B　部活動

C　サッカー

D　きつい練習

E　誰にも負けたくない。サッカー

F　※写真（サッカーシューズ）

② 評価のポイントと評価

　発問後に自分の考えを記述させ，話し合わせる。その際，ABCDEFのいずれかを選択した理由（記述もしくは発言の内容）を見て，ここまでの学習状況を把握する。

	おおむね満足（B）の例	十分満足（A）の例
評価基準	思② スライド例を選択した理由として，伝えたいことが伝わりやすくなるように視覚情報の効果を生かすことを説明している。	思② スライド例を選択した理由として，伝えたいことが伝わりやすくなるように相手を踏まえて話の中心となる事柄を視覚化する意図を説明している。
生徒の活動の様子と記述例	**例1：Aがんばっていること** 選択肢中の最上位語で，プレゼンテーション全体の中での位置付けを示せるから。 **例2：B部活動，Cサッカー** 下位語を用いて視覚化することで，話題の中身を明確にできるから。 **例3：E誰にも負けたくない。サッカー** 主観的情報（感情）との組み合わせで印象が強められているから。 **例4：写真** 文字情報よりも相手にイメージを与えやすいから。	**例1：Aがんばっていること，B部活動，Cサッカー** 全体の中での位置付けと話題の中身を同時に相手に伝えるために上位語の「がんばっていること」と「部活動」や「サッカー」を組み合わせた。 **例2：E誰にも負けたくない。サッカー** 聞き手が学級担任と保護者であるので，「サッカー」だけで上位語の「部活動」を補えるため。 **例3：F写真** 部活動に取り組んでいる自分の気持ちが，相手に伝わりやすい写真を選ぶ必要がある。
判断の根拠	視覚情報の効果をプレゼンテーションに生かすことが考えられている。	プレゼンテーションをする相手である保護者・先生を意識して視覚情報の効果を生かすことが考えられている。

③ 指導・支援の手だて

努力を要する：Cの状況への支援

・選択できずにいる生徒には，上位語と下位語の関係を板書で説明し，Eは異なるレベルの組み合わせになっていることを確認したうえで「この話の中心となる，一番伝えたいことはどれだと思うか」と問いかける。

・複数の選択肢のよしあしを考慮して迷っている生徒には，どこで迷っているのかを問いかけ，一つを選んだうえで，選んだものをもとにEのような組み合わせを自分で作ってもよいと伝える。

【板書の例】
```
┌ 上位語 ┐  がんばっていること
             ↑
             ｜  部活動
             ｜
             ｜  サッカー
             ↓
┌ 下位語 ┐  くじけない・誰にも負けたくない
             （感情）
```

・Dを選択した生徒には，「きつい練習でもくじけない」のうちでは，「きつい練習」と「くじけない」のどちらが相手に伝えたいことだと思うかを問いかけ，話の訴求点を視覚化し強調するよう助言する。また，「きつい練習」と「くじけない」は逆の印象が強調されることを確認する。

BをAへ引き上げる支援

・相手意識が薄い生徒には，「聞き手である学級担任と保護者が知りたい情報は何だろうか」と問いかけ，すでに相手が知っている情報があることを意識させる。

・最も伝えたいことを強調するためには，選択肢をもとに言葉の組み合わせや写真の撮り方でどんな工夫ができるかを考えさせる。

5. 評価場面❷：プレゼンテーションの様子を撮影する（思②）

① 学習活動と発問

　ここでは単元の学習課題に対する最終的なパフォーマンスを評価する。評価場面❶も含め，単元で身につけた力を発揮する活動である。詳細は本稿の初め（p98）に【単元の学習課題】として記している。

> **学習課題**
>
> **プレゼンテーションのリハーサルの様子を撮影して，動画を提出しよう。**
>
> **補足説明** 修正したことを踏まえ，自分の伝えたいことの核が聞き手に伝わるように3分間のプレゼンテーションを行う様子を正面から撮影してください。自分のタブレット端末はプレゼンテーションに使うので，班員と協力し別の端末を使って撮影してください。保護者と担任の先生以外の人には聞かれたくないプライバシーに係る内容は，省略しても構いません。

② 評価のポイントと評価

　用いられたスライドを中心に，音声情報との効果的な組み合わせを踏まえて評価する。視覚情報の言葉が話の中心となる事柄を表せているか，印象づける工夫ができているかを見る。

	おおむね満足（B）の例	十分満足（A）の例
評価基準	思② 自分の考えが伝わるように話題としていることを書き示したプレゼンテーションスライドを用いて話している。	思② 自分の考えが伝わりやすいように話の訴求点を書き示したプレゼンテーションスライドを用いて話している。
生徒の活動の様子と記述例	使用したスライドと音声 わたしの中学校生活／日常の様子について／中学校生活でがんばること 頑張ること①テニス／目標は県大会出場／スタミナが足りていない 早朝5kmランニング／頑張ること②進路実現／3年後はA高校で勉強 看護師になりたいから／人を救う仕事がしたい／数学と英語の成績を上げる 家庭学習の充実／宿題以外に自学する／問題集とマイ単語帳	使用したスライドと音声 中学校生活今と未来／友がいるからがんばれる／憧れは母小学校教師 学校の楽しさを伝えられる教師になりたい／2つの柱勉強とバレー／中間考査で見えた弱点社・理 敗因は暗記に頼ったこと／めざすのはしくみの深い理解／絶対やる！予習と質問 みんなでつなぐバレーボール／県大会出場で先輩を超えたい／感謝と笑顔が合言葉 きつい時こそ笑顔で／基礎練習と声かけの徹底／これからもサポートお願いします
判断の根拠	一覧で表示した際に，話の流れが確認できる言葉を用いてスライドを作成している。また，上位語を使い「中学校生活でがんばること」のように話題としていることを視覚化したスライドを用い，音声で情報を補完しながら話している。	一覧で表示した際に，話の流れが確認できる言葉を用いてスライドを作成している。また「絶対やる！」のような訴求点と「予習と質問」のような関連情報を組み合わせて印象を強めた言葉によるスライドを用い，詳細を音声で加えながら話している。

③ 指導・支援の手だて
努力を要する：Cの状況への支援

・スライドと音声情報の量にあまり差がない生徒には，音声ではより多くの情報を伝えられることを確認したうえで，具体的なエピソードや感じたことを問いかけたり，生徒の発言を復唱して価値づけたりして，視覚情報を補完する音声情報を認識させて再度プレゼンテーションを行わせる。

・音声情報の過多で早口になっている生徒には，伝えたいことに優先順位をつけさせ，じっくり話すスライドと，音声をあまりつけないスライドを区別させ再度プレゼンテーションを行わせる。

・例えば「きつい練習でもくじけない」という音声情報に対して，「きつい練習」という視覚情報を用いるような訴求点にずれが生じている生徒には，音声情報の中で教師が印象的に感じた言葉を伝え，視覚情報とのずれを認識させ，視覚情報を修正させる。

6. 解説

＜この二つの場面を取り上げたのは，なぜか＞

・評価場面❷は単元の言語活動である学習課題に対する最終的なパフォーマンス（単元を総括する学習活動）であり，評価場面❶はそこに向かう過程の重要な一場面である。

・評価場面❷において，「中学校学習指導要領解説 国語編」が示す内容Ａ(1)ウ「資料や機器を用いるなどして，自分の考えが分かりやすく伝わるように表現を工夫すること」を実現するために，必要なコツをつかむ学習を評価場面❶で仕組んでいる。

・Ａ(1)ウ「資料や機器を用いるなどして，自分の考えが分かりやすく伝わるように表現を工夫すること」では，ただ単に機器を用いて話すのではなく，「分かりやすく伝わる」「工夫」が必要とされている。

・音声言語は瞬間で消える情報であるが，文字言語はその場に残るという利点がある。しかし過量の文字言語は瞬時に伝わらない欠点もある。一方，音声言語は臨機応変に量を調節できるという利点がある。これらの音声言語と文字言語の特徴を踏まえて「何を声にし，何を文字にするか」という音声情報と視覚情報の効果的な組み合わせを評価場面❷では思考・判断・表現させたい。そのため，事前に視覚情報の工夫について理解を深める機会として評価場面❶を設定した。

・評価場面❶はその場や次時以降の指導に生かす形成的評価であり，評定には加味しない。評価場面❶で理解を深めた内容が評価場面❷で発揮されるからである。

・評価場面❷は評価場面❶で理解を深めた内容を中心に評価を行う。生徒が自分の話す内容に応じて，効果的な視覚情報を用いることができているかを評価する。また，単元を通じて試行錯誤し工夫したことが発揮されるため，「主体的に学習に取り組む態度」を評価する材料の一つとすることも可能であろう。

＜定期テストとの関連について＞

・評価場面❶で示した選択型の類似問題を定期テストで出題することが想定できる。その際，選択結果のみで評価せず，選択理由を記述する欄を設ける必要がある。選択と理由の組み合わせにより，数段階の評点を設定しておく。満点とする解答が多様に存在してよい。

・上記のように「話すこと・聞くこと」の内容も，項目によってはペーパーテストで「わかっているか」を測定することができる。ただし「わかる」と「できる」が同義ではないことを考慮すれば，ペーパーテストよりも実技の評価を重視する必要がある。

討論をする
単元名：中学生参加のイベントの企画を考えよう

教材　「話し合いで問題を検討しよう」（東京書籍）

学習指導要領　〔知識及び技能〕(2) ア〔思考力・判断力・表現力等〕A（1）ア・オ，A（2）イ

1. 単元の評価と授業改善のポイント

　日常生活の中では，明確な答えはないが，自分なりによりよい解を探っていかなければならない場面がある。その際，自分の考えに固執することなく物事を多面的・多角的に捉え，柔軟に考えを深めていくことが重要である。討論の活動では，異なる立場の意見も受け止め，改めて自分の意見を検討することで，多角的に問題について考えを深められる資質・能力を育みたい。

　本単元では発表内容をグループで討論し，その過程を評価する。個人学習では思考の広がりが限られるため多角的な意見を期待してグループで検討させ，試行錯誤の過程を体験的に学ばせたい。そして改めて個人で意見をまとめさせ，学びを実際に生かす場面を設定し最終的な評価を行う。

単元の学習課題：グループで知恵を出し合い，イベントを盛り上げる企画を提案しよう。

　中学生になると，保育実習や委員会活動など他校と交流する活動や，学級の絆を深めるために学級レクリエーションを行うこともあります。中学生が参加するイベントの企画を検討してください。小グループで話し，まず想定するイベントを決めた後，そのイベントで取り組みたい企画を考えましょう。みんなで意見を出し合うことで，考えが広がり，よりよい企画を考えられます。自分と異なる意見にも耳を傾けて話し合いを深めてください。企画は，グループごとに発表してもらいます。多くの人に納得してもらえる企画を提案してください。

条件
・保育実習や職場体験，地域での活動など，中学生が参加するイベントの企画を考える。
・活動の目的，対象とする相手を想定し，目的が達成できる企画を考える。
・実行可能なアイデアとする。

2. 単元の評価規準

知識・技能	思考・判断・表現	主体的に学習に取り組む態度
① 意見と根拠，具体と抽象など情報と情報との関係について理解している。((2)ア)	① 「話すこと・聞くこと」において，目的や場面に応じて，社会生活の中から話題を決め，異なる立場や考えを想定しながら集めた材料を整理し，伝え合う内容を検討している。(A(1)ア)	① 粘り強く互いの立場や考えを尊重しながら，学習課題に沿って討論しようとしている。
	② 「話すこと・聞くこと」において，互いの立場や考えを尊重しながら話し合い，結論を導くために考えをまとめている。(A(1)オ)	

3. 単元の指導と評価の計画

学習活動	評価基準（Bの例）〔評価方法〕		教師の支援
○単元の目標と，学習課題を確認する。 ○中学生参加のイベントにどのようなものがあるか考える。 ○共通した具体的なイベントの企画を例として，メリット・デメリットを全体で確認する。 ○出されたメリット・デメリットを掘り下げていく方法を3〜4人の小グループで考える。 ○話題の広げ方への個人の気づきをまとめ，全体で確認する。	知①	イベントの企画を提案する根拠として，あいまいな部分やわかりにくい部分について質問を考えている。〔発表・活動の様子・ホワイトボード〕	・共通の具体例について，全体でメリット・デメリットをあげ，企画の目的との関連を確認させて，あいまいな部分に対する質問を考えさせる。 ・自分とは異なる立場からの意見について，相手の意図を確認したり立場や視点を変えて考えさせたりする。 ・グループから出た意見を全体で共有することで，多角的に考えていくことの重要性に気づかせ，次時のグループ討論の参考にさせる。
○小グループでどのようなイベントについてアイデアを出すか決定する。 ○個人で企画と提案理由を考える。	思①	企画の目的に沿った提案理由を，反対意見も想定して具体的にあげている。〔活動の様子・ワークシート〕	・保育実習，職場体験での園児やお年寄りとの交流，学級レクリエーションなど中学生の活動場面に即した例をあげ，具体的なイメージをもたせる。
	主①	※ここでは形成的評価として，評価場面❷の評価に向けて，意見の変容を見取って評価するための記述とする。〔ワークシート〕	・評価場面❷で意見の変容を見取るため，自分が考えた企画についてワークシートに記入させる。
○グループで企画を紹介し合い，候補を二つに絞る。 ○二つの企画を比較し，よりよい企画を選ぶ。【評価場面❶】 ○ワークシートにまとめる。	思②	企画の提案理由について，他者の意見に耳を傾けながら，目的とのつながりを踏まえて妥当性を判断して企画を選択している。〔活動の様子・ホワイトボード，評価場面❶〕※指導に生かす形成的評価を行う。	・出された提案理由について，目的との関連を考えさせ，より重要度の高い提案理由に着目させる。 ・提案理由について，異なる立場から出された意見を踏まえ，多角的に説得力の有無を検討させる。 ・比較して企画を選んだ理由や討論の仕方について気づいたことをワークシートにまとめさせる。
○グループで決定した企画の提案内容をまとめる。 ○グループの企画を発表する。 ○グループでの議論を踏まえて，個人で企画書をまとめる。【評価場面❷】	思②	反対の立場からの意見も尊重しながら，出された根拠の重要性や改善案などについて検討したうえで，説得力のある根拠を選んで企画の提案をしている。〔ワークシート，評価場面❷〕	・より目的にふさわしい活動になるよう，企画の内容を具体的に考えさせる。 ・前時に出された意見以外にも提案理由を複数あげさせ，説得力のある意見を選択して提案させる。 ・デメリットについて，目的を踏まえて改善策を考えさせる。
	主①	反対意見や新たな視点からの意見を踏まえたうえで，多角的な視点をもって企画の提案をしようとしている。〔活動の様子・ワークシート〕	・グループでの議論を踏まえ，異なる立場の人も納得できる理由を用いて，わかりやすく提案内容をまとめさせる。

4. 評価場面❶：二つの企画を比較し，よりよい企画を選ぶ（思②）

① 学習活動と発問

　本時では，中学生が参加するイベントをグループごとに想定し，討論によりそのイベントで行う企画を考えさせる。そして，自分と異なる立場の意見を踏まえて意見を述べる場面を評価する。ここでの評価は形成的評価とし，次時以降の話し合いがよりよいものとなるよう指導する。

　課題は，職場体験や学級会など中学校生活で実際にありそうな場面を設定しているため，相手意識をもちやすく企画の目的も明確にしやすい。実生活で行われる討論を想定し，司会は決めずグループ内のフリートークで結論を出す活動とする。また，3〜4人の小グループで行うことで一人一人の立場や考えを尊重した活動・話しやすい雰囲気になりやすく全員の発言が引き出されやすい。

　討論の場面では，二つの企画について，それぞれのメリット・デメリットを考えさせ，比較することでより自分たちの目的にふさわしい企画を選択させる。討論で出た意見は，思考の跡がわかるようにホワイトボードにメモをとらせて話し合いを補助するものとし，机間指導にも生かしていく。討論では，メリット・デメリットの有用性について議論されているか，多角的な視点から意見が出されているか，自分と異なる意見についても理解しようとしているかなど，互いの立場を尊重しつつ意見をまとめようとしているかどうかという視点で，生徒の発言を中心として観察により評価する。授業の初めには，目標に沿った活動になっているかどうかが生徒にもわかるよう，活動のポイントを示しておく。このポイントは評価にもつながっている。話し合いが不十分であればその場で発言の意味を問い，考える視点のヒントを与えるなど指導に生かす。机間指導のタイミングによっては発言していない場面もあるので，ホワイトボードの記述をもとに質問したり説明を聞いたりして思考の進み具合を確かめる。各自違う色のマーカーで自分の意見を記入させておくと，ホワイトボードから生徒個々の意見を見取ることができ，指導に生かすことができる。話し合いが進まず多角的な視点が不足していれば，他のグループとの交流を通して互いにアドバイスさせ，新たな視点に気づかせることも有効である。以下に，学習課題とポイント，ワークシートについて示す。

学習課題　**二つの企画の案のうち，よりふさわしい企画を選ぼう。**

　グループで，企画を二つの案に絞りました。中学生が参加するイベントの企画としては，どちらがよりふさわしいですか？メリット・デメリットを思いつく限りあげて，他者の意見に耳を傾けながら，どちらか一つ選びましょう。
　イベントの目的，対象とする人を考慮してグループで意見をまとめてください。

ポイント　※生徒自身が自分たちの活動の評価をするために示すもの
　・メリット・デメリットが，複数の視点から出されているか。
　・目的にふさわしい企画が選ばれているか。
　・企画を決定した理由は明確か。
　・すべての意見を検討して企画を選択しているか。（メリットと共にデメリットも）

ワークシートの項目　※本次の最後に，個人でまとめるワークシートの内容
　・イベント（例：保育実習）／目的（例：園児を楽しませること）
　　／企画（例：工作）
　・二つのうち，この企画を選んだ理由（例：工作の方が種類がたくさんあり，自分で作りたいものを選ぶと全員が楽しめる活動になるから）

② 評価のポイントと評価

　小グループで二つの企画を比較しながら，それぞれのメリット・デメリットを書き出させる。各自に色違いのマーカーを持たせて自分の意見をホワイトボードに書きながら討論を行わせ，発言と共にホワイトボードの記述を捉えて指導を行う。

	おおむね満足（B）の例	十分満足（A）の例
評価基準	思② 企画の提案理由について，他者の意見に耳を傾けながら，目的とのつながりを踏まえて妥当性を判断して企画を選んでいる。	思② 企画の提案理由について，他者の意見に耳を傾け複数の視点を考慮しながら，目的とのつながりを踏まえて妥当性の高い意見を吟味して企画を選んでいる。
生徒の活動の様子と記述例	イベント：保育実習，目的：園児が楽しめる活動（企画） 例1：「工作は作りたいものを選べるから楽しめる」という意見を受けて，工作の種類を考え，「準備は大変だが作りたいものを選ぶことができるように複数の選択肢を用意できると多くの園児のニーズに合わせられ，楽しい活動になる」と発言している。 例2：「作品があると思い出になる」という意見を受けて，思い出になることと楽しい活動になることのつながりを確認し，「作品を後から見ると達成感や楽しさが蘇ることから，形が残る活動を『園児が楽しめる活動』だと考えてもよい」と判断している。	例1：「鬼ごっこも工作もけがをする可能性がある」という意見に対し，両方の安全対策を検討したうえで「工作は種類を限定したり得意な工作を選ばせたり中学生が手伝ったりすることでけがの予防になり，交流もできて園児との仲も深まるので，工作がよりふさわしい」と判断している。 例2：「子どもは鬼ごっこが好きだから楽しめる」という意見に対し，「運動が苦手だったりけがをしていたりすると楽しめないが，工作は種類を増やすことで好きなものを選択でき，多くの園児が楽しめるので工作の方がふさわしい」と考えている。
判断の根拠	・他者の意見を踏まえて目的との関連を考慮し，根拠の弱い部分の補足や代替案を考えるなどして提案理由の妥当性を判断している。 ・他者の意見の主張と根拠のつながりがあいまいな部分について確認し，目的との関連を踏まえて提案理由の妥当性を判断している。	・他者のデメリットと考えられる意見について，複数の可能性を考慮し目的を踏まえた改善案を検討して提案理由の妥当性を判断している。 ・一つの事象を捉えて，一方的な見方だけではなく複数の視点からの意見を考慮し，提案理由の妥当性を判断している。

③ 指導・支援の手だて

努力を要する：Cの状況への支援

・意見は出るが，「楽しい」や「体によい」などといった抽象的な言葉の説明になっている生徒には，「何が」「どうして」と問うことで，具体的な答えを引き出したい。

・企画を選ぶ根拠に明確な理由をもてずにいる生徒には，グループ活動で記入したホワイトボードを示しながら，出た意見のうち納得できるものを活用し，自分の言葉で説明するよう促す。

・意見を聞くだけになっている生徒にはこちらから質問し，答えられない点についてグループの友達と確認するように促し，自分の言葉で説明できるようにさせる。

・自分の好みで企画を選択している生徒には，企画の目的や対象を確認し，相手意識をもって選択するように促す。

BをAへ引き上げる支援

・提案理由の一側面だけでよしあしを判断するのではなく，広い視野で物事を捉えられるようにする。例えば，「作品があると思い出になる」という意見に対し，「思い出」の意味を問うことで，一緒に活動する時間の充実が考えられ，よい思い出とするための工夫の必要性に気づかせる。

5. 評価場面❷：グループでの議論を踏まえて，個人で企画書をまとめる（思②）

１ 学習活動と発問

　本時では，グループでの議論を踏まえて，企画と提案理由を改めて自分の言葉でまとめていく。他者の意見を尊重しながら説得力のある提案をするためには，どのような提案理由を用いればよいのか，デメリットに対してどのような改善策を考えるのか，多角的に判断させたい。

> **学習課題**
> ### 中学生が参加するイベント企画の企画書を書こう。
>
> 　これまでグループで話し合ってきた内容を踏まえて企画書を書きましょう。まとめる項目は，目的，企画の内容，提案理由，具体的な方法です。提案理由は，目的とのつながりがわかるように説明してください。反対意見も尊重しながら，デメリットに対する改善策も考えましょう。グループの意見に合わせる必要はありません。どのような提案理由を述べると多くの人に納得してもらえるのかを自分で考えて，より魅力的な提案をしてください。
>
> **ワークシートの項目**
> ・目的，企画の内容，提案理由，具体的な方法，改善策
> ・振り返り（友達の意見を聞いて気づいたこと，意見が変わったことなど）

２ 評価のポイントと評価

　ワークシートから，グループ討議を踏まえ，他者の意見を尊重しながら多角的に検討しているかを評価する。「主体的に学習に取り組む態度」も，第２時のワークシートの記述と比較し，討論を通して新たな視点にふれ，自分の見方を広げて考えようとしているか変容を見取ることができる。

	おおむね満足（Ｂ）の例	十分満足（Ａ）の例
評価基準	思② 反対の立場からの意見も尊重しながら，出された根拠の重要性や改善案などについて検討したうえで，より説得力のある根拠を選んで企画の提案をしている。	思② 反対の立場からの意見も尊重しながら，複数の視点から具体的に提案理由や改善策を説明し，説得力のある企画の提案をしている。
生徒の活動の様子と記述例	イベント：保育実習，目的：園児が楽しめる活動（企画）	
	例１：工作は，何種類か準備することで，苦手な子どもも好きなものを選ぶことができるし，中学生がサポートをすることで完成させることができ，楽しく作ることができる。	例１：Ｂ基準１の記述に加えて，準備する工作の具体例を示したり，作った作品が残るので園児だけでなく保護者も喜ぶという理由を付け加えたりしている。
	例２：小さな子どもは，体を動かす方が楽しめる。鬼ごっこは，ルールが簡単で誰もが取り組みやすいし，運動が苦手な子どもも，中学生が加減しながら追いかければ楽しめる。	例２：Ｂ基準の記述２に加えて，一緒に逃げたり追いかけたり活動することで，緊張もほぐれ親しくなれることや，より楽しい活動になるためのルールを具体的に述べている。
判断の根拠	・他者の反対意見と企画の目的を踏まえ，より目的達成につながる理由を選んで提案している。 ・他者から出たデメリットを踏まえ，目的に沿った改善策を提案している。	・具体例や第３者（保護者）の視点を示し，提案理由の説得力を増している。 ・効果や利点などの付加価値や複数の視点からの提案理由を述べるなど説得力を増している。

③ 指導・支援の手だて

努力を要する：Ｃの状況への支援

・個人でワークシートにまとめさせるが，他者の意見を尊重していなかったり根拠を考えられなかったりする生徒がいれば，途中でペア活動などで情報交換させる。他者の意見を尊重する姿勢や目的と提案理由のつながり，説得力の有無を互いにアドバイスし，まとめに生かせるようにする。

・選んだメリットと企画の目的のつながりがわかりにくい生徒には，机間指導によりそのメリットを選んだ理由を問い，企画の目的達成につながるかどうかを確認させる。企画を検討する際のホワイトボードの記述を示しながら，より目的に近づくメリットを選択させる。

・デメリットへの対策が考えられていない生徒には，デメリットを減らせる工夫や他の方法が考えられないかなど，視点を変える問いかけを行う。アイデアが浮かばないようであればいくつか案を提示し，一番ふさわしいと思う案について理由を述べさせ，自分の意見をまとめさせる。

6. 解　説

＜この二つの場面を取り上げたのは，なぜか＞

・評価場面❷では単元の言語活動としての学習課題の総括としての評価を行う。この場面では，「中学校学習指導要領解説 国語編」のＡ(1)オ「互いの立場や考えを尊重しながら話し合い，結論をまとめるために考えをまとめること」を評価することとし，課題に沿って多角的な視点をもって自分の意見をまとめることをねらいとしている。

・評価場面❶は，上記の目標に向かって実際に討論を行ってみる場面である。ここでは形成的評価を行い，総括的評価は評価場面❷で行う。自分にはない視点や異なる立場からの意見を検討することで，新たな視点に気づき，多面的に考えることの重要性に気づかせたい。

・評価場面❶は評価場面❷で他者の意見を尊重しながら多面的な視点をもち，説得力のある根拠を用いて自分の意見をまとめるための前段階に当たり，まずは，意見の広げ方を練習する意味合いをもっている。「二つの企画のうちから一つを選ぶ」という条件をつけることで自分の意見がもちやすく，根拠の妥当性を検討する際，比較させることで判断しやすくしている。

・評価場面❷は，評価場面❶で決定した企画を，さらに具体的な形に練り上げていく活動である。説得力のある提案に仕上げるため，自分の考えをさらに広げ，新たな視点も加えながら，思考・判断・表現する姿を評価する。

＜定期テストとの関連について＞

・授業で扱った学習課題の類似問題として，設定を変えて問うもの

　例）　海外からの留学生の歓迎イベントの企画を考えましょう。企画の内容と，その内容にした理由を，反論も想定して答えなさい。

・討論の場面を想定し，話題を捉えて意見を述べる場面を評価するもの

　例）　次の場面は，海外からの留学生を歓迎するイベントについての討論の場面です。2人の意見を踏まえたあなたのアイデアとその理由を書きなさい。

　　　Ａさん「日本を味わってもらうために，カルタや百人一首など日本の遊びをしたらどうかなあ。一緒にできるから楽しいと思うんだけど。」

　　　Ｂさん「日本らしい体験はいいね。でも，言葉が通じないと百人一首みたいな遊びはむずかしいと思うよ。」

　　　Ａさん「そうだね。どんな内容がぴったりかしら。」

手紙を書く
単元名：読み手の立場に立ったお礼状を書こう

教材 「表現を工夫して書こう　手紙や電子メールを書く」（光村図書）
学習指導要領 〔知識及び技能〕(1) カ 〔思考力・判断力・表現力等〕B (1) イ・エ，B (2) イ

1. 単元の評価と授業改善のポイント

　相手や目的を意識した手紙を書くために，読み手の立場に立った表現を工夫して書く資質・能力を育成したい。手紙には型があり，それに言葉を当てはめることで文章は完成するが，その手紙には相手がいること，目的があることを自覚させる。そして，読み手に自分の考えを届けるために，どのような表現をしたら適切なのかを，個人で考える時間，仲間と考える時間を意図的に設定することで，読み手の立場に立ったお礼状が書けているかについて評価する。

単元の学習課題　職場体験でお世話になった方々に感謝の気持ちを伝える手紙を書こう。

　お礼の手紙には型があり，まずはその型を学ぶ必要があります。そのうえで，自分が書いた手紙の内容が読み手にどう受け止められるかを想像したり，相手の状況などを踏まえた内容になっているかどうかを意識したりして手紙を書いていきましょう。文章の表現が感謝の気持ちを伝えるために適切な表現になっているか，その表現はどのような伝わり方をするのかなどについて，読み手の立場に立って考え，誤解のない表現やより効果的な表現をめざしましょう。

条件
　相手：職場体験でお世話になった方々
　目的：職場体験を通して，お忙しい中学ぶ機会をいただけたことに対し，感謝の気持ちを
　　　　伝える。
　手段：便せんを使った手書きの文章を作成し，相手に届ける。

---

2. 単元の評価規準

知識・技能	思考・判断・表現	主体的に学習に取り組む態度
① 敬語の働きについて理解し，話や文章の中で使っている。((1)カ)	① 「書くこと」において，伝えたいことが分かりやすく伝わるように，段階相互の関係などを明確にし，文章の構成や展開を工夫している。(B(1)イ) ② 「書くこと」において，読み手の立場に立って，表現の効果などを確かめて，文章を整えている。(B(1)エ)	① 主体的に敬語の働きについて理解し，話や文章の中で使おうとしたり，読み手の立場に立って表現の効果などを確かめたりして，文章を整えようとすることに向けた粘り強い取組を行うとともに，自らの学習を調整しながらお礼状を書こうとしている。

3. 単元の指導と評価の計画

学習活動	評価基準（Bの例）〔評価方法〕		教師の支援
○学習の見通しをもつ。 ○手紙と電子メールを比較し，活用場面を考える。 ○お礼状を書くためには，どちらの手段が適切かを話し合う。	思②	※ここでは記録に残す評価はせず，相手意識や目的意識が身についているかどうかを観察する。〔ノート〕	・手紙を書くためには，読み手である相手のことを考えて書くことを意識づける。 ・手紙と電子メールの例をもとにいくつかの観点で表にまとめさせる。 ・SNSと電子メールの違いにも気づかせ，それぞれの通信手段の特徴を理解させる。
○正しい手紙の書き方を理解する。	思①	※ここでは記録に残す評価はせず，思①で評価する際の基礎知識が身についているかを確認する。〔ノート・ワークシート〕	・教科書やその他資料を参考にして，手紙の型を理解させる。
○職場体験を通して学んだことを箇条書きで書き出す。 ○前文・末文の内容を考える。 ○職業体験でお世話になった方に向けたお礼状を下書きする。【評価場面❶】 ○推敲する。	思① 知①	伝えたいことが読み手にわかりやすく伝わるように，お礼状の構成や展開を工夫している。〔ノート，評価場面❶〕 敬語の働きについて理解し，お礼状の中で適切に使っている。〔ノート〕	・体験したこと・体験を通してわかったこと・気づいたこと・印象に残ったことなどを思い出し，ノートにまとめさせる。
○お礼状を読み合い，気持ちや用件が伝わる表現になっているかどうかを互いに伝え合い，推敲する。【評価場面❷】 ○職業体験でお世話になった方に向けたお礼状を便せんにしたためる。 ○学習を振り返る。	思② 主①	お礼状の分析を通して，読み手の立場に立った表現の工夫がされているかを確かめて，文章を整えている。〔お礼状，評価場面❷〕 主体的に敬語の働きについて理解し，お礼状の中で使おうとしたり，読み手の立場に立って表現の効果などを確かめたりして，文章を整えようとすることに向けた粘り強い取り組みを行うとともに，自らの学習を調整しようとしている。〔振り返りシート〕	・①相手や目的に応じて敬語を用い，気持ちや用件が伝わるように具体例を入れるなど，表現の工夫ができているか，②そのうえで誤解のない表現やより効果的な表現になっているかなど，伝え合うための観点を提示する。 ・①敬語などの言葉遣いについて，どのような点を意識したか，②気持ちや用件が伝わるように，工夫した点はどのような点か，などについて，振り返りをさせることで，お礼状を書くことで身につけた資質・能力をメタ認知させる。

4. 評価場面❶：職業体験でお世話になった方に向けたお礼状を下書きする（思①）

① 学習活動と発問

　ここでは，B書くこと (1) イの指導事項「伝えたいことが分かりやすく伝わるように，段落相互の関係などを明確にし，文章の構成や展開を工夫すること。」を実現するために，お礼状で伝えたい内容を書き出し，それを手紙の形式に沿って構成を工夫し，下書きをする。評価場面❷につなげるための形成的評価を行う場面である。

　なお，手紙の形式については小学校でも学習しているが，中学校の段階では日常生活においても使いこなせるようになることを目標にしたい。そのために，教科書や便覧など形式を伝える手段は数多くあるが，日本郵便株式会社が実施している「手紙の書き方体験授業」に参加することをおすすめしたい。実際に書き込みのできるテキストと，希望により郵便はがき，便せんなどが提供されるため，今回の「お礼状を書く」という活動以外にも「手紙を書く」学習を実際の体験を通して身につけることができる。

学習課題　ノートに書き出した内容を整理して，お礼状の下書きをしよう。

　「お礼状の書き方例」を参考に，ノートにお礼状を下書きしましょう。これまでにノートにまとめた内容について，①どの内容を，②どの順番で述べたら，お世話になった方に感謝の気持ちが伝わるのかを考えます（主文）。その後，前文・末文としてふさわしい文章を資料を参考にしながら作成しましょう。
　下書きが完成したら，以下の観点に沿って推敲をしましょう。

〈表記にかかわるもの〉
　仮名遣いは正しいか／漢字や送り仮名に間違いはないか（特に人名や名称などに注意）／主述の関係や修飾被修飾の関係などの文節の関係は正しいか／熟語や慣用句などは正しい意味で使われているか
〈手紙の構成にかかわるもの〉→評価場面❶で特に確認すべき観点
　前文－頭語と結語は対応したものになっているか／ふさわしい時候の挨拶になっているか
　　　　／安否を気遣う文は適切か
　主文－相手の方に伝えたいことが具体的に書かれているか
　末文－結びの言葉は適切か／結語は頭語に対応しているか
　後付け－書く順番・位置は適切か
〈読み手の立場に立つことにかかわるもの〉
　敬語は正しく使われているか／一文が長く，読みにくくないか

② 評価のポイントと評価

　手紙の形式を理解できているか，手紙の形式に沿った構成になっているか，について机間指導を通して確認する。手紙を一定の形式に沿って書くということは，今後の社会生活において必要となるため，できるだけ推敲を通して自ら気づくことができるような支援を行いたい。

	おおむね満足（B）の例	十分満足（A）の例
評価基準	思① 　伝えたいことが読み手にわかりやすく伝わるように，お礼状の構成や展開を工夫している。	思① 　伝えたいことが読み手にわかりやすく伝わるように，相手に合ったより気持ちが伝わる言葉を選んで，お礼状の構成や展開を工夫している。
生徒の活動の様子と記述例	**前文** 初夏の風が爽やかな季節になりました。みなさま，いかがお過ごしでしょうか。 **末文** 本当にお世話になりました。お身体を大事になさって，これからますますご活躍ください。	**前文** 今年もまた庭の紫陽花が美しく咲く季節となりましたが，○○様におかれましては，いかがお過ごしでしょうか。 **末文** お時間を作っていただき本当にありがとうございました。またお客として訪問させていただきたいです。末永いご健勝とご多幸を心よりお祈り申し上げます。
判断の根拠	・前文で手紙を差し出す季節に合わせた言葉が使われている。 ・末文で感謝の言葉と相手を気遣う言葉が述べられている。	・前文で読み手の立場や体験先の様子を踏まえた言葉を選んでいる。 ・末文で本当に感謝しているという気持ちが伝わるように言葉選びを工夫している。

③ 指導・支援の手だて

努力を要する：Cの状況への支援

・「頭語と結語」の表記について，例を見ながら記入しても，漢字表記を間違える例が多い。生徒自身では気づけないことが多いので，はっきりと指摘する。

・文例を参考にした結果，読み手の立場にふさわしくない文になっている生徒には，辞書などで意味を確認させ，読み手の立場に合わせたよりよい言葉を選択させる。

　例）「ますますの飛躍を願っております。」→目上の相手にも使える「結びの言葉」ではあるがよりふさわしい表現が他にないか問いかける。

・抽象的な語句で説明している生徒には，ノートの記述を参考に，具体的に体験したことや考えたことなどを想起させる。

　例）「学ばせていただいたことは，他にもたくさんありますが，これからの生活で生かしていきたいと思います。」→どのようなことを学び，どのような展望を得たのか問いかける。

5. 評価場面❷：お礼状を読み合い，気持ちや用件が伝わる表現になっているかどうかを互いに伝え合い，推敲する（思②）

1 学習活動と発問

ここでは，B書くこと（1）エの「読み手の立場に立って，表現の効果などを確かめて，文章を整えること」を実現するため，下書きした手紙を交換し，アドバイスを送り合う。評価場面❶で自ら点検しているが，他者の視点を入れることで，手紙の記述が「考えを読み手に伝えるために機能しているか，どのような効果を生んでいるか」などについてより客観的に検討できる。また他者の手紙を読むことで，読み手の立場を意識したアドバイスができ，自らの文章を見直すことにもつながる。

> **学習課題**
>
> **下書きしたお礼状に互いにアドバイスをし合い，自分の原稿を推敲しよう。**
>
> 前時の推敲の観点をもとに，互いのお礼状を読み合いましょう。特に，①相手や目的に応じた敬語が使えているか，感謝の気持ちや伝えたいことが伝わるような具体例を入れられているかなどの，表現の工夫ができているか，②読み手の立場から手紙を読み，誤解を与える表現になっていないか，内容を伝えるためにもっと効果的な表現はないか，などについてアドバイスができるとよいです。その後，アドバイスをもとにさらに推敲しましょう。

2 評価のポイントと評価

「お礼状を読み合い，気持ちや用件が伝わる表現になっているかどうかを互いに伝え合う」こと自体は活動のため，直接「総括的な評価」を行うことはできない。そのため，事前に①アドバイスを受けた内容はノートに残しておくこと，②そのアドバイスを参考に，推敲すること（下書き原稿に朱書きで訂正を入れること），という指示をしておく。そのうえで，評価場面❶で作成した下書き原稿が朱書きを入れることでどのように変容したのかを評価する。

	おおむね満足（B）	十分満足（A）の例
評価基準	思② お礼状の分析を通して，読み手の立場に立った表現の工夫がされているかを確かめて，文章を整えている。	思② お礼状の分析を通して，読み手の立場に立った表現の工夫がされているかを相手の状況などを踏まえて確かめ，より気持ちが伝わるように文章を整えている。
生徒の活動の様子と記述例	拝啓　雨に萌ゆる緑が風情を漂わせるこの季節，〇〇様におかれましてはお変わりなくお過ごしでしょうか。 　先日はお忙しい中，貴重な時間を割いていただき，ありがとうございました。 　私はお話の中で「ただ子どもをお世話するだけでなく，協調性と自立心を育みながらお世話をする」とおっしゃっていたのを聞いて，与えられたことをこなすだけでなく，それ以上のことをする大切さを学ぶことができました。 　時節柄くれぐれもお身体にはご留意ください。 　　　　　　　　　　　　　　　　　　敬具	拝啓　爽やかな初夏を迎え，衣替えの季節となりましたが，いかがお過ごしでしょうか。 　先日は，お忙しい中，体験をさせていただきありがとうございました。 　体験を通して，美容師の仕事は，責任感の重い，大変な仕事であることがわかりました。〇〇様の，「経験」を積むことが大切，という考えが印象に残りました。私も，小さな勇気をもって踏み出し，たくさん「経験」を積んでいきたいです。素敵な時間を本当にありがとうございました。 　日に日に暑さが増していますが，お体を大切になさってください。 　　　　　　　　　　　　　　　　　　敬具

判断の根拠	・①相手や目的に応じて敬語を用いる，気持ちや用件が伝わるように具体例を入れるなど，表現の工夫ができている，②そのうえで誤解のない表現やより効果的な表現になっている。	・Bに加えて，「美容師」という職業の特性を理解して，そのうえで，自分が体験したこと，体験を通して考えたことが端的に表現できている。

③ 指導・支援の手だて

努力を要する：Cの状況への支援

・読み手の立場で考えることが困難な場合，文例を示し，傍線や図や矢印などを活用して示す。

　例）「わたしは勉強は何のためにするのかよくわかりませんでしたが，受験などが終わっても，自分のために勉強はした方がよいのだと理解することができました。」→自分の立場

　　「先日は，お忙しい中，私たちのためにお時間をいただき，ありがとうございました。私が印象に残った言葉は，『スーパーの使命は，安全・安心な食を地域のお客様に提供すること』です。」→相手がしてくれた，言ってくれたこと

・否定的なことを中心に書く生徒には，体験で得られたことがわかる表記にするよう助言を行う。

　例）「たとえ相手の行動が失礼だとしても，丁寧に，嫌だと思わないように対応しているのではないかと考えました。」→どんなことを心がけているということを学んだのか問いかける。

6. 解　説

＜この二つの場面を取り上げたのは，なぜか＞

・評価場面❷は「お礼状を書く」という言語活動を通じ，「読み手の立場に立って，表現の効果などを確かめて，文章を整えている」という資質・能力を身につけるための最終段階（単元を総括する学習活動）であり，評価場面❶はそこに向かう過程の重要な一場面である。

・評価場面❶は手紙の形式が理解できているかを見取る場面である。前時までに収集した材料を用いて，手紙の書き方に沿って構成を考える。どの材料を選択し，どのような言葉遣いをすれば，読み手に感謝を伝えることができるのかを強調して指導したい。また，どのような点に注意して，下書き・点検をすればよいのか，観点を具体的に示す必要があるだろう。

・評価場面❶はその場や次時以降の指導に生かす形式的評価であり，評定には加味しない。ここで考えた内容が評価場面❷で再検討され，資質・能力を身につけさせられるからである。

・評価場面❷は，評価場面❶で下書きされた文章を，生徒が相互に評価し合い，よりよくするための方策について伝え合うことで，互いの作文能力を高めることをねらいとしている。そのため，実際に行うべき総括的評価は，伝え合いの過程ではなく，その結果，伝え合いを通して，生徒自身のお礼状がどのように変容したのか，について見取るようにしたい。

＜定期テストとの関連について＞

・手紙の書き方では，型を身につけ実際に活用できることが大切である。定期テストでは，手紙の型に関して「知識・技能」の観点で出題できる。全国学力・学習状況調査でも，こうした知識を問う出題が見られる（平成27年度六，平成31年度四など）。本単元の評価場面❶❷を通じ，手紙の型への習熟度を確認し，改めてテストで確認することも考えられる。

・上記のように「書くこと」について，ペーパーテストで「わかっているか」を測定することはできる。しかし手紙は相手の状況や季節，目的によっても内容を変える必要があり，テストで測定できるのは今回求めている資質・能力のほんの一部である点を考慮する必要がある。

俳句を創作する
単元名：Insta句会をしよう

教材　「短歌・俳句　表現の仕方を工夫して豊かに表す」(三省堂)
学習指導要領　〔知識及び技能〕(1) エ〔思考力・判断力・表現力等〕B (1) ウ・エ, B (2) ウ

1. 単元の評価と授業改善のポイント

　俳句の創作を通じ，語彙を増やし語感を磨きながら，自分の考えを的確に書き表す資質・能力を育てたい。伝えたい内容を限られた音数で効果的に表現する術として「一物仕立て」と「取り合わせ」の比較，俳句の「写生」に着目させる。その際，ICTを活用し，Adobe Express for school などのアプリで作品を提出させたり(写生の視点)，単元途中にYouTubeを視聴させたり(一物仕立て・取り合わせの比較)し，学習課題解決の糸口を捉えさせ過程と最終のパフォーマンスを評価する。

単元の学習課題　俳句のきまりや特徴を捉え，「Insta句会」で特選がとれる作品を創作しよう。

　句会を知っていますか？　「俳句の発表会と勉強会を兼ね備えた集まり」のことです。俳句を創作した後，作者を伏せて優秀作品を相互選出するコンテストのような会です。
　吟行に出かけて俳句創作をしてもらい，その後，学級で句会を行うのですが，今回は「Insta句会」を行います。Insta句会とは，Instagramのように投稿された加工画像を背景にして俳句を提出する句会です。みなさんは，創作した俳句の情景を表す写真を撮り，その画像をAdobe ExpressのInstagramストーリーを使って加工してください。その際，創作した俳句も必ず入れてくださいね。「特選」に選ばれるような俳句をつくりましょう。

条件
・お題は「学校」，季節は「夏」です。今回の単元は全6時間です。
・第3回目は俳句を詠みに出かける「吟行」です。学校の敷地内であればどこに行っても構いません。ただし，吟行は第3回目のみです。
・吟行の後，第5回目で「出句」をします。Adobe ExpressのInstagramストーリーを使って，創作俳句とその情景を加工した画像を作り，Google Classroomに提出してください。
・創作した俳句の解説文も書いてください。その際，創った俳句は「一物仕立て」なのか「取り合わせなのか」を明らかにしましょう。また，なぜその写真を採用したのかも書き表してください。第6回目の「Insta句会」の後に提出しましょう。

2. 単元の評価規準

知識・技能	思考・判断・表現	主体的に学習に取り組む態度
① 抽象的な概念を表す語句の量を増し，話や文章の中で使うことを通して，語感を磨き語彙を豊かにしている。((1)エ)	① 「書くこと」において，表現の効果を考えて描写したりするなど，自分の考えが伝わる文章になるように工夫している。(B(1)ウ)	① 粘り強く表現の効果を考えて自分の考えが伝わる俳句になるよう工夫しながら学習課題に沿って俳句を創作しようとしている。

3.単元の指導と評価の計画

学習活動	評価基準（Bの例）〔評価方法〕		教師の支援
○俳句の基礎を捉え，学習課題解決の方向づけをする。【評価場面❶】	知①	俳句において季語と場面を精選することの大切さを理解し，俳句を改作することを通して，作者の意図を表現した季語や場面を詠んでいる。[学習プリント，評価場面❶]	・定型（五七五），切れ字，体言止めなどの表現技法を確認させるために，既有の知識を問う。 ・季語を用い，情景を詠むことを捉えさせるために，教師の俳句例を改作させる。 ・学習の見通しをもたせるために，「道しるべプリント」を提示する。
	主①	※単元を見通して計画的に学習を課題解決するため提示するため，ここでは形成的評価とする。[道しるべプリント]	
○俳句創作に必要な知識を整理し，吟行の準備をする。 ○吟行をする。	知①	感動の中心によって一物仕立てと取り合わせが決まり，観察眼を磨くことが写生の視点を鋭くすると書き表している。[学習プリント]	・一物仕立てと取り合わせの考え方，写生の視点を捉えさせるために，「NHK for School」「夏井いつき俳句チャンネル」を紹介する。 ・一人称の視点を俳句に活用させるために，カメラと写生の考え方の共通点は何か問う。 ・一物仕立てと取り合わせの考え方を俳句に活用させるために，使えそうな語句を列挙させ，それらを組み合わせた効果を問う。
	思①	※指導に生かす形成的評価を行う。[学習プリント]	
○俳句を詠み，提出画像を創作する。 ○提出画像を完成させ，出句する。（Google Classroom）	思①	※指導に生かす形成的評価を行う。[学習プリント]	・作品をさらに吟味させるため，必要ならば再度吟行に出かけてよいことを告げる。 ・条件を満たす作品を提出させるために，俳句で伝えたいことと，画像選択の理由を述べさせる。
	主①	意図した情景を表現した俳句と画像を創作し，提出しようとしている。[学習プリント]	
○Insta句会をし，解説文を提出する。【評価場面❷】	思①	感動を効果的に表す語句の精選方法を一物仕立て・取り合わせ・写生を軸に捉え，自分の考えが伝わるように創作俳句を詠んでいる。[創作俳句解説文，評価場面❷]	・生徒の相互評価において，評価基準を明確にさせるために，一物仕立て・取り合わせ・写生を視点に選句させる。その際，Google formsを活用させる。

4. 評価場面❶：俳句の基礎を捉え，学習課題解決の方向づけをする（知①）

① 学習活動と発問

本時では，学習課題解決のために必要な知識の手がかりとなる学習内容を捉えさせ，ルーブリックをもとに方向づけをさせる。その流れを以下に確認する。

図1．クイズ問題

まず，単元の学習課題を示し，達成すべきパフォーマンスを確認させる。そして俳句の既習の知識を確認させるため，「俳句といえば何か？」を問うた後，「伊藤園『おーいお茶』新俳句大賞受賞作品」を参考にクイズを解かせる（図1，解答はバレンタイン）。

次に，学習課題解決の手がかりとなる知識を捉えさせる。ここでは俳句の定型，切れ字の種類，既習の表現技法を捉えるため，学習プリントに取り組ませる。

さらに，確認した知識を俳句で使用させるため，下記の学習課題（指導者の俳句を改善させる）に取り組ませる。このとき，改善のために必要なことは何か問い，俳句は「季語を入れること」，「感情を直接詠まず，情景を詠むこと」が大切だと確認させる。

そして，「一物仕立て：季語を中心に一つの事柄だけで一句を構成する方法」「取り合わせ：一見関係のない事柄同士を組み合わせて相乗効果を狙う構成方法」「写生：物や風景をよく観察し，あ

りさまを絵のように詠む方法」を捉える導入として生徒の改善作品を提示し「作者の視点はどこにあるか」を問う。

最後に，単元の見通しをもたせる。より具体的な方向づけをさせるため，「道しるべプリント」を提示する（図2）。その際，学習課題に加え，単元の達成目標，総時間，活動場所，句会までの流れ，評価するもの，評価する観点を明示する。

図2．「道しるべプリント」表面

学習課題

下記の場面①～③を表現して，先生も俳句を詠みました。でも，もっといい句にできそうです。よりよい俳句に改作してみよう。

補足説明　改善のために必要なことは何かを意識して改作し，感想も書きましょう。（季語を入れること，感情を直接詠まずに情景を詠むことなど）

場面①	場面②	場面③と詠んだ俳句
やばい……お小遣い使い果たした	すみません……お小遣いをいただけないですか	奥さんを怒らせちゃった悲しいな

② 評価のポイントと評価

　指導者の俳句をそれぞれ改作させた後，グループで交流し，ミニ句会を行う。その後，学習プリントに記述させる。

	おおむね満足（B）の例	十分満足（A）の例
評価基準	知① 俳句において，季語と場面を精選することの大切さを理解し，俳句を改作することを通して，作者の意図を表現した季語や場面を詠んでいる。	知① 俳句において，季語と場面を精選することの大切さを理解し，俳句を改作することを通して，作者の一番伝えたい意図を表現した季語や場面を詠んでいる。
生徒の活動の様子と記述例	**改善した俳句** 「刺す日射し　我の財布も　干からびる」 **改善した生徒の感想** 　状況だけで感情を表すことが思った以上にむずかしく，さらに今回は「奥さんから怒られている」状況を表現することができなかった。季語も入れながら，限られた字数で，表現し尽くすことはむずかしい。	**改善した俳句** 「空財布　妻の雷　夏終わる」 **改善した生徒の感想** 　状況を俳句に詠む作業は大変だった。季語，情景だけではなく，先生が示した状況のどの瞬間を表すのかが大事だし，面白いところだと思った。
判断の根拠	季節を表す言葉を入れること，感情ではなく情景を詠むことを捉えている。改善した俳句自体は，得た知識をすべて使っているとは言えないが，「今後どのように知識を使うことが有効か」という視点に立っている。	季語，情景を捉え，俳句を創作している。確認した知識を俳句に取り入れるだけでなく，取り合わせ・一物仕立て・写生の視点に立った「状況のどの瞬間を表すのか」について感想を述べている。

③ 指導・支援の手だて

努力を要する：Cの状況への支援

・定型句をつくることがむずかしい生徒には，タブレット端末を使わせ，夏の季語を調べさせる。その際，「サングラス」「蚊取り線香」など五音，七音の言葉に注目させる。また，その語句から感じ取れるイメージは何かを問う。

・感情を情景で表現することがむずかしい生徒には，「悲しい」からイメージする語句を列挙させる。その際，学習プリントにマインドマップを書かせ，連想を広げさせる。

BをAへ引き上げる支援

・状況を定型句で表現することに困っている生徒には，3枚のスライドのどの場面を詠もうとしているのかを問う。

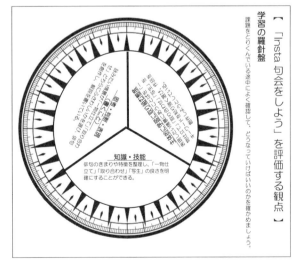

図3.「道しるべプリント」裏面

主体的に学習に取り組む態度の手だて

・方向づけの手だてとして，道しるべプリント裏面（図3）を確認させ，効果的な学習課題解決のためにはそれぞれの観点が一体となる必要があることを告げる。

5. 評価場面❷：Insta 句会をし，解説文を提出する（思①）

① 学習活動と発問

本時では，Insta 句会の後に自分の俳句の解説文を提出させ最終的なパフォーマンスを評価する。

学習課題

Insta 句会を行い，特選を選句しよう。

いよいよ，Insta 句会です。次の順序に従って選句をし，句会を進めていきましょう。

①まず，タブレットを準備しましょう。Google Classroom にみなさんが出句した Insta 俳句の一覧があります。その中から三句，これまでに学習したことを踏まえてすばらしいと思う句を選んでください。その句の番号と理由を Google forms に入力してください。ただし，自分の句を選んではいけません。

②入力結果から得票数が最も多い人が特選，次に秀逸，以下，天賞，地賞，人賞となります。選ばれた人は「これは自分の句です」と名乗ってください。

③Insta 句会の後，自分の創作した俳句の解説文を書き，提出してください。

---

② 評価のポイントと評価

ここでは，自分で詠んだ創作俳句とその解説文から，一物仕立て・取り合わせの精選方法を捉えることができたか，画像の選択から写生の特長を捉えることができたかを評価する。

	おおむね満足（Ｂ）の例	十分満足（Ａ）の例
評価基準	思① 感動を効果的に表す語句の精選方法を一物仕立て・取り合わせ・写生を軸に捉え，自分の考えが伝わるように創作俳句を詠んでいる。	思① Ｂに加えて，一物仕立て・取り合わせ・写生の特性を捉えて生かしながら創作俳句を詠んでいる。
生徒の活動の様子と記述例	  校舎裏に生い茂る欅が，夏になって青々とした葉をつけ，風に吹かれて力強く揺れている様子に注目し，一物仕立てで詠んだ。校舎を覆うように揺れる欅の画像を撮影した。 「橙色の空」と，空に響く「笑い声」という二つの視点をぶつけること（取り合わせ）で句の面白みを出そうとした。画像は校舎の頭上に広がる空に笑い声が響いている瞬間を撮影した。	 「しんとした空き教室の静寂を蝉の声が破った瞬間の感動」を詠んだ。選択した「蝉の声が静寂を破る場面」は，動きのある面白い場面なので，一つの対象物にしぼることで注目を集める「一物仕立て」がふさわしいと判断して詠んだ。画像は，静かな空き教室と，蝉の鳴き始めたにぎやかな外の様子が一緒に映るように撮影した。
判断の根拠	それぞれ，自分の詠みたい情景が一物仕立てと取り合わせのどちらにふさわしいかを判断して詠んでいる。また，一物仕立てや取り合わせの視点にふさわしい一場面を抜き出し，画像に採用している。	Ｂに加えて，一物仕立ての効果と，自分の詠みたい場面の解釈を踏まえて詠んでいる。

3 指導・支援の手だて

努力を要する：Cの状況への支援

・前時の活動で，提出画像創作が難航している生徒に手だてを講じる。まず，「写生」の視点を捉えさせるために，正岡子規の俳句「いくたびも　雪の深さを　たずねけり」の画像はどのようなものがよいか問う（もしくは，指導者が画像例を二つ示して比較させ，その理由を問う）。

・次に，一物仕立てと取り合わせの視点を捉えさせるために，情景に合う五，七文字の語句を列挙させ，それらを組み合わせた俳句を創作させる。その俳句が，一つの事柄を中心に構成したものなのか，二つの事柄を組み合わせたものなのかを判断させる。

・前時までの，生徒が主体的に学ぶ過程で，この単元の核となる学習内容（一物仕立て・取り合わせ・写生）を十分捉えきれなかった場合を想定し，「単元の解説プリント」を作成し配付する。

6. 解説

＜この二つの場面を取り上げたのは，なぜか＞

・評価場面❶は学習課題解決のために必要な，土台となる知識を確認し，方向づけをする時間である。現在，知識基盤社会といわれて久しい。たくさん物事を知っているだけではなく，既有の知識を使いこなしながら何ができるかが問われる社会である。だからこそ，学習課題解決の最初の段階で，「知っていることは何か」「足りない情報は何か」「学習課題解決に使えるもの，こと，時間」を見極める力を育成する必要がある。評価場面❶はその資質・能力を育成するために設定した。「俳句の定型」「切れ字」「表現技法」【知識・技能】を捉えさせるだけでなく，「どのように学習課題を解決していくか」【主体的に学習に取り組む態度】を評価する。ただし，【主体的に学習に取り組む態度】の評価は単元を通して行うため，ここでは取り扱わない（自らの学習を調整しようとする側面を見取る一つの材料となる）。

・評価場面❷は総括的評価の場面であり，「道しるベプリント」に示したルーブリックに沿って評価を行う。単元の最初に「学習の羅針盤」（図2・3）として示したのは「指導と評価の一体化」のねらいがある。つまり最初にこれから何を学び，評価されるのかを捉えさせ，学習課題を効果的に解決するためには三つの資質・能力を一体として働かせる必要があると認識させるためである。教師はルーブリックに示したものに生徒がどう近づいたかを評価する。

＜定期テストとの関連について＞

・「俳句を味わう感性」を評価することはむずかしい。よって，定期テストでは学習内容を一物仕立て・取り合わせ・写生に限定せずに出題する。

> **出題例** どちらの俳句の方が特選句にふさわしいと思いますか。選んだ俳句のよさについて，根拠を明らかにしながら述べてください。
>
> | Ａ　「花火見る　君の瞳の　花火見る」 | Ｂ　「勝てるぞと　たたく背中や　青嵐」 |
> |---|---|
>
> （出典　学校法人神奈川大学広報委員会編 (2016)「17音の青春　2016」角川書店）

> **解答例**　　私はＡの方がいいと思います。Ａは，初句と結句に「花火見る」と反復法を使っていて，リズムがよいです。また，中句で「君の瞳」と詠むことで，花火を一緒に眺めつつ，相手の顔ものぞき込んでいる情景が読み取れます。Ｂは，切れ字や体言止めを使っていますが，限られた字数なのに，同じ語句を使っても，鮮やかな情景を思い起こさせるＡの方が優れていると思います。

解説文を読んで考えたことを文章にまとめる
単元名：図表の効果を読み取ってレポートを作成しよう

教材　「クマゼミ増加の原因を探る」（沼田英治，光村図書）

学習指導要領　〔知識及び技能〕(1)オ〔思考力・判断力・表現力等〕C(1)ア・ウ，C(2)ア

1. 単元の評価と授業改善のポイント

　PISAショック以来，文字以外の情報を読み取る力の育成が必要とされ，写真や図表が載せられた文章も取り上げられるようになった。本単元で扱う文章には図表が数多く使われているので，単元の学習を通じて文章と図表の関係を的確に読み取る資質・能力を育成したい。まずは文章の構成や筆者の主張を正確に理解し，それを踏まえて図表を用いることの効果を思考・判断させる。そして，実際に図表を用いたレポートを書かせることで，学んだことを他の面から捉え直させることをねらいとした。図表の効果を思考・判断する場面とレポートの振り返りの場面を評価する。

単元の学習課題

図表を使い，「言葉」に関することをテーマにしたレポートを作成しよう。

　今回の学習では，図表を効果的に使ったレポートを書くことを最終的な目標にしています。とはいえ，すぐに書けるわけではないので，三つの段階に分けて進めていきます。

①まずは，「クマゼミ増加の原因を探る」という文章を読み，文章の内容を理解するとともに文章の構成を捉えます。

②次に，文章中に使われている図表について考えます。まず図表が使われている部分を文章と照らし合わせて，筆者の意図と図表を用いることの効果を個人で考えます。次にグループで話し合い，考えを深め，次のレポート作成に生かします。

③最後に，読み取った図表の効果を生かし，図表を使ったレポートを書きます。①②で学習したことを生かして事前に準備をし，授業時間内に作成して提出してください。また，「振り返りシート」をもとに自分が書いたレポートを見直し，学習のまとめをしてください。

条件
・「言葉の力」の学習内容を踏まえ，「言葉」に関するテーマにすること。
・例を参考にして，図表を必ず使うこと。
・できるだけ多面的な角度から調べた資料を用いること。

2. 単元の評価規準

知識・技能	思考・判断・表現	主体的に学習に取り組む態度
① 話や文章の構成や展開について理解を深めている。((1)オ)	① 「読むこと」において，文章全体と部分との関係に注意しながら，主張と例示との関係などを捉えている。(C(1)ア) ② 「読むこと」において，文章と図表などを結び付け，その関係を踏まえて内容を解釈している。(C(1)ウ)	① 積極的に文章と図表などを結びつけ，学習の見通しをもって考えたことをレポートにまとめようとしている。

3. 単元の指導と評価の計画

学習活動	評価基準（Bの例）〔評価方法〕	教師の支援
○文章の大まかな構成を捉える。 ○全文を通読し語句を整理する。 ○「研究のきっかけ」に示された問題提起と, それに基づく仮説を確かめる。	知① ※知①の評価に生かすための簡単な見取りを行う。〔ワークシート〕	・問題提起や仮説を見つけられない生徒には文末に着目するよう指導する。
○全体と部分の関係に注意して構成の効果を考える。 ○「前提」に書かれた内容を確かめ, 筆者が三つの仮説の前にこの部分を置いた理由を考える。 ○線や矢印を使って六つの段落の関係を整理する。	知① 文章の構成を理解している。〔ワークシート〕	・適宜グループワークを行い, 考えが深まるよう働きかける。 ・最後は全体で確認し, 全員にきちんと理解させる。
○文章と図表の関係に注意して, 内容を読み取る。 ○三つの仮説に対する検証の内容と結果を, それぞれ文章中の言葉を用いて簡潔にまとめる。 ○「研究のきっかけ」に示された仮説は証明されたといえるか, 「まとめ」を読んで自分の考えを説明する。 ○「科学的な根拠を一歩一歩積み上げて臨む」筆者の姿勢は, どこに表れているかを考える。	思① 文章全体を読み返し, 主張と例示との関係などを捉えながら, 文章中の言葉を根拠にして自分の考えをまとめている。〔ワークシート〕	・三つの仮説への検証の内容と結果について, それぞれデータなどの具体的な事実をもとにまとめるよう指導する。 ・「仮説が証明されたといえるか」について, 根拠がはっきりしていれば, どちらの立場を選んでもかまわないことを確認する。 ・自分の考えを書けない生徒には, これまでの学習をもう一度見直すよう働きかける。
○図表の効果を確認する。 ○文章中で使われている図表と文章を照らし合わせ, 図表を用いる目的や効果を考える。【評価場面❶】 ○次時の予告を確認する。	思② 選んだ図表について, 文章中の図表と文章の関係を踏まえてその効果を説明している。〔ワークシート, 評価場面❶〕	・適宜グループワークを行い, 図表の目的や効果について考えが深まるよう働きかける。 ・次時の予告の際, 作成するレポートでは必ず図表を使うこと, 言葉に関するテーマであることを確認する。
○図表を活用し「言葉」をテーマにしたレポートを書く。 ○学習を振り返る。 ○自分のレポートを読み直し, 観点に沿って振り返る。【評価場面❷】	主① 自作したレポートにおける図表の効果について, 三つの観点に沿って客観的に振り返ろうとしている。〔レポート・ワークシート, 評価場面❷〕	・自分のレポートにおける図表の効果について客観的に見直すよう指導する。また, 次に生かせる点も必ず書くよう指導する。

123

4. 評価場面❶：文章中で使われている図表と文章を照らし合わせ，図表を用いる目的や効果を考える（思②）

① 学習活動と発問

　ここでは，生徒が図表の効果を客観的に理解したうえで，自分のこととして捉え直させる学習課題を取り上げる。以下に学習課題を提示するまでの授業の流れを示す。

　前時までに生徒は「クマゼミ増加の原因を探る」という文章を読み，「問題提起―前提―三つの仮説―まとめ」という構成を捉えて筆者の考えや姿勢を読み取ったうえで，筆者の主張に対して自分の考えをもったり，筆者の説明の手順の工夫を考えたりといった活動を行っている。本時は，そうした内容理解を踏まえて，文章中に使われている図表の効果を考えさせる時間である。

　本時は導入で，九つある図表の中から最も考えやすいと思われる写真の効果を全体で確認した。具体的には教科書のように「文章＋セミの写真が載せられたもの」と「文章だけのもの」を提示し，比較させることによって，視覚情報の有効性を生徒に実感させる。

　次に，残りの図表について個人で考えさせたあと，グループでの話し合いをさせる。ここでは多様な考えを出し合うことが大切だと考え，日常的な活動を行っている生活班（5〜6人）で活動させる。また，話し合いではそれぞれのグループに一つずつ図表を割り当て，まとめさせることとする。また，生徒の実態によっては，考えをさらに深めさせるために，ジグソー学習の手法を取り入れて，個人でまとめたあとに同じ課題の生徒同士で話し合わせる活動を入れることも有効である。

　最後に，話し合った内容をグループごとに発表し，質疑応答のあと教師が適宜補足説明をしながらまとめ，全体で共有する。ここまでの学びをきちんと整理しておくことがこのあとの活動に大きくかかわってくるので，発表の進行は教師主導で行い，まとめについても生徒の発表を整理しながら教師が行うこととする。

　学習課題は，全体でそれぞれの図表の効果を発表・交流した後に提示する。学習のまとめとして図表を用いたレポートを書くことは，最初の授業で示しているが，この場面で学習課題を提示することが，これまで学んできたことをどのように活用するかという思考の転換を促すきっかけとなり，次時の活動に目を向けさせることをねらいとしている。学習課題は以下のように提示する。また，次時へのつながりを明確にするため補足説明も全体の場であわせて行い，その後の活動の中でも適宜個別指導を行う。

> **学習課題**
>
> 「クマゼミ増加の原因を探る」で使われていた図表の中で，特に使い方が効果的だと思ったものをあげよう。また，その理由を具体的に書こう。（図表はいくつ取り上げても構いません。）
>
> **補足説明** 最初の時間に説明した通り，次の時間には図表を使ったレポートを書いてもらいます。もう一度それぞれの図表と文章の関係を見直し，自分のレポート作成や日常生活の参考になったり，気をつけたりすることがないかも考えてみましょう。

② 評価のポイントと評価

　発問以前に話し合ったことのまとめをし，全体で知識を共有しておく。それを受けて発問し，自分の考えを記述させる。その際，その図表を選んだ理由を見て，ここまでの学習状況を把握する。

	おおむね満足（B）の例	十分満足（A）の例
評価基準	思① 選んだ図表について，文章中の図表と文章の関係を踏まえてその効果を説明している。	思② 選んだ図表について，文章中の図表と文章の関係を踏まえてその効果を説明するとともに，他の場面に活用する内容を述べている。
生徒の活動の様子と記述例	写真：クマゼミを見たことがない人にも，それがどんなセミなのかが，言葉だけで説明するよりもはっきりわかるから。 図3〜5：棒グラフを使うことで，両者を比べたときにほとんど差がないことがはっきりわかるから。 図7：この検証の場合，図を縦に並べた方が比較がしやすく，クマゼミが固い土に潜れることがはっきりするから。	写真：セミの場合は，実物を見せることでどんなセミか伝えられ，効果的だと思った。ただ，災害がテーマの文章など，写真を使わない方がよい場合もあると思うので気をつけたい。 図3〜5：複数のグラフを並べることで検証結果がよりはっきりすることがわかったから。ニュースや新聞でも図表が多く使われているので，どのようなねらいがあるかを考えたい。 図7：図が縦に並べられているので，クマゼミだけが固い土に潜れることがはっきりするから。自分のレポートで図を使うときも，図をどう配置するか気をつけたい。
判断の根拠	それぞれ図表の効果を説明している。	それぞれ図表の効果を説明するとともに，マイナスの面も考えたり，日常生活にも目を向けたり，自分が書く場面に生かそうとしたりしている。

③ 指導・支援の手だて

努力を要する：Cの状況への支援

・全く書けずにいる生徒に対しては，まず九つの図表および効果のまとめをもう一度見直すよう指示する。その後，最初の説明で提示した資料（「文章＋セミの写真が載せられたもの」と「文章だけのもの」）を提示し，どう違うかを問いかけ，考えを整理させたうえで，他の図表でも同じ要領で考えるよう指示する。

・具体的な記述が書けていない生徒に対しても，やはり図表がある場合とない場合を比較した場合でどう違うのかを問いかけ，考えるように指導する。（その際，必要に応じて上記の「最初の説明で提示した資料」を提示しながら指導する。）そして，比較したうえで気づいたことを確認し，図表があると「何が」「どのように」わかりやすいのかを具体的に記述するように指導する。

BをAへ引き上げる支援

・この活動は学習のゴールではなく，ここまでの学習のまとめであり，次の活動へつながるものだという観点で考えるよう指導する

・数多くの図表を取り上げているが，一つ一つの図表に対して考えを深められていない生徒については，補足説明で行った「次の時間に行う，図表を使ったレポートを書くという活動のためにこの活動がある」ことを再度示し「相手にわかりやすいレポートを書くためにはどういう点に気をつければよいか」と問いかける。

5. 評価場面❷：自分のレポートを読み直し，観点に沿って振り返る（主①）

① 学習活動と発問

　ここでは，学習のまとめとして自分が作成したレポートを読み直し，振り返る場面を評価する。評価場面❶を含め，単元全体で身につけた力を生かして作成したレポートを客観的に捉え直すことが求められる。詳細は本稿の初め（p122）に【単元の学習課題】として記している。

> **学習課題**
>
> **自分のレポートを読み直して，三つの観点に沿って振り返ろう。**
>
> 観点1：レポートの構成にしたがい，図表を用いて文章をまとめることができたか。
> 観点2：効果を考えて図表を使えたか。
> 観点3：学習全体を振り返り，図表の効果について考えたことを書こう。
>
> **補足説明** ここで大切なことは，「客観的に振り返る」ということです。もちろん「できた」と思ったところは「できた」と評価して構いません。しかし「十分ではなかった」と思ったところは「十分ではなかった」と評価することが正しい自己評価です。客観的に振り返ることで自分の学びの広がりや深まりと共に課題も見え，次の学習に生かすことができるのです。

② 評価のポイントと評価

　振り返りの記述の内容を，実際に書かれたレポートと照らし合わせて評価する。自分のレポートを客観的に振り返ることができているか，今後の学習に生かす視点をもっているかを見る。

	おおむね満足（B）の例	十分満足（A）の例
評価基準	主① 自作したレポートにおける図表の効果について，三つの観点に沿って客観的に振り返ろうとしている。	主① 自作したレポートにおける図表の効果を三つの観点に沿って客観的に評価し，課題や改善点を具体的にあげながら次の学習に生かそうとしている。
生徒の活動の様子と記述例	**観点1**：教科書や資料集を参考に，レポートの書き方の手順通り図表を用いて文章をまとめることができた。 **観点2**：どの図表を使ったらより伝わりやすいかを考えて，折れ線グラフを選んだ。 **観点3**：実際にレポートを書いてみて，「言葉」という今回のテーマでは，図表を使った方が相手に伝わりやすいことがわかった。	**観点1**：教科書や資料集を参考にし，手順通り書けたが，色分けなどをしてもっと見やすくすればよかったというのが反省点。 **観点2**：図表を複数使って効果的に伝えようとしたが，読み返してみるとどちらか一方の図表のみでも差がないと感じた。図表の選び方に問題があったかもしれない。 **観点3**：実際にレポートを書くことで図表の役割がよりよくわかった。理科や社会の教科書にも図表が多くあるので，学んだことを生かし，文章との関連に気をつけて読むようにしたい。
判断の根拠	実際に書いたレポートと照らし合わせて，三つの観点について客観的に振り返っている。	実際に書いたレポートと照らし合わせて，三つの観点に沿って客観的に評価している。また，学んだことや反省点，あるいは生かしたいことを具体的に書いている。

③ 指導・支援の手だて
努力を要する：Cの状況への支援

・全く書けずにいる生徒に対しては，自分が書いたレポートを見て観点1について「できた」ことは何で，「できなかった」ことは何かを問いかけ，そこで出てきたことを整理するように指導する。そのうえで，「何が」できて「何が」できなかったのかを具体的に書くように指導する。観点1について書けたら確認し，同様の手順で観点2〜3についても書くように指導する。

・具体的な記述が書けていない生徒に対しても，まずは「できた」ことと「できなかった」ことは何かを問いかけ，整理させる。そのうえで，それぞれについて具体的に気づいたことを書くように指導する。

6. 解説

＜この二つの場面を取り上げたのは，なぜか＞

・評価場面❷は今回の学習課題のゴールの場面（単元を総括する学習活動）であり，評価場面❶はその前提となる「思考・判断・表現」の学習状況を評価する場面である。

・評価場面❷で「主体的に学習に取り組む態度」の単元の評価規準である「積極的に文章と図表などを結びつけ，学習の見通しをもって考えたことをレポートにまとめようとしている」を実現するために必要な資質・能力を身につけさせるよう，評価場面❶を設定している。

・「積極的に文章と図表などを結びつけ，学習の見通しをもって考えたことをレポートにまとめようと」するためには，ただ図表を使えばいいというわけではなく，図表を効果的に使うためにはどのような工夫が必要かを考える必要がある。

・「クマゼミ増加の原因を探る」は図表が九か所で使われており，写真・グラフ・模式図と場面に応じて使い分けられている。また，複数のグラフを組み合わせている，さまざまなグラフの配置をしている，グラフを色分けして一目で違いがわかるようにしているなど，筆者の工夫が随所に見られる。これらの工夫を多様な視点から分析し，その効果について正しく思考・判断・表現させたい。そのため，レポート作成の前に図表の効果的な使い方について理解を深め，まとめであるレポート作成につなげる機会として，評価場面❶を設定した。

・評価場面❷は，評価場面❶で学習したことを活用して作成した自分のレポートを客観的に見直し，図表を効果的に使おうとしているかを評価する。自らの学びをメタ認知できているかという点で「主体的に学習に取り組む程度」の評価となるが，図表を効果的に活用したレポートを作成することができているかという点では，「思考・判断・表現」を評価する材料の一つとすることも可能であろう。

＜定期テストとの関連について＞

・評価場面❶で確認した図表の効果については，同じ文章で出題すると単なる知識の確認になってしまうので，別の図表を用いた文章を出題し，その効果を問うことで評価することが可能である。また，図表を複数にしたり，記述式にするか選択式にするか選んだりするなど，出題の工夫によって難易度も変えることができる。

・上記のように，ペーパーテストで図表の効果を「理解しているか」を図ることは十分可能である。しかし，初見の文章を読ませることになるので，難易度は高くなることが予想される。定期テストで出題すると，他の出題とのバランスを図ることも必要となるため，授業内でテストすることも考えられる。

第2学年　読むこと②

小説を読んで引用しながら考えを伝え合う
単元名：物語世界と日常世界の「色」を結びつけて「走れメロス」を読もう

教材　「走れメロス」（太宰治，東京書籍）

学習指導要領　〔知識及び技能〕(2)ア〔思考力・判断力・表現力等〕C (1)イ・オ，C (2)イ

1. 単元の評価と授業改善のポイント

　作品の登場人物の言動の意味を考えるなどして精査・解釈した内容を，作品の表現や自らの知識・経験と結びつけたり，それを他者と交流したりすることで考えを形成する資質・能力を育成したい。子どもたちの普段の読書では，「色彩語」に着目して読みを深めるような経験は少ないと思われる。本単元では，物語の中で作者が意図的に表現している「色彩語」に気づき，自身の知識・経験や登場人物の言動の意味と結びつけ，考えを広げたり深めたりしていく。その際，授業のねらいに即した「言葉による見方・考え方」を働かせて精査・解釈しているかどうかについて，形成的評価を行う。また，単元の後半では，形成された考えを交流活動やパネルディスカッションを通して他者のものと比較・検討し，批判的に考えながら洗練させていく。その過程が可視化できるワークシートを工夫し，これを単元終了時に総括的評価の材料とする。「思考・判断・表現」については，学習課題とともにルーブリックで成功の度合いと，それに対応するパフォーマンスの特徴をあらかじめ示し，生徒，教師ともにめざす姿を明確にする。

単元の学習課題　メロスを象徴する赤はどんな赤ですか。パネルディスカッションで議論しよう。

　「激怒」や「赤面」などの感情を表す赤，「血」の赤，「夕日」や「夕日を受けてきらきら光る塔楼」など風景の赤，「緋のマント」……。「走れメロス」にはメロスを印象づける赤や赤を思わせる描写が多数登場します。メロスを象徴する色を赤と考えたとき，メロスについてあなたはどんな赤をイメージしますか？　タブレットで，色を調整して表してみましょう。
　また，その赤はメロスのどんな言動に結びついていると考えられますか？　あなたの生活の中にある赤色のイメージと人物の言動の意味を結びつけながら解釈したことを，パネルディスカッションでさらに広げたり深めたりしていきましょう。

2. 単元の評価規準

知識・技能	思考・判断・表現	主体的に学習に取り組む態度
① 意見と根拠，具体と抽象など情報と情報との関係について理解している。（(2)ア）	① 「読むこと」において，登場人物の言動の意味などについて考えて，内容を解釈している。（C(1)イ） ② 「読むこと」において，文章を読んで理解したことや考えたことを知識や経験と結び付け，自分の考えを広げたり深めたりしている。（C(1)オ）	① メロスの言動の意味と色彩語，知識・経験を結び付けながら粘り強く考え，見通しをもって，交流やパネルディスカッションの議論で活用するための最終的な意見としてまとめようとしている。

3. 単元の指導と評価の計画

学習活動	評価基準（Bの例）〔評価方法〕		教師の支援
○全文を通読する。 ○メロスとディオニスを象徴する色を各々赤と青として考えを深めることを確認し，根拠となる表現を探す。 ○単元の学習課題を知る。 ○ディオニスの青色について全体で考える。【評価場面❶】	思①	ディオニスを象徴する青色について，言動の意味や人物像，色彩語，青のイメージと結びつけて解釈している。[活動の様子，評価場面❶] ※ここでは指導に生かす形成的評価を行う。	・教師は，タブレットをモニターに映し，学級全体の意見を聞きながら，モニター上で色を調整したり，キーワードを書き込んだりして，これからの学習活動のイメージをもたせる。
○イメージしたメロスの赤色をApple Keynoteなどで調整し，それにキーワードを書き，パネルディスカッションの提示資料を作る。 ○作り出した赤色の説明を，言動の意味や知識・経験と結びつけてまとめる。 ○作成した提示資料を用いて班で考えを交流するとともにパネリストを決定する。	知①	メロスの言動の意味と赤のもつイメージを結びつけて考え，意見と根拠を整理してまとめている。[ワークシート]	・自分のイメージする赤色を作り出す前に，教師が提示した2種類の赤色を見て，より自分のイメージに近い方を選び，近くの人と交流させる。 ・色を認識しづらい生徒への配慮として，生徒が作り出した赤色の背景や，赤色の上に書くキーワードの文字は白色にする。
	思①	メロスの言動の意味を考え，内容を解釈している。[ワークシート]	
○パネルディスカッションの方法を知る。 ○パネルディスカッションを行う。	主①	交流やパネルディスカッションを通して，友達と自らの考えを比較して考えたことや，気づいた内容をまとめようとしている。[ワークシート] ※指導に生かす形成的評価を行う。	・パネリストはできるかぎり意見が異なる者同士になることが望ましく，代表者の意見が重なった場合は再検討する。 ・コーディネーターは教師が行い，パネリストの考えを価値づけたり，質問や議論を促したりして会を進行する。 ・「メロスは真の勇者と言えるか？」を討議の柱とし，頃合いを見計らって議題にする。
○最終的な自分の考えを発問に即してまとめる。【評価場面❷】 発問：あなたがパネリストなら，どんな資料を提示し，どんな考えを発表しますか？	思②	本文に登場するメロスの言動や人物像，色彩語を捉えながら，自らの知識や経験，学習を通して得た新たな視点と結びつけ，自分の考えを明確にしている。[ワークシート，評価場面❷]	・ルーブリックを示し総括的な評価の観点を共有する。
	主①	パネリストとして，発表や提示資料の見通しを立てて課題を解決しようとしている。[振り返りシート]	

4. 評価場面❶：ディオニスの青色について全体で考える（思①）

１ 学習活動と発問

単元の学習課題を，「走れメロス」をさらに深く読むために，メロスを象徴する赤色についてパネルディスカッションで議論する」と設定した。その際に提示する資料（資料１）をプレゼンテーション用アプリであるApple Keynoteを使って作る。明度と彩度を簡単に調整できるため，自分のイメージする赤色も簡単に作り出すことができる。これは，パネルディスカッションでの自分の立場を明確にしたり他者との議論を生み出したりする一助とするものである。この提示資料作りを以下の手順で行う。

まず，「メロスの赤色はどんな赤だろうか？」と問いかけ，赤という色とメロスの人物像を関連づけて考えさせる。できた赤色を他者のものと比べるとその捉え方に微妙な違いがあることが明確になる。

そこで，「それぞれの赤色の捉え方に違いがあるのはなぜだろうか？」と疑問を投げかけたうえで交流につなげていく。この交流によって，各自の感覚的な「赤」や漠然と抱いていたメロスのイメージに対する捉えを言語化して説明することになる。

資料１ 「英雄」とイメージするメロスの赤を調整し，提示資料の背景にする様子（Apple Keynote）

最後に，作り出した赤色を背景に，メロスの人物像とその赤色の関係性について考えたことをキーワードで簡潔に示し，パネルディスカッションの提示資料にする。

まず自分の考えを明確にもっておくことが，パネルディスカッションで他者と交流する際の動機づけとなる。その意味でも，実際のパネルディスカッションに入る前のこの活動は重要である。

そこで，評価場面❶の学習活動では，メロスについて考える前に類似の学習課題として「ディオニスを象徴する青」についての提示資料を学級全体で作成することとする。その際，教師がApple Keynoteを操作し，モニターに映して全体に示すことで子どもたちが機器の操作方法について理解する手だてとする。同時に，ディオニスの言動の意味や人物像と青のイメージを結びつけて考える活動をみんなでやることによって，メロスの言動の意味や人物像と，色彩語や赤色のイメージをどのようにつなげることで考えを深めていくのかもイメージできることとなる。教師は，生徒が言動の意味や人物像と色彩語，知識・経験を結びつけて考えられているかをその発言から見取り，褒めたり修正したりして返す。子どもたちが自由に発言できる楽しい雰囲気で授業を進めていきたい。

発問

①ディオニスを象徴する色を「青」とした場合，それはどんな青ですか？
（教師は，モニター上でApple Keynoteを実際に操作しながら，生徒のイメージに近い青を作り出す）

②どのようなディオニスの言動や人物像が根拠になりますか？
（教師は，生徒の発言を黒板にまとめる）

③みなさんが作った青とディオニスの言動や人物像を一単語でまとめると，どんな言葉になりますか？（教師は，ディオニスを象徴する一単語をスライドに入れる）

② 評価のポイントと評価

　ここでは，本文から読み取ったディオニスの言動や人物像，色彩語をもとに青のイメージと結びつけて解釈できているかを見取る。

	おおむね満足（B）の例	十分満足（A）の例
評価基準	思① ディオニスを象徴する青色について，言動の意味や人物像，色彩語，青のイメージと結びつけて解釈している。	思① ディオニスを象徴する青色について，多面的に捉えた言動の意味や人物像，色彩語，青のイメージと結びつけて解釈している。
生徒の活動の様子と記述例	キーワード 冷酷 他人を信じられず近親者を次々と殺す残虐性や，メロスの申し出に対し，それを利用しようとほくそ笑むずる賢さには，他人を思いやれない冷たい氷のような青をイメージさせる。	キーワード 孤独 他人を信じられず近親者を次々と殺す残虐性や，メロスの申し出に対し，それを利用しようとほくそ笑むずる賢さは，他人を思いやれない冷たさと，人とのかかわりの温かさを知らない寂しさといった寒々と冷たい青や，空虚でむなしい青をイメージさせる。
判断の根拠	ディオニスの残虐な行為や言動に目を向け，氷の青の冷たいイメージと重ねて読むことができている。しかし，ディオニス側の立場で考えるには至っておらず，一側面からの人物像を捉えているといえる。	ディオニスの残虐な行為や言動に目を向け，青の寒々と冷たいイメージと重ねて読むことができている。また，「人とのかかわりの温かさを知らない寂しさ」といったディオニス側の立場にも思いを至らせ，「空虚でむなしい」と表現しており，多面的に人物像を捉えているといえる。

③ 指導・支援の手だて

努力を要する：Cの状況への支援

・ディオニスを象徴する青色自体に明確なイメージをもてていない生徒には，似ているけれど違いのあるものと「比較」させることで，イメージを明確にもたせたい。例えば，青という色のイメージや，美術で学習している青という色についての知識などをあげさせ，「その青とディオニスの青は同じか？」と問い，ディオニスの「青」を際立たせていく。

・ディオニスを象徴する青色のイメージはもてているが，本文中のディオニスの言動から根拠を探し出せていなかったり，根拠は探せていてもそれと結びつけることができていなかったりする生徒には，まず，イメージしている青色から言語化させてみる。「この青にはどんなイメージがあるのか？」と尋ね，生徒によって言語化されれば，「それにつながるようなディオニスの言動はないか？」と助言する。

BをAへ引き上げる支援

・「ディオニスには他の側面はないか？」「青にはその他のイメージはないか？」など，多面的な捉え方ができるように助言してもよいが，この時点では，ディオニスの言動や人物像の一側面からその他の情報とつなげて考えられているだけでも十分である。この後，メロスを考えていく活動を通して，ディオニスについても多面的に考えようとする姿勢をもたせたい。

5. 評価場面❷：最終的な自分の考えを発問に即してまとめる (思②)

① 学習活動と発問

　ここでは，単元の学習課題に対する最終的なパフォーマンスを評価する。生徒たちはすでに，代表者がパネリストとなって行ったパネルディスカッションを体験している。その体験による考えの広がりや深まりをもとに，考えが再構成されることをねらう。そこで「自分がもし（もう一度）パネリストだったら」という設定で，再度考えをまとめるのである。時間に余裕があれば，実際にコーディネーターも子どもに任せて再度パネルディスカッションを行い，全員にパネリストの体験をさせてみるのもよいだろう。「話すこと・聞くこと」の領域とつなぐ単元づくりも考えられる。

> **発問** あなたがパネリストなら，どんな資料を提示し，どんな考えを述べますか？
>
> 本文に登場するメロスの言動や人物像，色彩語と，パネルディスカッションを経て得た新たな視点や自分の知識や経験などを結びつけ，最終的な考えをまとめましょう。

② 評価のポイントと評価

　本文から読み取ったメロスの言動の意味や人物像を，色彩語や生活の中の赤のイメージと結びつけて考えられているかどうかを見る。

	おおむね満足（B）の例	十分満足（A）の例
評価基準	思② 本文に登場するメロスの言動や人物像，色彩語を捉えながら，自らの知識や経験，学習を通して得た新たな視点と結びつけ，自分の考えを明確にしている。	思② 本文に登場するメロスの言動や人物像，色彩語を捉えながら，自らの知識や経験，学習を通して得た新たな視点と結びつけたうえで，再び本文を確かめて自分の考えを広げ深めている。
生徒の活動の様子と記述例	◆提示する資料 ・キーワード [英雄] ・赤色の説明…明るく目立つ鮮やかな赤色 ・赤のイメージ…目立つ，主役，ヒーロー ◆考え メロスは邪悪に対して人一倍に敏感で，よその村のことなのに王様が人を殺すことに激怒し，「生かしておけぬ」と短剣を持って王城に向かっている。行動力があり，悪を許せず人々を守ろうとする正義感は，まるで戦隊もののヒーローさながらであると感じた。少女からささげられた緋のマントも，アニメやテレビ番組に登場するヒーローの赤いコスチュームを連想させ，「英雄」がメロスのイメージに合っていると思った。	◆提示する資料 ・キーワード [熱血漢] ・赤色の説明…燃えるような赤に少しだけ黒や青が混ざった赤色 ・赤のイメージ…目立つ，主役，ヒーロー，感情的，自己中心的，警告，血なまぐさい ◆考え 最初，メロスは正義感の強い英雄のようだと考えていたが，○○さんの「メロスの『生かしておけぬ』という考え方は，王と同じだ」という意見を聞き，メロスの違う面に思い至った。もう一度本文を読むと老爺一人の話だけを聞いて王城に向かうメロスの姿があり，学校生活に置き換えると，噂話を聞いて確かめもせずに友達を誤解してしまうことと似ている。情熱家の側面もあるが，自分の思いが強すぎて少し非常識な部分ももち合わせた「熱血漢」がメロスのイメージに合うと思った。

判断の根拠	王に対して「生かしておけぬ」と激怒し、王城に向かうメロスの言動を「行動力」と評し、「緋のマント」やアニメやテレビ番組に登場するヒーローの赤と結び付けて「英雄」とまとめている。本文に戻って確かめることはしていないが、知識や経験と結びつけ、考えを広げていると言える。	友達の意見を受けてメロスの人物像を捉え直そうと本文に戻り、「老爺一人だけの話を聞いて王城に向かうメロス」の姿を確認し、学校生活のたとえとつなげて、「思いが強すぎる」などの新たな視点で考えを広げ深めている。目的を達成したメロスの行動を「勇者」と評価しつつも、人物像が「英雄」から「熱血漢」と再構成されている。

③ 指導・支援の手だて

努力を要する：Cの状況への支援

・メロスを象徴する赤色のイメージを思い描けない生徒に対しては、まずは赤色にこだわらずに、メロスの第一印象を一言で表すように助言する。

・メロスを象徴する赤色のイメージはもてているが、本文中のメロスの言動から根拠を探し出せていなかったり、根拠は探せていてもそれと結びつけることができていなかったりする生徒には、まず、イメージしている赤色から言語化させてみる。「この赤にはどんなイメージがあるのか？」と尋ね、生徒によって言語化されれば、「それにつながるようなメロスの言動はないか？」と助言する。

・メロスを象徴する赤色と、本文中のメロスの言動を結びつけて考えることはできているが、知識や経験、学習で得た新たな視点と結びつけることが困難である生徒には、辞書やインターネットで赤色について調べさせたり、赤色について連想するものがないかや学習を通して考えが広がったり深まったりしたことがないか尋ねる。

6. 解 説

<この二つの場面を取り上げたのは、なぜか>

・評価場面❶で「精査・解釈」ができていることで、評価場面❷のパネルディスカッションでの「考えの形成」へとつながっていく。評価場面❶で「精査・解釈」ができているかどうかを形式的評価で見取り、指導の改善に役立てたい。

・評価場面❷では、「考えの形成」を最終的なパフォーマンスをもとに総括的に評価する。その際、ルーブリックによる具体的なパフォーマンスの特徴を示すことが有効である。最終的なパフォーマンスに向けて、改善策や方略を練るなどの試行錯誤については、「主体的に学習に取り組む態度」として評価できる。

<定期テストとの関連について>

・他の文章や韻文などで、言動の意味や人物像と「色彩語」を重ねて読み、色に関する知識や経験と結びつけて考える問題を出題することが可能である。また、「色彩語」と同じように知識や経験によるイメージがある表現（例えば、明暗や形、数など）と人物や出来事などを結びつけて読ませるような問題を出題することも想定できる。

情報を活用し出典を明らかにしながら考えを提案する
単元名：未成年の主張〜 14歳の投稿文

教材	「複数の情報を関連づけて考えをまとめる」（三省堂）
学習指導要領	〔知識及び技能〕(2) イ〔思考力・判断力・表現力等〕C (1) イ・オ, C (2) ウ

1. 単元の評価と授業改善のポイント

　本単元では，情報を整理して，その関係をわかりやすく明確にすることを通して，自分の考えを広げたり深めたり，話や文章として適切に表現したりする資質・能力を育成したい。情報化の進展による子どもたちを取り巻く環境の変化に伴い，国語科の学習の対象となる情報は，言語テキスト（文章による連続型テキスト）だけでなく，ビジュアルテキスト（図表などの非連続型テキスト），サウンドテキスト，またそれらを融合させたものなど多岐にわたる。そのことを踏まえた授業改善が必要である。自分の考えを形成し主張する際，読み取った情報と情報とのさまざまな表し方を吟味し，事実に基づく理由づけ（解釈）が妥当かどうかを探る学習を仕組み，過程と結果（最終）のパフォーマンスを評価する。

単元の学習課題　**情報を関連づけて考えをまとめ，14歳のあなたの主張を新聞に投稿しよう。**

　みなさん，日頃考えていることやだれかに伝えたいこと，思いのたけを「未成年の主張」として，学校外の方々に伝えましょう。テーマは，日常生活・社会生活で，14歳の今，あなたが考えていることをもとに設定してください。ただし，主張は，主観だけではいけません。読み取った情報を関連づけながら根拠を明確にして，投稿文として伝えましょう。完成した投稿文は新聞社に送ります。

条件
・投稿文は「見出し」「本文（400字程度）」とすること。
・情報を引用する際は，出典を明示すること。
・完成した投稿文はPDFに変換して，メールで送ること。

※単元の学習課題は，第一次の導入ではなく，さまざまな媒体の特徴を捉えた後，第一次の終末に提示。

2. 単元の評価規準

知識・技能	思考・判断・表現	主体的に学習に取り組む態度
① 情報と情報との関係の様々な表し方を理解し使っている。((2)イ)	① 「読むこと」において，目的に応じて複数の情報を整理しながら適切な情報を得て，内容を解釈している。（C(1)イ） ② 「読むこと」において，文章を読んで理解したことや考えたことを知識や経験と結び付け，自分の考えを広げたり深めたりしている。（C(1)オ）	① 進んで情報と情報との関係を整理したり，自分の考えを広げたり深めたりしながら，学習課題に沿って考えを投稿文として提案しようとしている。

3. 単元の指導と評価の計画

学習活動	評価基準（Bの例）〔評価方法〕		教師の支援
○情報を取得したり発信したりする際，どの媒体を駆使しているかを考え，利点をマトリックスで整理する。 ○整理したことを班員で話し合い，教師に示された目的の場合に適した情報発信の媒体を選択する。 ○学習課題を確認し，テーマ決定や情報収集の見通しをもつ。	知①	さまざまな媒体の特徴やよさを適切な項目を立てたうえで，表を使って整理している。〔ワークシート〕※指導に生かす形成的評価を行う。	・教科書を読んだ後，情報を取得・発信する方法に唯一の正解はないことを捉えさせるために，本や新聞，インターネットなどの媒体を即時性，信頼性，発信相手などの観点で比較させる。 ・不特定多数のさまざまな立場や考えの相手に考えを伝える媒体としての新聞のよさに着目させるために，新聞に掲載された小学6年生の投稿文とネット記事を紹介する。
○身の回りの非連続型テキストの特徴を捉える。 ○投稿文に対しての意見を考え情報を整理する。 ○目的に合った関係の表し方を捉え，情報を整理する。【評価場面❶】 ○交流したことをもとに，14歳の自分が今伝えたいテーマを決定する。	知①	目的に合った思考方法を使って，情報と情報との関係を整理している。〔ワークシート〕	・既習の文章と図表の対応や図表の効果を想起させる。 ・同じ事物を取り上げた種類の異なる資料（同意・反論）を配付する。 ・情報を整理する際に，便利な思考ツールを紹介し，目的に合ったものを選ばせる。 ・思考ツール選択の意図や整理した情報から読み取った情報の解釈をワークシートにまとめさせる。
	思①	ア～ウの思考ツールを選択した理由や改善案として，適切な項目を立てることと，解釈を踏まえることを説明している。〔ワークシート，評価場面❶〕※指導に生かす形成的評価を行う。	
	主①	解釈の妥当性を吟味しながら情報を整理しようとしている。〔ワークシート〕※指導に生かす形成的評価を行う。	
○伝えたいことの根拠となる情報を収集して整理し，三角ロジック（他の思考ツールも可）にまとめる。 ○三角ロジックの理由づけ（解釈）の部分や投稿文の草稿を班員と練り上げる。 ○交流をもとに，情報を収集し直したり，推敲したりする。	主①	情報を整理し，事実と理由づけを踏まえて，投稿文を書こうとしている。〔ワークシート・草稿〕	・検索するときのキーワードの入れ方のコツを実感させる。 ・集めた情報を自分の考え（主張）に適した思考ツールを使って整理させる。 ・収集→整理→文章化という短絡的な作業にならないように，同じテーマや事実をもとに主張を組み立てている班員同士で，論理が飛躍していないか，解釈の妥当性を確認させたり，具体と抽象を往還させたりする。
	思①	情報を収集・整理し，自分の考えの根拠（事実・理由づけ）や具体例として活用し，投稿文を書いている。〔投稿文〕	
○投稿文を交流し，考えを広げる。【評価場面❷】 ○振り返りを行い，最終稿をメールで送る。	思②	投稿文を読んで自分の考えと他者の考えの違いを捉え，異なる視点から検討して振り返っている。〔投稿文・振り返り，評価場面❷〕	・自分の考えを広げさせるために，異なるテーマの投稿文を読み，交流させる。

4. 評価場面❶：目的に合った関係の表し方を捉え，情報を整理する（思①）

1 学習活動と発問

　前時までに身近な非連続型テキスト（数学の既習：円，棒，帯，折れ線グラフやチャート図も含む）の特徴を捉えた後，「一日の時間の使い方」「世代別の近所付き合いの程度の変遷」などの結果はどの図表を用いるとよいか，答えが一つではない問いに対して，自らの考えをまとめている。

　本時は導入で，「中学生に携帯電話は必要か」という投稿文を提示する。そこで，「同意」「反論」の立場を明らかにさせ，複数の資料（文科省の「学校における携帯電話の取扱い等について（通知）」，持ち込みに関する主な意見，校内使用に関する意見の図表を含む新聞記事など）から情報を読み取らせ，ワークシートに整理させる。その際，思考ツールを提示し，どう整理すればわかりやすくなるのかを考えさせる。次に，整理したワークシートをもとに情報と情報との関係の表し方を班員で吟味させ，よいものを選ばせる。情報を整理することは，あくまでも「考えをつくる」ための手段であり，取り出した情報の解釈（理由づけ）が必要だと気づかせるため，学習課題としてア〜ウの例（教師が情報を整理した悪い例も含む）を提示し，どれがよいかを考えさせる。その際，既習の三角ロジックの観点「主張・事実・理由づけ」を想起させ，ア〜ウを選んだ理由や改善案を交流させる。最後に，自分の情報の整理の仕方（関係の表し方）を見直させ，よい例（事実のみではなく解釈を踏まえて整理している生徒のワークシートなど）を全体で共有する。また，次時から，投稿文として自分が伝えたいことの主張の根拠になる情報を収集すること，また，情報と情報を整理する際，どんな表し方を使っていくか見通しをもたせる。

> **学習課題**
>
> 同じ資料を読み取り，主張の根拠となる情報を思考ツールを使ってまとめたア〜ウのうち，どの整理の仕方がよいと思いますか？　理由とともに答えよう。また，自分の情報の整理の仕方の見直しにもつなげよう。
>
> | ア | イ | ウ |
> |---|---|---|
> | 思考ツール（バタフライチャート）を使っているが，項目があいまいで，情報を羅列しているだけの例 | 思考ツール（バタフライチャート）を使って，項目を立て解釈を踏まえて情報をまとめている例 | 思考ツール（三角ロジック）を使って，項目を立て，解釈を踏まえて情報をまとめている例 |
>
> ［思考ツールの例］
>
>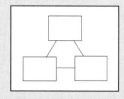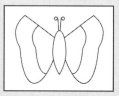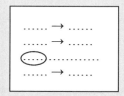
>
> 三角ロジック（既習）　フィッシュボーン　バタフライチャート　矢印，囲み，線など

2 評価のポイントと評価

　適切な項目を立てることと，解釈を踏まえることが必要であることに気づいているか，自身の情報の整理の仕方の改善につなげているかどうかを評価する。

	おおむね満足（B）の例	十分満足（A）の例
評価基準	思① ア～ウの思考ツールを選択した理由や改善案として，適切な項目を立てることと，解釈を踏まえることを説明している。	思① ア～ウの思考ツールを選択した理由や改善案として，適切な項目を立てることと，解釈を踏まえることを説明し，自分の情報の整理の仕方（関係の表し方）を改善している。
生徒の活動の様子と記述例	**イの選択理由** 「同意」「反論」の双方の立場の事実・理由づけを示して比較できているから。 **イの改善案** 反論部分の理由づけ（解釈）で論理の飛躍がみられるので途中の道筋も矢印などで示す。 **ウの選択理由** 「同意」「反論」の双方の立場の事実・理由づけを示して比較できているから。 **ウの改善案** 三角ロジックを使い，分類や関連づけを意識して整理できているので，理由づけの部分を別の立場・視点（「学校側」「保護者側」の比較，「職場への持ち込み禁止」「三つの条件」）から確かめて解釈するとよりよい。 **アの改善案** 「強い反論」「反論」「同意」「強い同意」という項目を立てて，情報を分類する。 事実（情報の取り出し）だけなので，自分の言葉による理由づけ（解釈）を加える。	Bに加えて，自分の情報の整理の仕方の改善につなげている例 ・三角ロジックで「主張・事実・理由づけ」を整理していたが，理由づけにさらに事実と理由づけを追加して主張の根拠を強化して整理している。 ・同じ事実がもとでも，理由づけ（解釈）や主張の違いが見られることに気づき，自分の関係の表し方に，反論の想定を付け加えている。 ・フィッシュボーン図で，「同意」「反論」双方の立場で，「類似の具体例」「三つの条件の改善策」などの項目で事実を整理していたが，理由づけがないことに気づき，補足している。
判断の根拠	それぞれ選択理由や改善案を，項目を立てることと，自分の解釈（理由づけ）が必要であることにふれて述べている。	それぞれ選択理由や改善案を，項目を立てることと，自分の解釈（理由づけ）が必要であることにふれて述べていることに加えて自身の整理の仕方の改善につなげている。

③ 指導・支援の手だて

努力を要する：Cの状況への支援

・ア～ウのいずれかを選択できずにいる生徒には，「同意」の材料となる情報を赤で，「反論」の材料となる情報を青で囲ませ，項目が関係づけられているかを問う。また，既習の思考方法の三角ロジックを想起させ，整理された情報が事実（データ）なのか，理由づけ（解釈）なのかを考えさせ，自分の情報の整理の仕方（関係の表し方）と比べる。
・ア～ウのいずれかを選択し，項目を改善することに気づいている生徒には，理由づけ（解釈）に着目させるために「危険な飛躍」の三段論法を紹介する。

BをAへ引き上げる支援

・自分が情報を整理したワークシート（関係の表し方）には，理由づけ（解釈）があるか，その理由づけが妥当かを問う。さらに，整理した情報を主張として伝える文章を書かせる。

5. 評価場面❷：投稿文を交流し，考えを広げる（思②）

① 学習活動と発問

ここでは単元の学習課題に対する最終的なパフォーマンス（投稿文）を交流させる。生徒たちは評価場面❶を踏まえ，前時までに自らの主張の根拠となる情報を整理し，投稿文の草案をタブレット端末で作成している。その際，教師の投稿文例【右図】から工夫点を捉え，同じテーマの班員と共有している。そこで本時は，異なるテーマや主張の4人班を仕組み，投稿文を交流させる。交流の観点は，①自分の考えの深化，②情報の関連づけ方（思考方法）である。

「学校の水道が変わった！」

ウィズコロナの時代となり，手洗いや手指消毒，前を向いての黙食が当たり前になった学校。夏休み明けに水道の蛇口がプッシュ式に変わった。蛇口をひねらず水が出ることはとてもよいことだと感じていた。

しかし，「100年後の水を守る」（橋本淳司，三省堂）でバーチャルウォーターについて学習し，利点だけではないことに気づいた。海に囲まれた日本は，資源は豊富だと誤解していた。日本は水を自給できているわけでなく，世界有数の水輸入国なのだ。水道局によると，水を流しっぱなしにすると，30秒間で6リットルの水が流れていくそうだ。学校の水道は，プッシュすると10秒間水が流れ続ける。つまり，一回で2リットルの水が流れている計算になる。自動で止まるセンサー式に変えるのは莫大な資金がいる。

衛生面と節水の両立はむずかしいのだろうか。

引用（下線部，二箇所） / *事実と理由づけ* / *反論の想定* / *主張*

学習課題 4人班で投稿文を交流しよう。

交流の観点は，①自分の考えの深化，②情報の関連づけ方です。

「給食時間のあり方」

コロナ禍での給食は黙食となった。友達と話しながら食べる楽しい給食という当たり前が一瞬にして，友達と喋らずに前を向いて静かに食べる給食へと変わってしまった。「いつか楽しい給食に戻りたいな」と思う毎日が続いた。

しかし，そんな給食時間が楽しくなる出来事があった。それは，生徒会の人たちが放送を始めたお昼の番組「城南TUBE」だ。担当の生徒が，お便りをもとに質問に答えたり，全国大会に出場する吹奏楽部に取材したりする楽しい番組だ。給食後，「面白かったね」や「ファーストテイクに次は誰が出るのかな？」など話題が次々と生まれた。それくらい私たちの学校に影響を与える企画となった。

今は，静かにゆっくりと食べる給食もいいなと思いつつある。感染リスクを下げる他に，集中して味わいながら給食を食べられるという効果もある。静かな給食も今だけしか味わえない特別な時間だと思えば，楽しくなるのかもしれない。

参考：交流の様子（生徒たちの発言）

私は「黙食」に対し，なぜ子どもだけ喋ることを制限されるのだろう？という否定的な意見しかもっていなかった。しかし，ゆっくり味わいながら食べられるよさがあるという考えを知り，確かに以前は時間内に食べ終わらずに残すこともあったと気づけた。─①の観点

自分の経験（事実）を多面的に捉えている点はよい。考えの変化を，具体例を示しながら順序立てて整理できている。14歳の主張だから，集めた客観的データ（事実）をあえて使わなかったことも理解できた。─②の観点

「ブラック校則」

ブラック校則とは，学校などで生活するにあたってその意味が説明できないのに存在し続ける理不尽な校則だ。今はそんなに変な校則はないが，意味があるのかわからない校則はまだある。

福岡県弁護士会の調査をきっかけに，2021年に校則が変わった。制服の選択が自由になり，男子と女子の髪の長さの制限が同じになったり，靴下の色の制限がゆるくなったりするなど大きな変化があった。随分マシになったが，なくしてほしいと思う校則はまだある。ツーブロックがだめという校則。確かに時間をかけて髪をセットするのはよくないと思う。でも，ただ横を剃るだけで奇抜すぎるとは思わないから自分の中で一番なくすべき校則だと思う。新年度から生徒，保護者，教師で検討会を開き，変更するそうだ。

出典を明記し具体例（事実）をあげている点はよい。ブラック校則という語を説明し，わかりやすくしている。ツーブロックが奇抜すぎると思わないという解釈が少し一方的な気がする。─②の観点

男子と女子の髪の長さの制限が同じになったことはLGBTQの観点でもよいことですね。時間をかけて髪をセットするのはなぜよくないのですか？─①の観点
→「勉強や部活動などの時間が割かれる」という大人の立場をふまえたつもりです。

2 **評価のポイントと評価**

　自分の知識や経験を踏まえ，他者と自分の考えを比較したうえでそこから考えたことを振り返ることができているかを評価する。

	おおむね満足（Ｂ）の例	十分満足（Ａ）の例
評価基準	思② 投稿文を読んで自分の考えと他者の考えの違いを捉え，異なる視点から検討して振り返っている。	思② 投稿文を読んで自分の考えと他者の考えの違いを捉え，異なる視点から検討したり，情報の妥当性や信頼性を吟味したりして振り返っている。
生徒の活動の様子と記述例	**例：新たな視点に気づいた振り返り** 私は「指定カバンをなくしてほしい」と漠然と考えていた。だが，「置いて帰ってよくなり状況が改善されつつあるが，テスト前はタブレット端末，教科書，ワーク，体操服，部活の道具など指定のカバンに入り切らないものが多々ある」という友達の経験を踏まえた投稿文を読み，一人一人カバンの使い方や入れる量は違うからこそ，一人一人が自分に合うものを使うべきだと思った。	**例：立場を変え，新たな考えをもった振り返り** 校則に不満を感じていた私にとっては校則の見直しは大変うれしいことだった。しかし，友達の投稿文の「大人は子どもたちを守るために校則があると言う」という部分を読み，「校則とは何のためにあるのだろう」と，もう一度考えてみた。自由になっていくと同時に私達は自分で判断しなければならないことが増えていると自覚し，不安も生じた。
判断の根拠	漠然とした自分の主張に対して，友達の考えを受けて考えを深めている。	友達の考えを受けて再度検討し，考えを深めている。

3 **指導・支援の手だて**

努力を要する：Ｃの状況への支援

・交流の際，「②情報の関連づけ方」のみコメントしている生徒には，自分と同じ視点か，別の視点かを問う。さらに，投稿文に書かれている内容について自分がもっている他の事実を使って，何が書かれていて何は書かれていないか，内容を読み取らせる。

・「私は，〜と思っていたが，友達は〜。」などの型を提示し，振り返らせる。

6. 解説

＜この二つの場面を取り上げたのは，なぜか＞

・抽出や直感などの，指導を改善し子どもを伸ばすために行う形成的評価と，根拠を明らかにして全数を調査する総括的評価を区別するために，二つの場面を取り上げた。

＜定期テストとの関連について＞

・評価場面❶を想定した問題を出題できる。例えば「自立とは『依存先を増やすこと』」（熊谷晋一郎，三省堂）を読み，読み取ったことを表にまとめる問題である。項目や取り出した情報を空欄にすることで適切な項目をつけられるか，重要な情報を取捨選択できるかを確かめる。

・評価場面❶❷を「書くこと」と関連させる問題例として，第1学年の既習「空中ブランコ乗りのキキ」（別役実，三省堂）を読み「あなたはキキの生き方に賛成，反対どちらの立場ですか。三角ロジックを用いて論理的に書きなさい。ただし，一文目にキキの生き方を定義し，主張（賛成か，反対か）を書くこと。事実・理由づけを含め，三文以上にすること。文字数は問わない。」という問題が想定できる。この問いでは，文学的文章も事実と理由づけのつながりを言葉に照らして確認して読むことが重要であることを捉えさせたい。また，妥当な範囲での多様な解釈と明らかに誤りの解釈は区別することができるかを確かめたい。

古文を読み，考えたことを伝え合う

単元名：「をかし」「あはれなり」の魅力を伝える歳時記をつくろう

| 教材 | 「枕草子」（清少納言，光村図書） |

| 学習指導要領 | 〔知識及び技能〕(2) ア，(3) イ〔思考力・判断力・表現力等〕C (1) オ，C (2) イ |

1. 単元の評価と授業改善のポイント

　第 2 学年・古典の定番教材ともいえる「枕草子」の第一段の学習では，生徒に自身の考える季節ごとの魅力についてまとめさせる活動をする場合が多い。しかし，本単元では我が国の言語文化に関する事項・伝統的な言語文化の第 2 学年(3)イにある「古典に表れたものの見方・考え方を知る」ことにこだわり，第一段の本文中にも複数箇所に見られ，成立当時の一般的な語である「をかし」「あはれなり」に着目させる。生徒自身の語彙から季語を取り上げさせ，「をかし」「あはれなり」の魅力を感じさせる情景を描写させたカードを評価する。思考ツールを用いたり交流の機会を設けたりし，対話的な学びを通じて実感を伴った理解を促してからカードの作成を行う。

単元の学習課題 **季語の「をかし」や「あはれなり」の魅力を伝えるカードを作成しよう。**

　「枕草子」の第一段は，筆者・清少納言が春夏秋冬のそれぞれにどのような魅力を感じていたかを述べたものです。「枕草子」が成立した平安時代，季節の魅力を和歌に詠むことが楽しまれていました。それにならって，当時の「ものの見方・考え方」を表す「をかし」「あはれなり」の魅力に照らし合わせ，自分たちなりの「季節を感じさせる言葉（季語）」の情景を描いたシチュエーションカードを作成してください。みなさんのカードを集めて学校オリジナルの歳時記（季語を集めたもの）とし，今後に学習予定の短歌の創作に活用しましょう。

条件
・自分が考える季節の魅力を表す言葉がどのような状況のときに「をかし」「あはれなり」の魅力をもっているのかを知識や経験と結びつけながら考え，その状況を描写する。
・その魅力が五感（視覚・嗅覚・味覚・聴覚・触覚）のいずれにあてはまるのかを判断する。

2. 単元の評価規準

知識・技能	思考・判断・表現	主体的に学習に取り組む態度
① 意見と根拠，具体と抽象など情報と情報との関係について理解している。(⑵ア) ② 現代語訳や語注などを手掛かりに作品を読むことを通して，古典に表れたものの見方や考え方を知っている。(⑶イ)	① 「読むこと」において，文章を読んで理解したことや考えたことを知識や経験と結び付け，自分の考えを広げたり深めたりしている。(C⑴オ)	① 古典に表れたものの見方・考え方を積極的に知り，学習課題に沿って自分の考えを伝え合おうとしている。

3. 単元の指導と評価の計画

学習活動	評価基準（Bの例）〔評価方法〕		教師の支援
○「枕草子」の作者である清少納言や, 成立年代である平安時代や作品の特徴について学び, 学習課題を確認する。 ○「枕草子」第一段を読む。当時の季節区分について学ぶ。 ○「枕草子」のさまざまな章段を読み「をかし」「あはれなり」の意味の違いを捉える。	知②	「枕草子」のさまざまな章段を読むことを通して「をかし」「あはれなり」の意味の違いを捉え, 記録している。〔ワークシート・活動の様子〕	・第1学年で学習した随筆についてふれ,「枕草子」の随筆の特徴を取り上げる。 ・資料集や映像教材などで視覚的にイメージさせる。 ・「枕草子」のさまざまな本文を一部ふせて,「をかし」「あはれなり」のいずれがあてはまるのかを予想させるクイズを行う。
○自分が考える季節の魅力を表す言葉を季節ごとに集める。 ○集めた言葉が「をかし」「あはれなり」のどちらに分類されるのかについて,「枕草子」第一段やその他の章段の記述を読み参考にしながら判断する。	主①	季語を掘り起こし, 交流を通じて季語を「をかし」「あはれなり」に分類しようとしている。〔活動の様子〕 ※指導に生かす形成的評価を行う。	・マッピングなどを使いふだん意識しない季節の魅力を内省させ, 季節の魅力を表す言葉を掘り起こさせる。 ・各自考えた言葉を書き出させ, 春夏秋冬（旧暦の季節区分）に整理させるとともに「をかし」「あはれなり」のいずれの魅力をもつか議論のうえで分類させることで, 状況により両面の魅力をもちえる言葉であることに気づかせる。
○集めた言葉がどのように「をかし」「あはれなり」にふさわしいのかを説明するシチュエーションカードを作成する。【評価場面❶】 ○カードを交流し,「をかし」や「あはれなり」の魅力を表現するのに適した記述にはどのようなものがあるのかを探る。	思① 主①	「枕草子」を読んで理解した「をかし」「あはれなり」の意味を辞書的な表現と結びつけ, 広げたり深めたりした考えをシチュエーションカードに書いている。〔カード, 評価場面❶〕 カードの作成とその交流を通じて「をかし」「あはれなり」の意味を捉えようとしている。〔カード・活動の様子〕	・カードにはその言葉の魅力は五感のうちのどの感覚によって味わえるものなのかを選ぶ欄を設ける。 ・グループで交流させ, 優れた記述を選ばせて全体で交流し, 辞書的な記述だけでは実感できない「をかし」「あはれなり」の意味を味わわせる。
○「古今和歌集」にある和歌について「をかし」「あはれなり」のどちらの魅力をもつのか, 自分の考えを述べる。【評価場面❷】	知① 知②	意見と根拠を区別して自分の考えを述べている。〔ワークシート〕 選択した和歌が「をかし」「あはれなり」のいずれの魅力をもつかについて, 条件にしたがって説明できている。〔ワークシート, 評価場面❷〕	・「古今和歌集」から生徒間で「をかし」「あはれなり」の解釈が分かれそうな和歌を選ぶ。現代語訳についても提示する。

4. 評価場面❶：集めた言葉がどのように「をかし」「あはれなり」にふさわしいのかを説明するシチュエーションカードを作成する（思①）

1 学習活動と発問

　「枕草子」成立当時の重要な美的感覚である「をかし」「あはれなり」と，自分たちとの生活語彙とを結びつける課題を設定する。前時までには，以下のような「をかし」「あはれなり」の辞書的な意味について示しておくこととする。

をかし…<u>趣がある</u>。興味がひかれる。好奇心がわく。面白い。華やかで目を引く。
　　　　美しい。見事だ。風流だ。すばらしい。
あはれなり…<u>趣がある</u>。しみじみとさせる。深い感動がある。感に堪えない。寂しさ・哀しさが呼び起こされる。いとしさを覚える。りっぱだと感心する。

　さらに前時のグループ交流で出た以下のような例を全体に共有し，同じ言葉でも視点や状況により「をかし」「あはれなり」どちらにもあてはまることを生徒が実感できていることが望ましい。

蚊取り線香・夏 （例）
・「をかし」の魅力…煙がくねくねと立ちのぼっていく様子は面白い。
・「あはれなり」の魅力…線香が残り少ないのを見ると，一日が終わってしまうと感じる。

　一人で複数枚を作成してよいこととする。ただし，一人につき「をかし」「あはれなり」の両方とも評価できるよう提出させる（1枚に「をかし」「あはれなり」両方の魅力を書いたカードや，「をかし」「あはれなり」どちらかの魅力のみを書いたカードをいくつか合わせて提出してもらう）。

　カードにする季語の候補は，生徒個人のマッピングなどに出てきたもの，「をかし」「あはれなり」のどちらにあてはまるのかをグループで議論し整理した表などにある言葉があげられる。歳時記（インターネット上のものも含む）などの資料類を教室内に設置するのもよいが，「をかし」「あはれなり」の魅力が感じられる状況を細かく描写できるものを生徒が選択しているかに留意する必要がある。ここでは，生徒が選んだ季語が歳時記に立項されるほど季節を限定するものかは厳密には問わず，「をかし」「あはれなり」の状況の描写や旧暦の季節区分の理解を評価するものとする。

学習課題

「をかし」「あはれなり」歳時記　シチュエーションカードを作成しよう。

下記カード例も参考にカードを作成しましょう。 ※詳細は本稿最初の【単元の学習課題】を参照。

[シチュエーションカード例]

あはれなり	季節 季語	をかし
五感をチェック	冬　大根	五感をチェック
（視覚） 聴覚　嗅覚		（視覚） 聴覚　嗅覚
味覚 （触覚）		味覚　触覚

だしがよくしみたおでんの大根は，味とあたたかさでほっと安心するが，一人で食べると，寂しい気持ちになる。

甘い大根の漬け物が食卓に並ぶ。少しとろみのある漬け汁にはつやがあって，おいしそうでわくわくする。

② 評価のポイントと評価

　提出されたカードを以下の基準で評価する。下記の表には，一つの言葉に「をかし」「あはれなり」双方の記述があるものを例としているが，一方ずつのカードが2枚提出されてもよい。あくまでもポイントはそれぞれの状況を描写できるかという点である。

	おおむね満足（Ｂ）の例	十分満足（Ａ）の例
評価基準	思① 「枕草子」を読んで理解した「をかし」「あはれなり」の意味を辞書的な表現と結びつけ，広げたり深めたりした考えをシチュエーションカードに書いている。	思① 「枕草子」を読んで理解した「をかし」「あはれなり」の意味を辞書的な表現や知識や経験と結びつけ，広げたり深めたりした考えをシチュエーションカードに書いている。
生徒の活動の様子と記述例	季語：綿菓子・季節：夏 **【「をかし」の魅力・視覚】** 綿菓子は<u>見た目がフワフワとしていて，面白い。持ち歩くとかわいい</u>。 **【「あはれなり」の魅力・触覚】** <u>口に入れるとすぐに溶けてなくなってしまうから，悲しい気持ちになる。</u>	季語：綿菓子・季節：夏 **【「をかし」の魅力・視覚】** <u>夏の暑さで少しあめが溶けているとそこが祭りの明かりに照らされて美しい。</u> <u>魔法で雲を出したような見た目で，持っているだけで幸せな気持ちになれる。食べていくごとに形が変わるところも面白い。</u> **【「あはれなり」の魅力・触覚】** 手に持っているときはフワフワしているのに口に入れると<u>瞬間的にひゅんと消えていくのは，とても切ない</u>。 <u>デリケートで，少しでも水分がつくとべたべたになり，美しさが損なわれる</u>。<u>まるで人の心みたいに感じられ</u>，しみじみする。
判断の根拠	綿菓子を手にしたり口にしたりするときの一般的な状況（下線部）を捉え，それらを「をかし」「あはれなり」に分類し，「面白い」や「悲しい」などの辞書的な意味を用いて述べている。	綿菓子を手にしたり口にしたりするときの状況をより細かく描写できている（下線部）。また知識や経験と結びつけた，辞書的な記述にとどまらない，より実感のこもった表現ができている（二重下線部）。

③ 指導・支援の手だて

努力を要する：Ｃの状況への支援

・課題の内容や条件への理解が困難な場合，「をかし」「あはれなり」の辞書的意味，カード作成例を黒板やスクリーンに示し，条件などを生徒が常に確認できるように環境を整える。

・取り上げる季語がなかなか決まらない場合，生徒のマッピングなどから，何らかの生活体験がある季語がないか生徒と共に探す。どのような体験があるか，そのときに感じたことが「をかし」「あはれなり」の辞書的意味のどちらに共通するのかを問う。体験を文章化させ，辞書的意味を表現に用いさせる。

ＢをＡへ引き上げる支援

・生徒が作成したカードの中から提出するカードを選ぶ前には，グループでカードを交流させ「をかし」「あはれなり」の魅力に適した文末表現を選ばせ，それをさらにクラス全体で交流するなど辞書的な記述をこえた表現にふれさせてから，推敲の機会を与えるとよい。

5. 評価場面❷：「古今和歌集」にある和歌について「をかし」「あはれなり」のどちらの魅力をもつのか，自分の考えを述べる（知②）

① 学習活動と発問

　和歌の鑑賞を目的とした学習ではないので，「をかし」「あはれなり」のどちらかに正解があるわけではない。限られた音数で表現された状況について，「をかし」もしくは「あはれなり」に適するよう，現代語訳などを参考にしながら思い描かせ，自身の考えを「意見（主張）」「根拠」「根拠と意見をつなぐ考え（理由づけ）」に分けて論理的に説明することができるかどうかを主眼とする（この活動までに，情報の扱い方に関する指導事項（2）アを三角ロジックやピラミッドチャートなどを用いて指導しておくことが望ましい）。ここでは秋を題材にした三首の和歌を例としてあげる。

学習課題

A〜Cの和歌の中から一首を選び，「をかし」「あはれなり」のどちらの魅力をもつのかについて，以下の条件にしたがって自分の考えを述べよう。

※和歌には現代語訳を付す。

A　夏と秋と行きかふ空のかよひぢはかたへすずしき風やふくらむ　　　　凡河内躬恒
B　秋来ぬと目にはさやかに見えねども風の音にぞおどろかれぬる　　　　藤原敏行
C　久方の月の桂も秋はなほもみぢすればや照りまさるらむ　　　　　　　壬生忠岑

条件　段落は二段落とする。前段には三首のうち，どれが「をかし」「あはれなり」のいずれの魅力をもつのかについて述べること。後段にはなぜそのように考えるのか，理由を述べること。ただし，自分が取り上げた和歌の言葉を引用し，「をかし」「あはれなり」の意味を用いること。

② 評価のポイントと評価

　条件を満たせば，「意見（主張）」「根拠」「意見と根拠をつなぐ考え（理由づけ）」の要素がそろう。さらに状況について具体的に述べられていれば十分満足できる内容と判断することができる。

	おおむね満足（B）の例	十分満足（A）の例
評価基準	知②　選択した和歌が「をかし」「あはれなり」のいずれの魅力をもつのかについて，条件にしたがって説明できている。	知②　選択した和歌が「をかし」「あはれなり」のいずれの魅力をもつのかについて，条件にしたがいながら，具体的に説明できている。
生徒の活動の様子と記述例	私は，Bの和歌が「あはれなり」の魅力をもつと考えた。 　Bの和歌の<u>「目にはさやかに見えねども」</u>という，<u>風によって秋を感じている様子</u>が「をかし」の華やかな魅力ではなく，「あはれなり」のしみじみとした魅力をもった，静かな様子だと感じたからだ。	私は，Bの和歌が「あはれなり」の魅力をもつと考えた。 　Bの和歌には「風の音にぞおどろかれぬる」とあり，作者は風の音で秋の訪れを感じていることがわかる。作者は吹く風の音によって初めて，<u>夏が去ってしまったことと同時に秋の気配を実感しており</u>，そこに「あはれなり」の趣があり，寂しさや哀しさが呼び起こされるのである。
判断の根拠	前段で主張を述べ，後段では本文を引用し，辞書的意味も用いながら，理由を述べているが，「をかし」との対比で説明しているにとどまり，具体性に欠ける。引用箇所とその説明にやや飛躍が見られる（下線部）。	条件を満たしているだけでなく，後段の構成がより論理的で，理解をより効果的に示すことができている。「意見と根拠をつなぐ考え」が具体的で辞書的意味とも整合している。

③ 指導・支援の手だて

努力を要する：Cの状況への支援

・三首の和歌の内容について理解できていない場合は，現代語訳に関心を向けさせる。そこに使われている言葉の意味が理解できていない場合は，国語辞典などを用いながら理解を促す。現代語訳に使われている言葉が，和歌の本文のどの部分に対応するかが理解できているかを確認する。

・現代語訳を精読しても理解できていない場合は，資料（インターネット上のものも含む）などを活用し，和歌が描いている情景が視覚的に理解できるように支援する。

・情報と情報の関係についての理解が不十分な場合は，教科書の当該ページの例などを用いて説明する。三角ロジックやピラミッドストラクチャーなどを用い，考えを視覚的に整理させる。

6. 解 説

＜この二つの場面を取り上げたのは，なぜか＞

・新学習指導要領解説 国語編によると，「古典に表れたものの見方・考え方の中には，長い年月を経てもなお現代と共通するものもあれば，現代とは大きく異なるものもある。そのことに気付き，新たな発見をしたり興味・関心を高めたりしていくことが古典に親しむためには重要である」とある。古典の学習を，ただ本文の内容を把握させることにとどまらず，「作品を貫くものの見方・考え方」を自分事として考えさせることを意図し，評価場面❶ならびに評価場面❷（単元を総括する学習活動）を設定した。

・「中学校学習指導要領解説 国語編」によると，C(1)オの「知識や経験」は読み手それぞれで異なり，どのような知識や経験と結びつけるかによって考えが多様となり，そのうえで他者と交流することが「物事に対する新たな視点」をもつことにつながり，それが「自分の考えを広げたり深めたりすること」になると示されている。

・評価場面❶は事前に十分な知識・経験の掘り起こしや交流をさせている。そのうえで生徒が主体的に季語を選択し，「自分の考え」のまとめとしてカードの作成に取り組めるものとして，取り上げた。

・評価場面❷は短いながらも学習課題として与えられた本文に対し，「をかし」「あはれなり」のいずれにあてはまるのかを個人で判断させるものである。カード作成前後の交流を通じて学習した「古典に表れたものの見方・考え方」の定着を見取るものとして取り上げた。

・「をかし」「あはれなり」の意味に向き合わせることは第3学年の「知識及び技能」(3)ウ「時間の経過による言葉の変化や世代による言葉の違いについて理解すること」と関連づけられる。カードを集めた歳時記を，第2学年でのB(2)ウや第3学年での和歌・俳諧の学習で活用するなど，系統立てた指導を展開することができる。

＜定期テストとの関連について＞

・「枕草子」本文の「雨など降るもをかし。」などは，その情景が詳述されていない。夏の夜の雨をなぜ「をかし」と清少納言は評したのかを，定期テストで論述させてもよい。他の箇所の「をかし」の魅力との共通点を辞書的な記述で表現させることも想定できる。

・評価場面❷の学習活動を，別の和歌に変えて定期テストで出題することでも，定着が測定できる。字数を条件として加えるのであれば，20字×7〜10行程度が妥当。

第 **5** 章

第3学年の
評価プラン

パブリックスピーキングをする

単元名：説得力のある構成のスピーチで社会に思いを届けよう

教材　「説得力のある構成を考えよう　スピーチで社会に思いを届ける」（光村図書）
学習指導要領　〔知識及び技能〕(2) イ〔思考力・判断力・表現力等〕A (1) イ，A (2) ア

1. 単元の評価と授業改善のポイント

　文章・談話の構造として，生徒はこれまでに「書くこと」の領域で「序論・本論・結論」の構造を学習している。本単元では，「序論・本論・結論」の構造によるスピーチと「注目・問題点・解決策・視覚化・アクション」の「問題解決型」の構造によるスピーチを比較することを通してその効果を実感して，実際にスピーチで活用できるようにする。

　スピーチは，人前での話し方や使用する言葉の使い方など他の多くの知識や技能をもとにそれらを総合して作り上げる高度なパフォーマンスである。パブリックスピーキング（スピーチ）の目的はさまざまにあるが，本単元のようなテーマは，聞き手に具体的な行動を求めることが目的となる。本単元はスピーチの構成に焦点を絞っている。この単元で，聞き手に具体的な行動を求めることを目的としたスピーチの構造として効果的な「問題解決型」の構造を生徒は学習する。この「問題解決型」の構造はリンカーン大統領のゲティスバーグ演説，キング牧師の「私には夢がある」演説，そして「イエス・ウィー・キャン」のキーワードを残したオバマ大統領の演説などに使用されているアメリカでは定番の構造であり，スピーチの教科書には必ずと言ってよいほど載っている。

単元の学習課題　社会で起きている出来事や問題の中で，自分の心が揺さぶられ，多くの人に伝えたいと思ったことをスピーチし，タブレット端末で撮影しよう。

条件
・一人あたりの持ち時間は1分30秒～2分（文字数600～800字）とする。
・アップロード先は Microsoft Teams とする。動画作成は学校のタブレット端末を使って行う。

2. 単元の評価規準

知識・技能	思考・判断・表現	主体的に学習に取り組む態度
① 情報の信頼性の確かめ方を理解し使っている。((2)イ)	① 「話すこと・聞くこと」において，自分の立場や考えを明確にし，相手を説得できるように論理の展開などを考えて，話の構成を工夫している。(A(1)イ)	① 自分の立場や考えを明確にし，今までの学習を生かして，相手を説得できるように論理の展開などを考えて，話の構成を試行錯誤しながらパブリックスピーキングをしようとしている。

3.単元の指導と評価の計画

学習活動	評価基準（Bの例）〔評価方法〕		教師の支援
○学習課題を理解する。 ○スピーチの話題をいくつか書き出す。 ○書き出した話題の中から，一つ選ぶ。 ○選んだ話題に関して，聞き手に伝えたいことを一文（30字以内）で書く。 ○インターネットや書籍を使って話題について調べ，付箋紙に書き出す。 ○ワークシートを使って「序論・本論・結論」の構造でスピーチを構成する。	知①	信頼できるウェブサイトや書籍を使って調べている。参考資料や引用する資料の出典を記載している。〔付箋紙〕	・学習課題と学習の全体像がわかるプリントを配付する。 ・一つではなく，たくさんのトピックを書き出させる。 ・中学３年の教科書教材「情報の信頼性」（光村図書）を振り返らせる。 ・既習の「序論・本論・結論」の構造について振り返らせる。 ・タブレット端末や書籍を使って選んだ話題についてさらに調査させ，追加の情報を付箋紙に記入させる。
○「序論・本論・結論」と「問題解決型」の構造のスピーチを聞き比べ，「問題解決型」の構造が説得力に及ぼす効果について気づいたこと・考えたことを交流する。【評価場面❶】 ○「序論・本論・結論」の構造で構成したものを，「問題解決型」の構造に作り替える。 ○作り替えた構造について小グループで互いに評価し，アドバイスを与え合い，修正する。	思① 主①	構成の工夫がスピーチの説得力に及ぼす効果について考えている。〔活動の様子，評価場面❶〕※指導に生かす形成的評価を行う。 ワークシート例を検討する活動から学んだことを生かして，スピーチの構成を試行錯誤しながら考えている。〔活動の様子・ワークシート〕	・それぞれのスピーチの例を用意し，教師が読み上げる。 ・実際に作り替えを行わせる前に，スピーチの例の構成を図示して，作り替えの手順を説明する。
○スピーチの練習をする。 ○タブレットを使ってスピーチを撮影する。【評価場面❷】 ○撮影した動画を小グループで評価し，アドバイスを与え合い，修正する。 ○Microsoft Teamsに動画をアップロードする。 ○学習の振り返りをする。	思①	スピーチの説得力が高まるように，論理の展開を中心に構成を工夫している。〔動画，評価場面❷〕	・動画の撮り直しは何度もしてよいことを伝える。

4. 評価場面❶：「序論・本論・結論」と「問題解決型」の構造のスピーチを聞き比べ，「問題解決型」の構造が説得力に及ぼす効果について気づいたこと・考えたことを交流する（思①）

① 学習活動と発問

　前時までに，生徒は「序論・本論・結論」の構造でスピーチを構成している。ここでは，教師が用意した事例を見て，「序論・本論・結論」から「注目・問題点・解決策・視覚化・アクション」の「問題解決型」に作り替えることの効果についても理解を深めたい。「注目・問題点・解決策・視覚化・アクション」の五つの観点が示す内容は以下の通りである（佐々木繁範（2012）「思いが伝わる，心が動く　スピーチの教科書」ダイヤモンド社）。

　注　　目……聴衆の関心をひきつけることで話を聞こうという気にさせる。

　問題点……問題点を描写し，聞き手に何かをしなければならないという気を起こさせる。

　解決策……問題点に対する解決策を示し，聞き手に何をすればよいのか伝える。

　視覚化……解決策を行った結果どうなるか視覚化することで，解決策がもたらすメリットを示す。

　アクション……具体的な行動を求めることで，協力を呼び掛ける。

　これらの構造の特性や聴衆への効果を生徒に考えさせるため，「序論・本論・結論」で作られたスピーチと「問題解決型」で作られたスピーチを聞き比べ，「問題解決型」の構造が説得力に及ぼす効果について気づいたこと・考えたことついて，【スピーチ構成の例】を示して二つの構造を比較させながら生徒に考えさせる。

> **学習課題**
>
> **二つの構造のスピーチを聞き比べ，「問題解決型」の構造が説得力に及ぼす効果について気づいたこと・考えたことを理由とともに説明しよう。**
>
> **以下に示すそれぞれのスピーチの構造を，あわせて分析の材料にして考えよう。**

〔スピーチ構成の例〕

コアメッセージ「プラスチックごみを減らそう」			
A：序論・本論・結論の構造		B：問題解決型の構造	
序論	〈導入・話題提示〉 プラスチックごみの問題について ・海の生物を傷つけるプラスチックごみ ・魚を食べることで私たちの体内にもプラスチックごみが入っている。 〈問題提起〉 なぜこのような問題が起きるのか。	注目	ごみの山の写真と，体内から大量のプラスチックごみが発見された魚の写真を示す。
本論	〈具体的な説明・理由〉 ・ペットボトルなどのポイ捨て→道端にポイ捨てされたプラスチックごみが雨風で流されて海へ。 ・大量のプラスチックごみの排出→正しく捨ててもきちんと回収されずに雨風で海へ流れてしまうことがある。	問題点	プラスチックごみが海に流れ，魚たちを傷つけている。また，魚を食べることで私たちの体内にもプラスチックごみが入っている。 原因1：ペットボトルなどのポイ捨て 　道端にポイ捨てされたプラスチックごみが雨風で流されて海へ。 原因2：大量のプラスチックごみの排出 　正しく捨ててもきちんと回収されずに雨風で海へ流れてしまうことがある。2019年の日本の使い捨てプラスチックの排出量は約340万トン（東京ドームおよそ8個分の体積）。

本論	2019年の日本の使い捨てプラスチックの排出量は約340万トン（東京ドームおよそ8個分の体積）。	**解決策**	・プラスチックごみがリサイクルされるように、きちんと分別して捨てる。 ・世界中の人々が使い捨てプラスチックの使用を控える。
		視覚化	魚や海の生物がのびのびと美しい海の中を泳いでいる写真を示す。また、魚をおいしく安全に食べている写真を示す。
		アクション	・ポイ捨てをせず、分別して捨てよう。 ・プラスチックごみを減らすため、ペットボトル飲料を買うかわりに、毎ボトルを持ち歩こう。ビニール袋をもらうかわりに、マイバッグを持ち歩こう。
結論	〈まとめ・主張〉 ・ポイ捨てをせず、分別して捨てるべきだ。 ・プラスチック製品の使用を減らすべきだ。		

② 評価のポイントと評価

	おおむね満足（B）の例	十分満足（A）の例
評価基準	思① 構成の工夫がスピーチの説得力に及ぼす効果について考えている。	思① 構成の工夫がスピーチの説得力に及ぼす効果について、具体的に指摘している。
生徒の活動の様子と記述例	Bのスピーチは五つの構造があって細かいから、スピーチにしたときの説得力も高いのではないかと思う。	Bのほうが聴衆の視点に立ってスピーチを組み立てていたことが構造からも明らかで、より説得力が高いと感じたのだと思う。スピーチの構造にはBが合っていると思う。
判断の根拠	Bのスピーチの説得力が高まっている理由を合理的に説明している。	Bのスピーチの説得力が高まっている理由を構造の特性を分析しながら具体的に述べている。

③ 指導・支援の手だて

努力を要する：Cの状況への支援

・理由を検討できない生徒には、「とくにどの部分を聴いて、一方のスピーチのほうが説得力があると思ったのだろう？」などと問いかけ、考えを深めるきっかけをつくる。

・構造の違いに着目できない生徒には「本論・序論・結論」の構造と「問題解決型」の構造とで、「近い要素と遠い要素はどれだろう？」などと問いかけ、構造に注目させる。

・発表者に同調するばかりで自分の考えを伝えられない生徒には「聴き比べて、どんな印象をもった？」などと問いかけて自分の考えを整理させ、引き出していく。

5. 評価場面❷：タブレットを使ってスピーチを撮影する（思①）

1 学習活動と発問

　ここでは，単元の学習課題に対する最終的なパフォーマンスを評価する。評価場面❶も含め，単元で身につけた力を発揮する活動である。

> **学習課題**
>
> **ワークシートの構成をさらに練り上げながら，スピーチ動画を完成させよう。**
>
> 補足説明　**動画は何度撮り直してもよい。**
> **ペアやグループで取り組み，互いにアドバイスを伝え合ってよい。**

2 評価のポイントと評価

<table>
<tr><th colspan="2"></th><th>おおむね満足（B）の例</th><th>十分満足（A）の例</th></tr>
<tr><td rowspan="2">評価基準</td><td colspan="2">思①　スピーチの説得力が高まるように，論理の展開を中心に構成を工夫している。</td><td>思①　Bの内容に加えて，より説得力が高まる要素を加味しながら構成や表現を工夫している。</td></tr>
<tr><td rowspan="8">生徒の活動の様子と記述例</td></tr>
<tr><td>注目</td><td>・原爆が落とされた直後のヒロシマの様子の写真を見せる。
・1945年8月6日にヒロシマに投下された原爆による被害。1945年12月末までに約14万人（±1万人）が死亡したと推計されていることを伝える。</td><td>・原爆が落とされた直後のヒロシマの様子の写真を見せながら，石垣りんの詩「挨拶」を朗読する。この写真に映っている町と人々は，明日の私たちの町と姿かもしれないことを伝える。</td></tr>
<tr><td>問題点</td><td>・現在世界にはヒロシマやナガサキに投下された原爆より強力な核兵器が1万数千発ある。広島や長崎で起きた惨事が私たちの身にいつ起きてもおかしくない状況にある。</td><td>・現在世界にはヒロシマやナガサキに投下された原爆より強力な核兵器が1万数千発ある。
・近隣の国々にも多くの核兵器が配備されている。それらのミサイルが私たちのところに飛んでこないという保証はどこにもない。
・核兵器を製造し維持するために，世界では年間約10兆円のお金が使われている。</td></tr>
<tr><td>解決策</td><td>・すべての国が核兵器禁止条約を批准し，核兵器廃絶に向けて踏み出すこと。</td><td>・核の抑止力により核の脅威から守るという理論もある。しかし，互いに核兵器を持つことが，相手は撃たないという保証になるのか。本当の安全は，互いが核兵器を捨てることではないか。</td></tr>
<tr><td>視覚化</td><td>・平和に暮らしている人たちの写真。
・核兵器を廃絶することは，私たちと未来の人たちが安全に生きられる世界を作ることにつながる。</td><td>・核兵器の維持と製造にかかるお金を，食料生産や医療の分野で使うことでできることを具体的に示す。（例）食料の購入，農業・畜産業・漁業などの支援，バイオ食品の開発，病院の建設，新薬の開発など。</td></tr>
</table>

生徒の活動の様子と記述例	アクション	・核兵器の恐ろしさについて家族や友達に伝えよう。	・核兵器を持って不安で貧しい世界に生きるか，核兵器を捨てて安全で豊かな世界に生きるか。今日，このスピーチを通して感じたことや考えたことを身近な人たちに伝えよう。SNSでつぶやこう。私たち一人一人の意識が変われば，世界を変えることができるはず。
	判断の根拠	コアメッセージに即して問題解決型のスピーチの構成を練っている。	Bの内容に加えて，スピーチの登場人物と現代の私たちの姿を重ねるなどして，聴衆の心に残る表現や構成を工夫している。

③ 指導・支援の手だて

努力を要する：Cの状況への支援

・なかなか作業を進められない生徒には，それぞれの観点に次のような話型を示し，（　　）を埋めさせる形で考えさせるとよい。

注目「今日は（　　　　）のテーマについて話します。現在，（　　　　）という状況です」

問題点「このような状況の中で，（　　　　）という問題が起きています」

解決策「この問題を解決するためには，（　　　　　）が必要です」

視覚化「この解決策を実現すると，（　　　　　）のようなよいことがあります」

アクション「だから，みなさんには，ぜひ（　　　　　）に取り組んでほしいと思います」

・コアメッセージから内容がずれてしまっている生徒は，どの箇所がずれているかを示し，修正するように伝える。

6. 解説

＜この二つの場面を取り上げたのは，なぜか＞

・場面❶はスピーチ原稿の作成に取りかかる前の活動として，形成的評価としての実施を想定した。説得力の高いスピーチとはどういうものか，なぜ話の構成の工夫がスピーチの説得力を高めるか考えさせるとともに，構成による効果の違いを考えられていない生徒には次時以降も継続的に支援していく。

・場面❷は単元を総括する学習活動であり，「問題解決型の構造」（スピーチの説得力をより高める構成の工夫）を自分の表現としてどの程度使えているかを評価する。

・場面❷は生徒たちが試行錯誤して取り組んだことが具体物となって現れる場面である。単元を通じて，生徒たちが目標とする力を身につけることができたかどうかを判断する場面であり，かつ，教師が今後の指導の改善に必要なことを見いだす場面でもある。

＜定期テストとの関連について＞

・「問題解決型」の構造で作られたスピーチ構成の例を評価させる問題を定期テストで出題することが想定できる。その際は，スピーチ構成の例の中の修正箇所を選択式で指摘させる問題と選択した理由を記述する欄を設けるとよい。選択と理由の組み合わせにより，数段階の得点を設定しておく。満点とする解答にも多様な解が存在してよい。

批評文を書く
単元名：私たちの広告批評

教材	「多角的に分析して書こう　説得力のある批評文を書く」（光村図書）
学習指導要領	〔知識及び技能〕(2) ア〔思考力・判断力・表現力等〕B (1) ウ，B (2) ア

1. 単元の評価と授業改善のポイント

　かつて，「広告批評」（マドラ出版）という，旬な広告を批評する月刊誌があった。身近な広告を題材にして批評するという活動は，社会に通用する国語力を鍛えるのにあつらえ向きである。本単元では生徒が好きな広告を選び，批評文を書く。批評文を書く際には，国語辞典の他に類語辞典やインターネットの検索機能を利用して集めた語句を記録させ，語彙を吟味する時間を確保する。批評の観点を確認し，書き手の感情に沿った言い回しにするにはどのような言葉で批評するのがよいか思考・判断させることで，言葉による見方・考え方を働かせることができる。批評文を書く過程と完成作品におけるパフォーマンスを評価する。

単元の学習課題　**私たちの広告批評〜言葉を吟味して，説得力のある批評文を書こう。**

　みなさんの身の回りには，さまざまな広告がありますね。今日は，好きな広告を持ってきてもらいましたが，どのような広告がありましたか（生徒回答例：スマートフォン，電気店，喫茶店，野球，腕時計，自動車，飲料水，電車，眼鏡など）。

　これらの広告は，どのような目的で作られているのでしょうか（生徒解答例：売り上げを伸ばすため，イメージアップのため，使い方の啓蒙のため，商品の価値を広めるためなど）。

　読み手，つまり消費者に対し，制作者側の意図をもって作られているということがわかります。それでは，その広告の意図がどのくらい効果的に私たちに伝わっているでしょうか。

　かつて「広告批評」という雑誌がありました。今回は，この雑誌のように，みなさんの手によるみなさんのための現代版「広告批評」をつくってみたいと思います。さまざまな観点で広告を評価し，説得力のある批評文を書きましょう。試しに私が400字で書いてみましたので，まずは読んでみてください。

※活動事例として，自作の批評文を提示する。単元のゴールを示すことで，生徒に活動の見通しをもたせる（批評文例はp159に掲載）。

2. 単元の評価規準

知識・技能	思考・判断・表現	主体的に学習に取り組む態度
① 具体と抽象など情報と情報との関係について理解を深めている。((2)ア)	① 「書くこと」において，表現の仕方を考えたり資料を適切に引用したりするなど，自分の考えが分かりやすく伝わる文章になるように工夫している。(B(1)ウ)	① 進んで自分の考えが伝わる文章になるように工夫し，今までの学習を生かして表現の仕方を考えて，批評文を書こうとしている。

3. 単元の指導と評価の計画

学習活動	評価基準（Bの例）［評価方法］		教師の支援
○既習事項から文章作成時の留意点を確認する。 ○単元の目標を知り学習の見通しをもつ。 ○広告例をさまざまな観点で分析する。 ○分析内容を友達と比べ批評にはどのような観点が考えられるか確認する。	知①	具体的な事例を抽象化してまとめたり，抽象的な概念について具体的な事例で説明したりしている。［ノート］	・既習の「書くこと」の内容を想起させる。 ・広告と批評文の例（手引き）を示し，学習の見通しをもたせる。 ・例示した広告について観点を定めて分析させる。 ・どのような観点で，どのように分析したか，共通点や相違点を確認させる。
○批評したい広告を選び，言葉を吟味するための自分なりの観点を定めて分析する。 ○批評に説得力をもたせる語彙を検討するための資料を探す。 ○批評文の構成を考える。	思①	※指導に生かす形成的評価を行う。［活動の様子・ノート］	・観点を定め持参した広告を分析させる。評価のための言葉を吟味させ批評文の材料になる点を意識させる。 ・類語辞典や情報端末を用意し使用する語句を吟味できるようにする。 ・語彙シートを配り類語を記入させ，選んだ言葉に○をつけさせる。 ・必要に応じ広告の背景や作者の意図など根拠に使える資料を収集させる。 ・「書くこと」の既習事項を想起させ下書きできるよう準備させる。
○適切な語彙を考えて，批評文を書く。【評価場面❶】 ○推敲した後，ペアで改善点を指摘し合う。	思①	批評文を書く活動において，評価のための言葉を吟味して適切に用いている。※指導に生かす形成的評価を行う。［活動の様子・原稿，評価場面❶］	・表現の仕方を考えたり資料を適切に引用したりするなど，自分の考えがわかりやすく伝わる文章になるように工夫させる。 ・目的や意図に応じた表現になっているか確かめ文章を整えさせる。 ・原稿用紙の余白をとり，指摘内容をメモできるようにしておく。 ・指摘された内容は再度推敲させ，書き手が納得する形で反映させる。
	主①	伝わる文章にするために言葉を吟味したり資料を活用したりしながら，批評文を書こうとしている。［活動の様子・原稿］	
○批評文を読み合い，納得できたところや表現のよさ，考えたことなどを話し合い，批評文を完成させる。【評価場面❷】 ○単元を通しての学びや考えたことを振り返り，付けた力を確認する。	思①	完成した批評文において，評価のための言葉を吟味して適切に用いている。［批評文・ワークシート，評価場面❷］	・読み手の立場に立った客観的な視点から意見を伝え合わせる。 ・批評文を読んで納得できた部分についてどのような観点・言葉で評価していたのか確認させる。 ・目的や意図に応じた表現にするための工夫を振り返らせ，今後に生かしたいことをまとめさせる。

4. 評価場面❶：適切な語彙を考えて，批評文を書く（思①）

1 学習活動と発問

第1時では，めあてを「批評のための観点を確認しよう」とし，観点を立てて分析する方法を確認し，どのような観点でどのように分析するとよいか議論する。第2時ではめあてを「広告を分析し，批評文の構成を考えよう」とし，各自が持ち寄った広告について，観点を立てて分析する。その後グループで議論し，自分の考えに生かす。また広告を分析しながら，どのような言葉で評価できるか考える。類語辞典や情報端末を活用して調べた言葉を語彙シートに記入して吟味する。構成を考える際には，意見や根拠の関係を付箋やノートに書いて整理し，説得力のある論理の展開を工夫する。また，自分の考えを伝えるのに効果的な資料や引用する部分を検討し，ノートに記録する。

参考：語彙シートの例

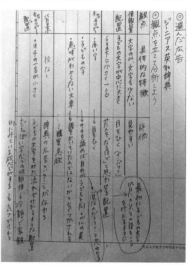

参考：ノートの例

そして第3時（評価場面❶）ではめあてを「評価の言葉にこだわって，説得力のある批評文を書こう」とし，前時までに分析したノートや語彙シート検討しながら，批評文を書く。ここでは思①の形成的評価を行うとともに，主①の評価を行う。表現を工夫するために言葉を吟味したり資料を活用したりしながら批評文を書こうとしているかを確認する。実際に文章を書く活動に際しては，指導事項のB(1)ア〜オの力を活用するため，「書くこと」の既習事項を想起させるとよい。例えば第2学年の意見文を書く活動で身につけた力は何だったか，今回はそれに加えてどのような力を身につけたいか，教師と生徒が共通認識をもって学習活動を進めたい。本単元で身につけさせる第3学年のB(1)ウでは「自分の考えが『分かりやすく』伝わる文章になるように工夫する」ことが第2学年との違いである。「分かりやすく」するための方法として，評価の言葉にこだわることを課題としている。これは生徒の語彙を豊かにし言語活動の質を高める指導の充実を図ることにもつながる。

学習課題
これまでに調べた評価の言葉にこだわって，説得力のある批評文を書こう。

補足説明
・2年生で意見文を書いたときの流れを振り返りましょう。ノートに構想メモを作り，下書きするとよいです。
・語彙シートを読み返し，使う言葉に印をつけましょう。気になる言い回しは辞書などで確認しましょう。

> ・言葉のニュアンスについて，友達同士で確認してもよいです。
> ・推敲するときは，元の部分を残し，余白に書き込みましょう。（周囲の余白が多い原稿用紙，またはワープロソフトを使用）

② 評価のポイントと評価

主①の評価も行うが，ここでは生徒の学習活動や原稿から思①の形成的評価を示す。表現を工夫するために言葉を吟味したり，資料を活用したりしながら批評文を書こうとしているかを確認する。

	おおむね満足（B）の例	十分満足（A）の例
評価基準	思①　批評文を書く活動において，評価のための言葉を吟味して適切に用いている。	思①　批評文を書く活動において，評価のための言葉を複数の候補から吟味して，自分の考えがより的確に相手に伝わる言葉や学習の中で新たに知った言葉を用いるなど，豊かな表現や学びの深まりが見られる。
生徒の活動の様子と記述例	○「語彙シート」の記述内容 家が整っていて，綺麗な見た目だと感じた。 →「見た目・外見」から，「見た目」を選択。 ○**批評文の下書き**　※**一部抜粋** この広告を　~~ぱっと見たとき，~~　一目見ただけで，要点がすぐに理解できる人は　~~いない~~　少ないだろう。最初に目につくキャッチコピーからは，「チョコレートに関する広告」ということしか　~~わからない~~　理解できない。……	○「語彙シート」の記述内容 同じような言葉が繰り返されていることについて，大切な目的があるからであると捉えて，心に訴えかけているように感じた。 →「訴えかける・効果がある・有効・効果てきめん・響く」から「訴えかける」を選択。 ○**批評文の下書き**　※**一部抜粋** キャッチフレーズは「上空に，潜ろう」。「上空」「潜る」という　~~ちぐはぐな~~　相容れない言葉が合わさった一文は，~~印象に残る~~　簡素だが忘れ難い。＜挿入＞次に文字のデザインに注目してみる。＜ここまで＞文字色は白，フォントは明朝体とどちらもシンプルだ。しかし……
判断の根拠	・書き表したいこと（何を・どう捉えて・どのように感じたのか）を書いていて，対応する言葉を調べている。 ・評価のための言葉を適切に用いて，構成などを工夫しながらわかりやすく書き，推敲している。	・Bに加えて，対応する言葉を複数あげて選んでいる。 ・評価のための言葉を繰り返し吟味して豊かな表現にし，構成などを工夫しながらわかりやすく書き，推敲している。

③ 指導・支援の手だて

努力を要する：Cの状況への支援

・「語彙シート」の「表現したいこと」に単語しか書いていない生徒には，何を・どう捉えて・どのように感じたのかということを具体的に自分の言葉で表現させる。
・「語彙シート」の「類語」が少ない生徒には，類語辞典や情報端末を活用したり，教科書や便覧にある「○○の言葉」一覧などを参考にしたりして，違う表現ができないか考えさせる。
・「批評文」の下書きが進まない生徒には，付箋やノートに書いたメモを参考にしてよりよい構成を検討させる。また，観点に沿って資料を見返し，事実と意見を明確にさせる。資料の引用部分を確認するとともに新たな気づきを促し，自分の言葉で表現させる。

BをAへ引き上げる支援

・語彙や構成の仕方などについて複数の候補を作らせ，よりわかりやすく相手に伝わる表現を考えさせる。ペアで読み合い意見交換させる。関連事項を調査するなどして，資料を追加させる。

5. 評価場面❷：批評文を読み合い，納得できたところや表現のよさ，考えたことなどを話し合い，批評文を完成させる（思①）

① 学習活動と発問

第4時（評価場面❷）ではめあてを「批評文の工夫点を見つけ，伝え合おう」とし，グループで批評文を読み合い，文章の納得できたところや表現のよさ，考えたことなどを話し合う。ここでは，思①の総括的評価を実施する。自身の批評文について説明させるとともに，グループの中での話し合い活動の様子を観察する。そして最終的に提出された批評文のパフォーマンスを評価する。

> **学習課題**
>
> ### 批評文の工夫点を見つけ，伝え合い，批評文を完成させよう。
>
> 観点に沿って批評文を読み合い，工夫点やよいところを伝え合いましょう。
>
> **補足説明**
> ・批評文を読むときの観点を確認しましょう。（説得力を高める工夫／ものの見方／分析の観点や評価の仕方，語句／資料の使い方　など）
> ・納得できた部分とその理由，よい表現などを話し合いましょう。
> 　※次の点について，適宜指導する。
> ・こだわった語句や構成について振り返る。
> ・広告を分析したときの観点と，その評価について明らかにする。
> ・資料を引用した意図について明らかにする。
> ・納得できた部分について，どのような言葉で評価していたのか確認する。

② 評価のポイントと評価

完成した批評文をもとに総括的な評価を行う。原稿用紙には推敲した過程が残るようにしておき（ワープロソフトの場合には校正機能を用いる），評価材料とする。

	おおむね満足（B）の例	十分満足（A）の例
評価基準	思①　完成した批評文において，評価のための言葉を吟味して適切に用いている。	思①　完成した批評文において，資料を適切に引用するなど工夫したり評価のための言葉を複数の候補から吟味して，自分の考えがより的確に相手に伝わる言葉や学習の中で新たに知った言葉を用いたりするなど，豊かな表現や学びの深まりが見られる。
生徒の活動の様子と記述例	○**完成した批評文　※一部抜粋** 　澄みきった青い空に白い文字。またその下には豊かな自然が広がっている。それらはどこか統一感が感じられ，見る人に爽やかな印象を与える。このポスターを見たとき一番初めに目に入るのは，……手書きで書かれ，優しさを感じる。	○**完成した批評文　※一部抜粋** 　何気なく視線を向けた朝刊の隅のクレヨンの広告に，瑞々しい生命の彩りを見た気がして，頁を惰性で捲り続けていた私の手が止まった。整然と並ぶクレヨンたちはみな，新鮮な野菜を身にまとっている。この広告の制作元は，……
判断の根拠	「統一感」「爽やかな印象」など，評価のための言葉が適切に用いられている。	今回の学習を通してたどり着いた「瑞々しい生命の彩り」など，豊かな表現で書いている。また，広告制作元（企業）の調査などを含めて資料を活用しながら批評文を書き，読み手が納得できる文章になっている。

③ 指導・支援の手だて

努力を要する：Cの状況への支援

・評価場面❷ではすべての生徒について「おおむね満足（B）」と判断できるよう，評価場面❶（形成的評価）で支援することが望ましい。すべての生徒に「できた」という実感をもたせ，達成感を味わわせたい。

・類語辞典や情報端末などを用いて，評価のための言葉を選ばせる。

・構成を考える際，観点に沿って事実と意見を明確にさせる。意見につながる資料を引用させる。

6. 解 説

＜この二つの場面を取り上げたのは，なぜか＞

・評価場面❶は本単元で身につけたい思考力，判断力，表現力等のB(1)ウに向かう過程であり，評価場面❷は身につけた力が表れている場面である。生徒が試行錯誤するところで形成的評価を実施し，総括的評価で全員が「おおむね満足（B）」に到達できるようにしたい。

・評価場面❶では批評文を書く過程で推敲を重ねることとなる。思考の過程が見えるよう工夫する（余白を大きくした原稿用紙を用いる，ワープロソフトの校正機能を使うなど）。

・言語活動の目標になるものとして，手引きを用意するとよい。本単元では第1時に教師作成の批評文を用意し，「おおむね満足（B）」の例を示した。

【教師が示す批評文例】※下線部は評価の言葉の例　※題材：東京オリンピック1964のポスター

　躍動感あふれる選手達のスタートダッシュ。見る者は東京オリンピックへの期待を膨らませたに違いない。この時代のポスターには，ＣＧ技術が発達した現代にはない魅力があふれている。

　資料によると，撮影にはカメラ４台と５０台ストロボが用意されたらしい。さらに，漆黒の背景を表現するために，夜間の競技場で撮影されたというから驚きだ。何度も撮影を繰り返す様子が目に浮かぶ。シャッターを切るタイミングと選手たちのスタートダッシュの息づかい。それらが見事にマッチした一枚だからこそ，見る者に強烈なインパクトを残すのだ。

　日の丸と五輪マークが大胆にあしらわれた大会ロゴにも注目したい。戦後の日本が復興を遂げ，オリンピックを開催するに相応しい都市に発展したことをアピールしている。まさに，戦後日本の象徴と言えるだろう。

　当時の興奮を2020年にも蘇らせたいと願うのは私だけではないはずだ。そんな思いにさせてくれる作品である。

＜定期テストとの関連について＞

・例えば，評価場面❶を想定して言葉を吟味する場面を設定し，記述問題として出題する。

　例題：「授業で批評文を書くことになり，次のような［下書き］を書きました。傍線部について，もっとよい表現がないか考えています。あとに示す［語彙シート］にある言葉からよりよいと思う言葉を選び，その言葉を選んだ理由について簡潔に述べなさい。」

・実社会や実生活に生きて働く国語の資質・能力を育成する観点では，日常の学校生活において関係する活動にも目を向け，国語の学習で身につけた力を想起させたい。

参考：授業後の生徒作品（文化祭を振り返って）

　別世界。そんな言葉が似合う空間が，元はただの教室であった場所に広がっていた。どの作品も個性と努力が溢れ出ていた。一つ一つが繊細に形取られていて，己の存在を主張しつつも部屋の雰囲気を壊さないように，飾られていた。つい先程まで校舎を歩いていたのに，眼前には小さな美術館がひっそりと広がっていた。作品の一つ一つが今も脳裏に焼きついている。……（以下省略）

※この生徒は，他にも，語彙シートで「黒い背景」を最終的に「黒一色で塗られたキャンバス」と表現していたり，「未来をソウゾウする」という題で書いた学年通信の文章で，「ソウゾウ」に複数の意味をもたせたりしている。本単元の学習を通して言葉への意識が高まり，日常生活で用いる語彙が豊かになったと考えられる。

情報を編集して文章にまとめる

単元名：さまざまな資料を活用して戦争の記憶を受け継ぐ雑誌を作ろう

学習指導要領　〔知識及び技能〕(1) ウ〔思考力・判断力・表現力等〕B (1) ウ, B (2) イ

1. 単元の評価と授業改善のポイント

　編集の言語活動は「編集方針」に応じて「編集技術」を発揮していく一連の言語運用が鍵を握る。評価もこの2点に焦点化して引き出された能力を捉えていく。「編集方針」は，読者を想定し，伝えたい内容や記事の切り口，紙面の割付などの全体構想を考える企画段階がポイントとなる。次にこの方針に沿って「編集技術」が活用される。「編集技術」は具体的には情報収集や記事の執筆，写真や見出しを組み合わせた紙面の構成などがあげられる。方針の通りに記事が集まってうまく制作できることもあれば，集まった記事や各自の編集技術に影響されて方針を変更することもある。このように「編集方針」と「編集技術」とを相互作用させ，調整しながら，伝えたいメッセージをメディアを通して読者に表現することが学びの核となる。本単元ではこの相互作用が最も高まる企画会議を形成的評価の場面とし，雑誌の完成段階（完成披露会）を総括的評価の場と設定した。

単元の学習課題　**「戦争の記憶を受け継ぐ」をテーマにグループで雑誌を編集し，出版しよう。**

　戦後70年が経過し，戦争を体験した世代の高齢化が進み，直接話を聞く機会が減少しています。私たちの世代，そしてその先の未来に，戦争の記憶を受け継ぐことは大切です。この度，中学校の同窓会の協力で，戦争を体験した先輩方の話を聞く機会を設定することができました。グループで戦争体験者に取材をし，戦争の記憶をしっかりと受け止め，戦争について調べたことをまとめて雑誌を編集して，後輩たちに伝えたいことを伝えていきましょう。

条件
- ・中学校の後輩に向けて「戦争の記憶を受け継ぐ」というテーマで雑誌を編集する。
- ・4人1グループで雑誌の企画を練る。一人見開き2ページの紙面を制作する。
- ・インタビューでわかったことと，調査してわかったことを組み合わせて表現する。
- ・グループで伝えたいことや取り上げたい内容を整理した「企画書」と「構成ラフ」を作成する。その編集方針に沿って情報収集，構成，記事の執筆を行う。

2. 単元の評価規準

知識・技能	思考・判断・表現	主体的に学習に取り組む態度
①　話や文章の種類とその特徴について理解を深めている。(⑴ウ)	①　「書くこと」において表現の仕方を考えたり資料を適切に引用したりするなど，自分の考えが分かりやすく伝わる文章になるように工夫している。(B⑴ウ)	①　進んで読み手に自分たちの伝えたいメッセージが届くように表現の仕方や資料の引用を工夫し，学習の見通しをもって情報を編集して雑誌にまとめようとしている。

3.単元の指導と評価の計画

学習活動	評価基準（Bの例）〔評価方法〕	教師の支援
○学習課題「『戦争の記憶を受け継ぐ』雑誌を制作する」について知り，グループで雑誌の企画を考える（第1回編集会議）。 ○グループで，雑誌全体のテーマと，各自が分担して取り上げるテーマ，文章の種類を考え，企画書を作る。 ○各自の見開きページの構成を考えて，ラフ（紙面全体の割付，見出し，写真や記事の位置を手書きで大まかに位置取りをして書いたもの）を作る。	知①「インタビュー」「アンケート・意識調査」「再現ストーリー」など文章の種類や特徴を踏まえて，各自の紙面にどのような記事を盛り込むか検討している。〔企画書〕	・実際に戦争体験者にインタビューすることを告げ，学習課題への生徒の動機づけをする。 ・雑誌の紙面構成として「いろいろな角度から検証する」「一つのことを深く掘り下げる」の二つを例示する。 ・雑誌の文章の種類として「対談」「インタビュー」「アンケート，意識調査」「再現ストーリー」などがあることを例示する。
○戦争体験者へのインタビューに向け，知りたいことや質問項目などを考え，準備をする。 ○インタビューを実施する。戦争体験者は4名来校する。グループのメンバーは，それぞれ別の体験者に取材を行う。 ○雑誌の企画を再検討する編集会議を行う（第2回編集会議）。【評価場面❶】	思①　自分たちの考えがわかりやすく伝わる雑誌になるように，表現の仕方を考えたり資料を適切に引用したりするなど，雑誌の編集方針を検討している。〔活動の様子，評価場面❶〕※指導に生かす形成的評価を行う。	・戦争体験者にインタビューすると，想定外の答えになったり，自分たちの意図通りの情報が集まらなかったりする事態が起こり得る。そこで，インタビュー後に企画を再検討する話し合いを行わせる。話し合いはホワイトボードなどに可視化し，企画書を更新させる。
○企画に沿って紙面に盛り込む情報をさまざまな方法で集める。 ○紙面のレイアウトを考える。写真，見出しの内容，位置，大きさを確定する。記事のスペースに合わせて文章を執筆する。 ○全体のレイアウトやデザインを調整して完成させる。	思①　編集方針に沿って，読み手をひきつける内容になるように，見出しや文章表現を工夫し，写真を選択している。〔推敲中の雑誌〕	・文章を書き始める前に見出しを検討させる。見出しに文章の勢いや論調が表れる。教師はそれを手がかりに，どのような紙面になるか想定して，個別にアドバイスする。 ・情報が信頼できる情報源のものか，出典を確認させる。
○「雑誌完成披露会」を行う。【評価場面❷】 ○互いの雑誌の内容を紹介し合い，学習成果を相互評価する。 ○単元で学んだことを振り返り，グループ内で共有する。	思①　自分たちが伝えたいメッセージに沿って雑誌全体や各紙面の表現に工夫がなされている。〔完成した雑誌，評価場面❷〕 主①　学習を振り返り，自分の考えが伝わる文章にするために悩んだ点，工夫した点，よくできた点などを書き出している。〔振り返りシート〕	・評価の観点を各グループで設定し，自己評価と相互評価を行わせる。 ・雑誌を，インタビューした戦争体験者や下級生にも読んでもらい，感想をコメントしてもらうようにする。

4. 評価場面❶：雑誌の企画を再検討する編集会議を行う（思①）

① 学習活動と発問

　第一次で雑誌の編集方針（想定する読者層，取り上げたい記事の内容，紙面の構成など）を決める。第二次では戦争体験者にインタビューするために，どんな質問をすれば自分たちが記事にしたい内容の情報が手に入るか考え，事前に来校する戦争体験者の情報を集め，念入りに取材の作戦を練る。しかし実際に戦争体験者を教室に招いてインタビューすると，戦争体験者の証言は生徒たちの予想を超えるものとなることが多い。準備していた自分の質問ができなかったり，新たな事実が得られたりして，生徒にとって驚きの取材活動となることが想定される。戦争体験者によって語られた戦争の事実は，中学生の心を大きく揺さぶるものとなるであろう。

　そこでこのタイミングを捉えて，編集方針を立て直すために「第2回編集会議」を行う。

　まずこの編集会議で行うのは，各自がインタビューで得た内容を他と共有することである。4人のメンバーはそれぞれ別の戦争体験者に取材をしている。まずはそのインタビューの様子を報告し合い，得られた情報を確認していくこととする。

　次に，集まった情報をもとに，どのようにグループで雑誌を編集していくか，再度，編集方針を確認し，雑誌のコンセプトや紙面の構想を立て直す話し合いを行う。グループで取り上げたいテーマ，各自が担当する紙面の構成，取り上げる記事の内容，見出しの案などが，再度検討の俎上にあげられ，話し合って吟味していくこととなる。なお，話し合いの内容はホワイトボードに書き出して可視化するとともに，第一次で作成した企画書を書き直してもらう。

　教師は編集会議をしている各グループを巡回し，書き出されたホワイトボードや，変更が加えられた企画書に目を通す。なぜこのように企画を変更したのか，どのような意図で雑誌のコンセプトや紙面構成を練り直したのか質問を重ね，その場で各グループの伝えたいことや雑誌の編集方針がより明確なものとなるように助言を行う。このような手だてによって，この授業のねらいである「自分の考えがわかりやすく伝わる紙面になるように，表現の仕方を考えたり資料を適切に引用したりするなど，雑誌に取り上げる内容を検討している」様子を形成的に評価し，支援する。

> **学習課題**
> **インタビューで得られた情報を共有し，雑誌を通して伝えたいことを再検討して，表現の仕方を考えながら雑誌の編集方針（グループの特集内容・各自の分担・紙面構成・見出し・写真案）を練り直そう。**
>
> **補足説明**　共有した情報や，新たに考えた見出し案をホワイトボードに書き出すこと。
> 第一次で検討した企画書を再度書き直して提出すること。

参考：ホワイトボードの記述の様子の例

② 評価のポイントと評価

　話し合いの際に検討する材料や新たに考えたアイデアは，ホワイトボードや企画案に書き出すようにさせる。教師は各グループを回り，不明瞭な点について生徒に質問し，編集方針を言語化させる。各自が考えている編集の意図や構想について不十分な点があれば，それについて支援を行う。

	おおむね満足（B）の例	十分満足（A）の例
評価基準	思① 自分たちの考えがわかりやすく伝わる雑誌になるように，表現の仕方を考えたり資料を適切に引用したりするなど，雑誌の編集方針を検討している。	思① Bに加えて，下記のどちらかの要素を含む。 ・読者対象に合わせて，記事の取り上げ方や表現について編集方針を具体的にしている。 ・雑誌全体，見開き紙面での，複数の記事の関連性や，全体の流れ（ストーリー）を計画できている。
生徒の活動の様子と記述例	ホワイトボードや企画書の記述： 戦争体験者から伺ったお話の一部をそのまま抜粋させてもらうと，戦時中の状況が伝わりやすくなるのではないか？ 生徒の発言： 戦時中の食事について，詳しく書かれた書籍を見つけることができたので，出典を示したうえで引用したい。	ホワイトボードや企画書の記述： 戦時中の「ファッション」「食事」「住まい」をつなげて，「戦時中の衣食住」として連続して紹介できると当時の暮らしぶりが見えやすいのではないか？ 生徒の発言： 後輩に向けた雑誌なので，後輩たちにとって身近な記事であると興味をもってもらえると思う。『戦時中の授業』について初めに紹介したい。
判断の根拠	ホワイトボードや企画書の記述・生徒の発言から，取材によって得られた情報を概観したうえでわかりやすく伝わるような表現の仕方や資料の活用を工夫するなど，意図をもって雑誌を編集しようとしていることが確認できる。	ホワイトボードや企画書の記述・生徒の発言から，自分たちの伝えたいメッセージが伝わるように，読者を意識しながら情報を絞り込んだり関連づけたりするなどして意図的に紙面全体を構成しようとしていることが確認できる。

③ 指導・支援の手だて

努力を要する：Cの状況への支援

・Cの状況として，取り上げる情報が不足していたり，情報が多すぎて選べない状態になっていたり，伝えたい内容が明確に決まっていなかったりすることが考えられる。

・取り上げる情報が不足している場合は，基本的な情報の下調べを続けさせることが必要である。インタビューの際に録画したデータを聞き直したり，インターネットで調べさせたりするなどして，集まってきた情報の中で，自分が一番興味をもったことを取り上げるとよい。

・一方，情報が多すぎて選べない場合や，情報が集まっても自分が伝えたい内容が決まらない場合には，抽象度の高い仮テーマを複数設定し，テーマと情報の関連性を考えさせるとよい。切り口が変化することで情報に新たな側面から光が当たり，思わぬ関連性が浮かび上がってくることもある。そこからテーマをより具体的なものへと絞り込むようにさせる。

・全くテーマが思いつかない場合は，他のグループで出た内容を紹介するなどして，その中から自分が関心をもった内容について記事を書くようにするとよい。

5. 評価場面❷：「雑誌完成披露会」を行う（思①）

1 学習活動と発問

　雑誌が完成した段階で自己評価・相互評価の場を設定する。最終段階での評価なので，できるだけ肯定的な視点で，これまでの学習成果や努力を分かち合うことのできる時間としていきたい。

　また，単なる作品の出来栄えのよしあしではなく，「読み手にメッセージを伝えるためにはどのように編集すればよいか」という本質的な問いに立ち戻る学びとしたい。

参考：完成した雑誌記事の例

学習課題　完成した雑誌を自己評価し，互いに読み合ってコメントしよう。

①この学習を通して学んだ「よい雑誌の条件とは」というポイントで観点を三つ設定します。
　観点例：文章からテーマが伝わる／見出しが印象的／写真と記事のバランスがよい など
②設定した三つの観点で，自分の書いた記事やグループで編集した雑誌を振り返りましょう。
③他のグループの雑誌も①の観点に沿って相互評価をしていきましょう。

---

2 評価のポイントと評価

　自己評価では生徒たちが考えた「よい雑誌とは」のポイントが示されることとなる。授業のねらいに沿った適切な観点が生徒たちから出てくるよう，本時までに意図的に生徒に気づかせる授業デザインが求められる。完成した雑誌（生徒が担当した記事）と自己評価の記述から評価を行う。

	おおむね満足（Ｂ）の例	十分満足（Ａ）の例
評価基準	思①　自分たちが伝えたいメッセージに沿って雑誌全体や各紙面の表現に工夫がなされている。	思①　Ｂに加えて，下記のどちらかの要素を含む。 ・より読み手を意識している。 ・より流れを意識して雑誌を構成している。
生徒の活動の様子と記述例	**作成した記事：** 戦争体験者の言葉を載せながら戦時中の住まいについてまとめ，「当時の住環境」について伝えている。 **自己評価の記述：** すべての項目に小見出しを立てることで最後まで読者の興味をひいて伝わりやすくなるように工夫できた。	**作成した記事：** 「戦時中の住まい」がテーマの記事。防空壕やガラス窓など当時の住宅の様子を写真付きで紹介した後，「贅沢が禁止されていたこと」「物々交換で食料を手に入れていたこと」など，「苦しい状況での暮らしの工夫」の紹介につなげている。 **自己評価の記述：** 「住まい」を糸口に当時の暮らしの苦労と工夫まで広げて伝えられた。自分の感想も入れることで，読者にも考えをもってもらうことを意識した。
判断の根拠	制作した雑誌が編集方針の通りに仕上がっているかという視点と，それを自分自身で意図して制作できた（意図を言語化できている）という二つの点を達成している。	Ｂよりもさらに読者意識や目的意識という点で具体的に意図を言語化していること，また完成した作品にこれらの意図が反映され，メッセージが伝わってくるかどうかという視点を達成している。

3 指導・支援の手だて

努力を要する：Cの状況への支援

・Cの状況として，具体的には「よい雑誌とは何か」の観点が設定できない状態，観点が設定できてもコメントができない状態などが考えられる。

・観点が設定できない生徒に対しては，教師や他のグループの観点例を伝えて参考にさせたり，自分の制作した雑誌の「よくできたところ，苦労したところ」をあげさせたりし，そこから観点の形で言い換えて示すなどの支援が考えられる。

・観点が設定できてもコメントができない状態の生徒に対しては，観点をより具体的なものに設定し直すことや，まずその観点で直感的に5段階などで評価してもらい，その後，5段階で評価した理由を述べさせるなどの支援が有効である。

6. 解 説

＜この二つの場面を取り上げたのは，なぜか＞

・この単元では「グループでテーマを決めて雑誌を制作する」という一連のプロジェクトに取り組む形で学習活動を組織した。雑誌編集では「編集方針」と「編集技術」を相互作用させながら伝えたいメッセージに沿って学習を調整していくことが必要となる。この学習の調整が最も高まる中間地点（評価場面❶）で形成的評価を，雑誌の完成段階（評価場面❷）で総括的評価を行い，資質・能力を引き出し，捉えていくようにした。

・中間段階のヤマ場は，インタビュー後の第二回の編集会議（評価場面❶）である。戦争体験者へのインタビューでは想定外の情報が得られたり，当初の構想通りに進まなかったりするなど，不測の事態に直面する。そこで企画を練り直し「何のために，何を，どのように伝えていくか」という編集方針について再検討を促す。このタイミングを逃さずに「何を，どのように編集していけばよいか」について学習者に意識化，言語化をさせていく。読み手の視点や情報の関連づけ，特集テーマとそれぞれの紙面の組み合わせなどについて支援する。

・終末段階の見せ場として「雑誌完成披露会」（評価場面❷）を設定した。「よい雑誌の条件とは」という視点で，これまで学んだことをもとにグループで三つ観点を設定する。その観点に沿って互いの作品を見合っていく。単元の最後には「次に自分が雑誌を編集するとしたら心がけたいこと」という視点で学習を振り返る。振り返りのポイントは，表面的な雑誌の出来栄えだけでなく「よい雑誌とは」「よい編集とは」というよりメタな視点で本質的な問いに戻り，学習プロセスを振り返ることである。学習全体を俯瞰し，次の文脈につなげる問いを設定して振り返ることで，本単元で学習した内容が永続的な理解につながるように支援する。

＜定期テストとの関連について＞

・定期テストでは，本単元で生徒が取り組んだような雑誌企画を再検討する場面から出題する方法が考えられる。例えば，雑誌企画の第一次案から第二次案へのビフォー，アフターから考える問題である。第一次の雑誌企画（全体特集テーマと各自の紙面のタイトル）と第二次の雑誌企画の両方を提示し，それを比較して，第二次案は何をどのような意図で変更したかを考えさせていくような問いである。本単元の学習で「伝えたいメッセージ」「集まってきた情報の関連づけ」「読者目線での検討」などの観点で編集方針を考えてきた学習者であれば，この問題に解答することができるだろう。よって，他の文脈においても，本単元での学習内容が活用できているとみなすことができる。

報道文を比較して読み，考えを発表する
単元名：全国紙と地方紙の比較でメディア・リテラシーを磨こう

教材 「情報社会を生きる　報道文を比較して読もう」（光村図書）
学習指導要領 〔知識及び技能〕(2)イ〔思考力・判断力・表現力等〕A(1)ア，C(1)イ，C(2)ア

1. 単元の評価と授業改善のポイント

　目の前の情報が「一部に過ぎないこと」「編集されていること」を理解したうえで，情報を吟味したり必要な情報を集めたりする態度や能力（メディア・リテラシー）は，高度に情報化されたデジタル社会でよりよく生きていくために必須である。Web上の情報を扱うことも展望しつつ，まずは書かれた情報が，一部に過ぎず，編集されていることの明確な新聞記事を教材に用いる。しかし，一つの記事や複数の全国紙での比較では上記の特徴を明らかにできない場合も多い。そのため全国紙と地方紙とで同じ話題がどのように取り上げられているか比較し，共通点や違いを見いだし，その理由を分析する学びをつくる。生徒の発見や気づき，理由の分析を主に評価する。

単元の学習課題

東京オリンピックの開会式を伝える新聞記事，特に聖火や聖火ランナーを取り上げた記事について全国紙と東日本大震災の被災地の新聞とを比較しよう。

　新聞には社会で起きた出来事の紹介や社説・有識者の意見などが記事として掲載されます。新聞の紙面はスペースが限られており，載せられる情報の量に制限があります。そのため，情報のどの部分をどのように載せるか，新聞社は工夫を凝らします。これが「編集」です。
　新聞には，地域の情報を中心に載せる「地方紙」と，全国の情報を中心に載せる「全国紙」があります。地方紙はその地域で暮らす読者に，全国紙は全国にいる読者に，情報を届けることが使命です。同じ出来事を扱っても届ける相手が違うために，編集の工夫が異なることがあります。そこで「東京オリンピックの開会式」という同じ出来事について，地方紙と全国紙の記事を比較し，「編集」がどのように異なるのか明らかにしましょう。

2. 単元の評価規準

知識・技能	思考・判断・表現	主体的に学習に取り組む態度
① 情報の信頼性の確かめ方を理解し使っている。((2)イ)	① 「話すこと・聞くこと」において，目的や場面に応じて，社会生活の中から話題を決め，多様な考えを想定しながら材料を整理し，伝え合う内容を検討している。(A(1)ア) ② 「読むこと」において，文章を批判的に読みながら，文章に表れているものの見方や考え方について考えている。(C(1)イ)	① 進んで文章を批判的に読みながら，「編集の意図」など，文章に表れているものの見方や考え方について考え，学習課題に沿って報道文を比較して考えたことについてまとめようとしている。

3.単元の指導と評価の計画

学習活動	評価基準（Bの例）［評価方法］		教師の支援
○学習課題を理解し，新聞の「編集」について理解する。 ○練習課題として，班員と協力しながら，地方紙と全国紙との違いと共通点を表にまとめ，その理由を考える。	知①	地方紙と全国紙との記事の内容の違いを表にまとめて違いと共通点を整理している。［ワークシート］	・目の前の情報が「一部に過ぎないこと」「編集されていること」のわかりやすい例を示す（スポーツ記事などを活用）。 ・地元紙と全国紙で同じ出来事について取り上げているが記事の内容に違いがあるものを探しておき，示す。
○東京オリンピックの開会式を伝える新聞記事，特に聖火や聖火ランナーを取り上げた記事について全国紙と東日本大震災の被災地の新聞との違いと共通点を表にまとめる。	知①	地方紙と全国紙との記事の内容の違いを表にまとめて違いと共通点を整理している。※ここでは前時の活動が生かせているかを含めて評価を行う。［活動の様子・ワークシート］	・一覧して違いと共通点がわかる表がよいことを伝える。 ・全国紙と地方紙に表を分けてもよいが，見比べることが配置上可能になるよう工夫するように伝える。 ・パワーポイントなどを利用してもよいことを伝える。
○全国紙と東日本大震災の被害地の新聞との「違い」について，なぜ違うのか理由を考える。その際下記二つの発問を行う。【評価場面❶】 １「復興五輪」はどんな理念か？ ２全国紙ではなぜ「被災地」に関する内容が少ないのか？ ○「共通点」について，どうして同じ内容を伝えているのか理由を考える。	思② 思②	「復興五輪」の理念について調べて説明している。［活動の様子・ワークシート，評価場面❶］ 全国紙の記事に被災地の情報が少ない理由について，情報を発信する相手にふれて説明している。［活動の様子・ワークシート，評価場面❶］	・地方紙と全国紙がそれぞれどんな読者を想定しているのか，情報を伝える。「相手」の意識で考えるよう促す。 ・日時や場所，開会式の流れといった事柄にも伝えるべき理由があることに注意させる。
○自分たちの分析の結果について発表するための三つの観点をまとめる。【評価場面❷】 ※三つの観点……①全国紙と地方紙の違いとその理由，②共通点とその理由，③この学習の意味 ○上記の観点に基づいて発表する。	思① 主① 主①	多様な考えを想定しながら材料を整理し，違いとその理由，共通点とその理由について説明している。［活動の様子・発表資料，評価場面❷］ 学習活動の意味を説明しようとしている。［活動の様子・発表資料，評価場面❷］ 学習課題について，その意義を捉えながら，「編集」の意図について自らの考えをもち他者にわかりやすく伝えようと工夫している。［活動の様子，発表資料］	・「観点」は，違いとその理由，共通点とその理由，この学習活動の意味の三つを基本とする。 ・この学習活動の意味がわかりにくい場合には，「先生がこの学習課題でどんな力や態度を向上させたいと考えたのか」など，かみ砕いて説明する。

4. 評価場面❶：全国紙と東日本大震災の被災地の新聞との「違い」について，なぜ違うのか理由を考える（思②）

① 学習活動と発問

　ここでは，朝日新聞，毎日新聞，読売新聞などの全国紙と，岩手日報（岩手県），河北新報（宮城県），福島民報（福島県）の東日本大震災の被災地の新聞のそれぞれについて，東京オリンピックの開会式の記事，特に「開会式で灯される聖火と聖火リレーに関する記事」での取り上げ方を比較し，「違い」と「共通点」を整理させる。

　「違い」と「共通点」を整理し始めると，生徒はすぐに「被災地」に関連する内容について全国紙に比して被災地の新聞の方が多く取り上げていることに気がつく。机間巡視をしている際などにこうした生徒の様子が見られたときが，下記二つの発問（学習課題の提示）のチャンスだ。

　発問をしないと，「被災地の新聞だからだ」といった表面的な理解で済ましてしまう可能性がある。生徒に，「被災地だからという理由だけなのかな？」と問いかけてみよう。東京オリンピックについてインターネットで調べてみたりしてもよい。きっと，東京オリンピックが「復興五輪」であったからだ，という事実を発見してくれる。そこで，全国紙と被災各地の新聞との違いを決定づける要因について考えてもらうために，下記の問いを全体に投げかける。

　東京オリンピックは「復興五輪」と位置づけられていたため，被災各地の新聞には，東日本大震災からの復興をアピールしたり復興支援への感謝を表したり，まだまだ道半ばの復興の課題を伝えたりするなど，被災地の人たちの思いや社会の状況を伝える記事が多数載せられていた。その代表が聖火リレーと聖火ランナーについて紹介する記事である。各々の復興の思いを抱えて被災各地を走る聖火ランナーの姿や思いが記事に取り上げられていた。

　一方，全国紙の開会式の記事には被災地についての記載（たとえば開会式に被災各地の子どもたちが登壇したことや，聖火台の燃料が福島県浪江町の施設で作られた水素であることなど）はほとんどない。新型コロナウィルスの蔓延による延期がなされ，大きなスキャンダルもあった五輪であったため，「復興五輪」は霞んでしまったからだろうか。

　ただ，本当にそうであるかはわからない。そこで，新聞記者に尋ねるという方法も取ってみると，「社会に開いた教育活動」の一部とすることも可能となる。この方法も，「自分たちの考えを確かめる方法はないだろうか？」と問いかけることで実現できる。

学習課題

全国紙と地方紙との「違い」の理由を考えよう。

発問
1：「復興五輪」とはどんな理念なのでしょうか（インターネットで調べてみよう）。
2：なぜ全国紙の記事では「被災地」に関する内容が少ないのでしょうか（考えてみよう）。

発展課題（発問）
地方紙と全国紙との違いについて，自分たちが考えたことを確かめるために，どんな方法がとれると思いますか。
※全国の都道府県に全国紙の支局はあり，新聞活用（NIE）には協力的です。
記者や支局長へのインタビューは基本的に快く引き受けてくれるはずです。

② 評価のポイントと評価

　発問後にまずは個人で考えてもらう。その後，グループで個人の意見を共有し，グループの意見として記述し発表を行う。個人のワークシートには，「私が考えたこと」「グループで発表したこと」の二つを記述する。

	おおむね満足（B）の例	十分満足（A）の例
評価基準	発問1：思② 「復興五輪」の理念について調べて説明している。 発問2：思② 全国紙の記事に被災地の情報が少ない理由について，情報を発信する相手にふれて説明している。	発問1：思② 「復興五輪」の理念について調べるだけではなく，被災各地の新聞の記事も引用して説明している。 発問2：思② 全国紙の記事に被災地の情報が少ない理由について，情報を発信する相手にふれつつ具体例もあげて説明している。
生徒の活動の様子と記述例	発問1：復興庁の「復興五輪ポータルサイト」には，「東日本大震災に際して，世界中から頂いた支援への感謝や，復興しつつある被災地の姿を世界に伝え」，「被災地の魅力を国内外の方々に知っていただき」，「被災地の方々を勇気付けることなどにより，復興を後押しすることを主眼とするもの』とあります。 発問2：全国紙は全国の人たちへ向けてオリンピックの開会式を報じているので，全国の人たちに共通して関心が高い情報を中心に報じたのではないかと思います。	発問1：東京2020組織委員会のホームページには，「被災地の方々に寄り添いながら被災地の魅力をともに世界に向けて発信」，「スポーツの力で被災地の方々の『心の復興』にも貢献」とある。また，福島民報の記事には『本県の現状が多くの人に届く期間であってほしい』という願いが書かれている。こうしたことが『復興五輪』です。 発問2：全国紙は全国の人たちへ向けてオリンピックの開会式を報じているので，全国の人たちに共通して関心が高い，新型コロナウィルスによる混乱や著名な人の参加などを中心に報じたのではないかと思います。
判断の根拠	発問1：「復興五輪」について，孫引きではない情報源から得た情報をもとに，出典を明記して説明している。 発問2：全国紙が政治，経済，社会，国際などのニュースについて全国統一で記事を作成し全国の人へ向けて情報を発信していることに基づいて，「被災地」に関する内容が少なくなっていると推察している。	発問1：孫引きではない情報源から得た情報をもとに，出典を明記して説明しているとともに，地方紙の記事も引用して示し，理念の情報と実際（新聞）の情報を結びつけている。 発問2：全国紙が政治，経済，社会，国際などのニュースについて全国統一で記事を作成し全国の人へ向けて情報を発信していることに基づいて，「被災地」に関する内容が少なく，他の関心の高い情報を厚く取り上げているのではないかと具体例を示しながら推察している。

③ 指導・支援の手だて

努力を要する：Cの状況への支援

・webでの調査にとまどっている生徒には，「復興五輪」「理念」や「復興五輪について」などの検索ワードを用いるよう伝え，検索する様子を見守る。検索で表示された結果について「ここを見てみよう」などと促す。

・全国紙になじみがない生徒には，「全国紙とはどんな新聞のことか調べてみよう」と問いかけて調べるように促す。地元紙（地方紙）があれば，全国紙と比べながら読ませるのも有効。

5. 評価場面❷：自分たちの分析の結果について発表するための三つの観点をまとめる（思①，主①）

① 学習活動と発問

ここでは三つの観点をもとに発表資料をまとめる。その活動の様子や発表資料に，本単元を通じて養った態度や能力が示されているかを評価する。

学習課題　全国紙と地方紙との「違い」と「共通点」，「この学習の意味」を，表にまとめて発表しよう。

発問1　「①違いとその理由」，「②共通点とその理由」，「③この学習活動の意味」の三つの観点について，どのように考えますか（表にまとめよう）。

発問2　違いや共通点とその理由を考えることは，どんな態度や力を伸ばすと思いますか。

補足説明　「この学習活動の意味」を考えるときには，例えば，ある出来事について，新聞などの報道に「載っていない」「発信されていない」と，情報の受け手側にどんな影響があるか考えてみよう。

② 評価のポイントと評価

三つの観点について発表資料を作成できているか評価する。

	おおむね満足（B）の例	十分満足（A）の例
評価基準	思①　多様な考えを想定しながら材料を整理し，違いとその理由，共通点とその理由について説明している。 主①　学習活動の意味を説明しようとしている。	思①　多様な考えを想定しながら材料を整理し，違いとその理由，共通点とその理由について新聞記事を引用して論理的に説明している。 主①　学習活動の意味を学習の過程を振り返りつつ説明しようとしている。
生徒の活動の様子と記述例	**発問1**：被災地の新聞には，開始式に被災地の子どもたちが出ていたことなどが書いてあったが，全国紙にはなかった。これは，情報を伝える対象が地方紙ではその地方（被災地）の人，全国紙では全国の読者であるからだ。【①違いとその理由についてのみ抜粋】 **発問2**：この学習活動では，編集によって載せられていない情報は「ないこと」になってしまう危険性もあることを知った。	**発問1**：被災地の新聞には「聖火リレー最終走者の大坂は，東日本大震災で被災した岩手，宮城，福島3県の子どもたち6人から聖火を引き継ぐとゆっくりと駆けだし」のような記述があるが全国紙にはない。これは，情報を伝える対象が地方紙ではその地方（被災地）の人，全国紙では全国の読者であるからだ。【①違いとその理由についてのみ抜粋】 **発問2**：この学習活動では，「情報が載せられていない」ことの意味を考えた。編集により載せられていない情報は「ないこと」になってしまう危険性もあることを知った。
判断の根拠	・記事の内容の違いの理由を説明している。 ・学習活動の意味を分析し述べている。	・実際の情報（記事の内容）を引用して違いの理由を説明している。 ・学習を振り返りながら学習活動の意味を分析し述べている。

③ 指導・支援の手だて
努力を要する：Cの状況への支援

・「違い」の理由が考えられない生徒には，「その内容がある」のはなぜか，「その内容がないのは
　なぜか」考えるように促す。

・「共通点」を見つけられない生徒には，「地方紙でも全国紙でもどちらにも載っている内容に線を
　引いてみよう」「写真の共通点はないかな」などと問いかける。理由については，「地方紙でも全
　国紙でも，どちらも載せようと考えたのはなぜだろう」と問いかける。

・学習活動の意味を考えられない生徒には，「書かれた情報が，一部に過ぎず，編集されているこ
　とを知っているとどんなよいことがあるだろうか」と問いかける。

6. 解説

＜この二つの場面を取り上げたのは，なぜか＞

・評価場面❷は単元を通じて養った態度や能力が示されているかどうかを総括的に評価する場
　面であり，評価場面❶は評価場面❷に到達するための中間評価をする場面である。

・評価場面❷は，自分たちの学習を言語化して可視化する活動であるために総括的な評価が可
　能となる。評価場面❶は評価場面❷での活動のための手法を理解して活用する場面として位
　置づけている。

・評価場面❶で理解し活用した手法は，他の記事の比較でも活用できる。またweb上のさまざ
　まな情報についても分析できる手法である。一つの単元に終始せず，別単元や生徒の自主的
　な探究活動などで活用させることで，日常生活に役立つメディア・リテラシーを育成できる。

・上記のように評価場面❶は今後の学習活動や生徒の生活場面での活用を展望したものである
　ため，評定には用いない。

・評価場面❷での「この学習活動の意味」を言語化する活動では，自分たちが取り組んでいる
　学びがどんな資質や能力，態度を伸ばしたり涵養したりしようと企図されているのか，メタ
　的に学びの方略をとらえる態度を養うことができる。この学習活動の目的が，「目の前の情
　報が『一部に過ぎないこと』『編集されていること』を理解したうえで，情報を吟味したり
　必要な情報を集めたりする態度や能力（メディア・リテラシー）」を育成することであるか
　らだ。学びが教師によって何のためにどうデザインされているかメタ的にとらえることで，
　熟考し分析し自分と関連づける，といったクリティカル・シンキング（批判的思考）を伸ば
　すことができる。熟考し分析し自分と関連づけることは，「学びに向かう力」のうちの「自
　己調整力」を伸ばすことでもある。

＜定期テストとの関連について＞

・評価場面❶で理解し活用した手法は，記事を変えて定期テストに出題できる。可能ならば自
　校の地域の地方紙と，全国紙とで，取り上げる出来事は同じだが記事の内容が異なるものを
　普段から収集しておくと問題が作りやすい。

・評価場面❶や❷と似たバリエーションの問題として，全国紙の関東版，関西版などで1面に
　取り上げる記事が異なる場合，その理由を考えるというものも定期テストに採用できる。

・以上のようにメディア・リテラシーは，分析する情報を変えれば授業で育成や涵養を図った
　能力や態度を活用することができるかどうかを定期テストで測りやすいため，定期テストの
　結果を総括的な評価に組み入れる妥当性がある。

小説を批評的・創造的に読む

単元名：近代小説「故郷」のテクスト形式に着目し，魅力や価値を批評しよう

教材　「故郷」（魯迅著・竹内好訳，光村図書）
学習指導要領　〔知識及び技能〕(1) ウ〔思考力・判断力・表現力等〕C (1) ウ・エ, C (2) イ

1. 単元の評価と授業改善のポイント

　新学習指導要領では「詩歌や小説などを読み，批評したり，考えたことなどを伝え合ったりする」言語活動（中学第3学年）が位置づけられており，多様なテクスト形式（内容・形式）に対して批評的・創造的な思考力を高めることが求められている。近代小説は市民社会の課題を社会や家族，国家，制度などとかかわらせ，個性的な人物像の発見と創造，心理描写の技法による人間の内面の表現，社会・時代と個人との対立の構図などとして表現されてきた経緯がある。そのため，近代小説の学習は，現代社会をたくましく生き抜き，自己と社会を見つめる眼や判断力，感受性を高めることにつながる。また文学特有の構成・表現形式の学習は，論理的な言語とは異なる人間的で深い言語と表現の可能性（生の実感や価値，感性）を学ぶことにもつながる。以下の単元の学習課題を設定することで，「故郷」がもつ内容の魅力や価値を追究していくとともに，形式の意図や効果，戦略にも着目しながら，近代小説を読み解き批評することの楽しさと方法も身につけさせたい。

単元の学習課題　現代を生きる私たちにとって，「故郷」を学ぶ魅力や価値とは何か考えよう。

　ある出版社から，「今の中学3年生たちが，近代小説『故郷』をどう読み，何を考えるのかを教えてもらいたい」という依頼がありました。この作品は，中国人である魯迅によって1921年に書かれた近代小説です。日本では，1953年から約70年間にわたって，国語の教科書に掲載され続けています。あなたは「故郷」を読んでどのように感じましたか，また，現代を生きる私たちにとって，「故郷」を学ぶ魅力や価値は何だと思いますか。出版社の方にあなたの考えを文章でわかりやすく伝えてください。

条件
・テーマは「『故郷』の魅力や価値とは」とし，800字程度で自分の考えを論述する。
・タイトルは自分で付ける。また，文章構成を工夫し，論理的に自分の考えを論述する。

2. 単元の評価規準

知識・技能	思考・判断・表現	主体的に学習に取り組む態度
① 話や文章の種類とその特徴について理解を深めている。((1)ウ)	① 「読むこと」において，文章を読んで考えを広げたり深めたりして，人間，社会，自然などについて，自分の意見をもっている。(C(1)エ)	① 進んで作品を読んで，人間や社会などについて考えを広げたり深めたりして，学習課題に沿って作品の内容や形式を批評したり，考えたことを伝えたりしようとしている。

3.単元の指導と評価の計画

学習活動	評価基準（Bの例）〔評価方法〕		教師の支援
○学習課題を理解して，学習の見通しをもつ。 ○「故郷」を通読し，おおよその内容を理解する。 ○初発の感想をまとめ，問いを共有する。	主①	※ここでは主①で評価する際に，変容を分析するための一つの材料にする。〔学習シート〕	・出版社からの依頼状を提示することで，「故郷」への関心を高められるようにする。 ・学習シートで観点を提示することで，課題意識を高められるようにする。
○キーワードを確認しながら，登場人物の設定や関係，小説特有の場面構成を理解する。 ○時代背景や時代的な価値観と関連づけながら，対比人物（ルントウ，ヤンおばさん）の変化・変容の理由を考える。 ○「私」（中心人物兼視点人物）の役割や効果と，現代において作品を学ぶ意義や価値を考える。【評価場面❶】	思①	発問に対して「故郷」のテクスト内容・形式から考察している。〔活動の様子・学習シート，評価場面❶〕※指導に生かす形成的評価を行う。 中心発問：この作品は何を描こうとしているのだろうか。 補助発問：この作品を学ぶ意味や価値について，みんなはどう思うだろうか。	・文章全体の構造と内容を把握する場を設定することで，「なぜ，ルントウやヤンおばさんは変わったか」（問い）を見いだせるようにする。 ・意見交流する場を設定することで，「この作品は何を描こうとしているか」（中心発問＝本質的な問い）を見いだせるようにする。 ・意見交流する場を設定することで，時代的な価値観と関連づけながら登場人物の設定や関係性，象徴的な表現の意味を批評できるようにする。 ・作品に内在する問題を自分事として捉える生徒を意図的に指名することで，現代における意義や価値を考えられるようにする。
	知①	近代小説特有のテクスト形式（内容・形式）について理解を深めている。〔学習シート，振り返り〕	
○作品の魅力や価値を論述するための構成メモ（内容と形式）を考える。 ○作品の魅力や価値を述べる文章（文学作品を評価する文章）を論述する。	思①	「故郷」のテクスト内容・形式について批評することを通して，現代における作品の意義や価値を考察している。〔学習シート，評価場面❷〕	・論述する内容と構成について，自分の考えを記述できる学習シートを配付する。 ・構成メモをもとに文章を論理的かつ創造的に論述できる学習シートを配付する。
○論述した文章をグループで読み合い，検討し合う。 ○メンバーからの助言を受けて，作品の魅力や価値を述べる文章を改善する。【評価場面❷】	主①	粘り強く作品のテクスト内容・形式を批評しようとしているとともに，人間や社会などについて考えを広げたり深めたりしたことをこれからの学習や生活に生かそうとしている。〔学習シート〕	・論述した文章を評価するための観点を記述した学習シートを配付する。 ・評価の観点を提示することで，表現力の質的な高さや深さ，本質性などから修正・改善（助言）できるようにする。

4. 評価場面❶：「私」（中心人物兼視点人物）の役割や効果と，現代において作品を学ぶ意義や価値を考える（思①）

① 学習活動と発問

　ここでは，「故郷」のテクスト形式（内容，構成・表現形式）について，批評的・創造的に考えを深めるための発問を取り上げる。まずは，本教材の「見方・考え方」（内容・形式）を確認する。「故郷」は，歴史と人間，国家・組織や因習との関係，多様な人間像の造形と意味，優れた描写や語り・構成などを通して，いつの時代でも時代の価値観を正しく捉え，現代社会を批評的・創造的に生きることの大切さを教えてくれる近代小説の一つである（テクスト内容としての側面）。

　また，清朝末期の非人間的な封建社会や制度・迷信の中で，「無告の民」として死んでゆく愚かな民衆の姿，封建社会の支配者が民衆を，また民衆同士が互いに食い合う「喫人」の残酷さと相互無理解の隔絶感を描こうとしたといえる。こうした問題をより効果的に描くため，報告者（中心人物兼視点人物）を設定し，「社会」を虚構化することで人間像の中にある本質と普遍性を描きつつ，人物を取り巻く「社会」を告発したと読むことができる。特に，「私」という報告者であり視点人物の語りと描写・人間像の変化を通して，清朝末期の制度を批評し，当時の時代的な価値観や権力に翻弄される民衆の哀しみや悲惨さを描いていることが魅力である。さらに「ルントウ」や「ヤンおばさん」（対比人物）は，教育を受けたり教養を積んだりすることのできない民衆＝貧しくて身分の低い立場にある男女の代表として描かれている。これら人間像のイメージの変化，それらによって語られる作者の思想，社会の中の人間というテーマ，細密で詩的な描写などに近代小説としての重要な特質があるといえる（テクスト形式としての側面）。これらを踏まえることで，単に「私」の心境を追っていくだけでなく，その背後にある批評精神や社会を見つめる鋭い眼差しといった，近代小説としての魅力や価値を味わうことができると考える。

　次に，発問までの流れについて確認する。前時までに，生徒は「なぜ，ルントウやヤンおばさんは変わってしまったのだろうか」について意見交流をする。生徒は「ルントウ」や「ヤンおばさん」の人物像の変化を，時代背景や当時の時代的な価値観と関連づけながら「国力の低下によって農村が衰退し，貧富の差が拡大したためだ」と明らかにする。一方で，「この作品は何を描こうとしているのだろうか」という問題を見いだし，新たな視点から作品全体を読み返しながら追究を進める。

　本時では，生徒が追究したことをもとに「この作品は何を描こうとしているのだろうか」（中心発問）について意見交流をする。まず，「私」（中心人物兼視点人物）が「ルントウ」や「ヤンおばさん」（対比人物）を語ることの意味に着目し，「時代のせいで農民が苦しい生活を強いられる。身分の低い男性の姿を描こうとしている」，「『纏足』は，女性という身分が固められる遅れた中国社会（文化）の象徴だ。男女差別による女性の生きづらさを描こうとしている」と述べる。また，「悲しむべき厚い壁」や「金色の丸い月」という象徴的な表現にも着目し，「『悲しむべき厚い壁』とは，身分や貧富の差によって生まれた『心の壁』だ」，「『金色の丸い月』は，身分に関係なく，みんなが幸せに生きられる理想の社会の象徴であり，『私』が『望むもの』だ」と述べる。さらに，「ホンル・シュイション」（対比人物）を登場させたねらいにも着目し，「子どもたちを登場させることで，新しい中国のあるべき姿や『私』の理想とする希望を託しているのではないか」と述べる。

　意見交流を進める中で，作品が描こうとしていることを自分自身の問題として捉える生徒を意図的に指名する（「当時の中国社会を生きる人たちへの問題提起だ。行動を起こさなければ何も変わらない。これは今の私たちにもいえることではないか」）。生徒が発言したところで，教師は「この作品を学ぶ意味や価値について，みんなはどう思うだろうか」と全体に問い直す。そうすることで，登場人物の言動や認識を自分自身と重ね合わせて考えたり，現代社会の中でどう生きるべきなのか

を考えたりするなど，現代において作品を学ぶ意義や価値についても考えを深める契機となる。

中心発問	この作品は何を描こうとしているのだろうか。
補助発問	この作品を学ぶ意味や価値について，みんなはどう思うだろうか。

② 評価のポイントと評価

　補助発問後に考えを記述する場を設定し，意見交流を続ける。意見交流後，問題に対する考えを見つめ直す場を設定する。ここでの記述内容から学習状況を把握し，今後の学習に生かしていく。

	おおむね満足（B）の例	十分満足（A）の例
評価基準	思① 発問に対して「故郷」のテクスト内容・形式から考察している。	思① 発問に対して「故郷」のテクスト内容・形式から考察するとともに，現代における作品の意義や価値を考察している。
生徒の活動の様子と記述例	**対比人物（ルントウ，ヤンおばさん，ホンル・シュイション）の描かれ方からの考察** 苦しい時代の中で生きる人たちの過酷さを描こうとしている。ルントウは農民・男性として，ヤンおばさんは商人・女性として，ホンル・シュイションは無職・子どもとして描かれているためである。 **中心人物兼視点人物（「私」）の描かれ方からの考察** すべての人たちが幸せに生きられる新しい社会の実現と決意を描いている。対比人物を語ることで，階級のピラミッドを表現している。遅れた中国の社会や文化を批判し，立て直すための決意が読み取れる。 **優れた描写や象徴的な表現からの考察** 中国社会の過酷な現実と幸せな未来への期待を描いている。情景描写によって現在＝暗，過去＝明を表現している。「金色の丸い月」は暗い現実を明るく照らし，円満に暮らせる社会を表しているといえる。	**Bに加えて，登場人物の言動や認識を自分自身と重ね合わせた考察** 自分から行動することも大切だと思う。自分は思っていても行動にまでつなげられない。だから，「私」のように，現実の問題にちゃんと向き合い，どうすればよいのかをじっくりと考えなければいけない。 **Bに加えて，自分の生き方や価値観の更新につなげた考察** 時代の流れのままに何となく生きていてはいけないと思う。現実の問題を自分事として見つめないと，自分も巻き込まれる可能性がある。信念をもった生き方をして，自分の可能性を最大限に発揮したい。 **Bに加えて，現代の問題と結びつけた考察** 今の日本社会でも，貧困や経済の問題はある。もしかしたら，日本も「故郷」のような状況なのかもしれない。どうすればみんなが幸せに生きられる社会になるか，追究する必要があるのではないか。
判断の根拠	テクストに基づいて，描かれていることについて考察をしている。	Bに加えて，補助発問への考察も深めている。

③ 指導・支援の手だて

努力を要する：Cの状況への支援

・個人追究の視点が定まらない生徒には，「どの人物（表現）が一番気になっているか」と問いかける。さらに，「この作品で○○（人物・表現）が描かれているのは，どうしてだろう」と問いかけることで，追究の見通しをもてるようにする。

・複数の情報を結びつけて考えをまとめられない生徒には，「図や表を使って整理してみてはどうか」と問いかけたり，現段階の追究の状況を教師に説明することを促したりする。

・個人追究の進んだ生徒が複数見られる場合，小グループで交流する場を設定し，仲間からのフィードバックを受けて，新たな追究の視点や自分の追究の足りない点に気づけるようにする。

5. 評価場面❷：メンバーからの助言を受けて，作品の魅力や価値を述べる文章を改善する（思①）

① 学習活動と発問

　これまで学んできた「故郷」のテクスト形式（内容，構成・表現形式）を批評する観点を生かしたパフォーマンス課題である。評価場面❶も含め，本単元を通して身につけた資質・能力を発揮するための学習活動である。詳細は，本稿冒頭の【単元の学習課題】（p 172）を参照いただきたい。

> **発問**　現代を生きる私たちにとって，「故郷」を学ぶ魅力や価値とは何だろうか。

② 評価のポイントと評価

　テーマについて論述した学習シートから評価する。論述した文章は，グループで読み合い，検討する場を設定する。メンバーからの助言を受けて修正・改善したものを評価の対象とする。

	おおむね満足（Ｂ）の例	十分満足（Ａ）の例
評価基準	思① 「故郷」のテクスト内容・形式について批評することを通して，現代における作品の意義や価値を考察している。	思① 「故郷」のテクスト内容・形式について批評することを通して，現代における作品の意義や価値を考察し，自己の生き方や価値観を再構築している。
生徒の活動の様子と記述例	初め・中Ⅰ：省略。 **中2**：まず，「私」がルントウやヤンおばさんの変化を語るのはなぜか。（中略）社会の衰退による代償を，民衆たちが背負っていることを表しているといえる。 **中3**：次に，ホンルやシュイションを登場させたのはなぜか。（中略）中国の明るい未来を子どもたちに託しているといえる。 **まとめ**：この作品の魅力は中国の暗い現実と問題に向き合い，次世代のために行動を起こすことの大切さを描いているところにある。 **結び**：この小説は，今を生きる私たちが読んでも魅力にあふれる作品である。これからも多くの子どもたちに，読み継いでもらいたい作品の一つである。	初め・中Ⅰ：省略。 **中2**：まず「悲しむべき厚い壁」は何を表しているか。（中略）社会の変化が肉体的にも精神的にも人間を変えてしまうことを表しているといえる。 **中3**：次に，なぜ「金色の丸い月」が描かれているのか。（中略）遅れた中国を立て直すための「私」の決意を表しているといえる。 **まとめ**：この作品の魅力とは，時代とは何か，未来をつくるとはどうすることなのかを考えさせるところだろう。 **結び**：未来は自分たちでつくるものであり，自分たちで明るくしていくものである。自分は信念をもった生き方をし，自分の可能性を最大限発揮できるようにしていきたいと「故郷」を読んで考えるようになれた。
判断の根拠	課題についての正確な理解のもと，的確で妥当な論述ができている。	Bに加えて，現代における作品の意義や価値を踏まえて，自己の生き方や価値観への影響まで論述できている。

③ 指導・支援の手だて

努力を要する：Ｃの状況への支援

・書くことに苦手意識をもつ生徒には，論理的な文章構成の型（初め・中・まとめ・結び）を提示することで，どこに何を記述すればよいのかという見通しをもって，論述する文章の内容や構成を検討できるようにする。

・内容や構成の検討につまずきが見られる生徒には，それぞれの構成の役割や内容の例を提示する

ことで，具体的に内容や構成を検討できるようにする。例えば，以下のように提示するとよい。初め（話題・問題）：作者・作品の簡単な紹介と課題意識（注目する点）／中１（具体例１）：作品の紹介（あらすじ）／中２（具体例２）：作品の批評・分析の内容１／中３（具体例３）：作品の批評・分析の内容２／まとめ（考察）：現代の視点から作品を学ぶ魅力や価値／結び（結論・一般化）：今後の学習や生活に生かしたいこと（行動目標）。

ＢをＡへ引き上げる支援

・論述した文章をグループで検討する場を設定する。その際，友達が論述した文章を評価するための観点を提示することで，友達の作品のよさや自分の課題に気づき，思考力・表現力の質的な高さや深さ，本質性などから修正・改善（助言）できるようにする。例えば，以下のように提示するとよい。①（構成）初め・中・まとめ・結びを生かしてまとめられているか。②（表現）表現の仕方を工夫してわかりやすく伝えられているか。③（内容）作品の内容や表現の仕方について問いをもち，分析・解釈できているか。④（考え）作品を学ぶ魅力や価値を考察できているか。⑤作品を学ぶことが生活や学習にどうつながるかを主張できているか。

6. 解説

＜この二つの場面を取り上げたのは，なぜか＞

・評価場面❷は，近代小説教材「故郷」のテクスト内容・形式を批評し，現代における意義や価値を創造的・批評的にまとめるという本単元におけるパフォーマンス課題（活用・探究的な学び）である。そのため，評価場面❶は論理的かつ批評的に近代小説を読み解くための方法を学ぶとともに，現代という視点から作品の魅力や価値について創造的に考えを形成・深化するため（習得する学び）の一場面として位置づけ，形成的評価を行う。

・新学習指導要領（総則「解説」）では，「各教科等を学ぶ意義の明確化」が語られており，「見方・考え方」は「各教科等の学びの深まりの鍵」であると述べられている。しかし，国語科の「見方・考え方」の記載は，国語科を学ぶ意義，教材の本質，特質や構造，特有のテクスト形式への言及などは見られない。「深い学び」を実現するためには，改めて教材の特質・本質を踏まえた授業構想と評価観が必要になってくると思われる。

・つまり子どもが授業の中で「言葉による見方・考え方」を働かせるためには，教材がもつ「テクスト内容」の魅力や価値，「テクスト形式」の意図や効果，戦略などに着目しながら読み解き，自分の考えを形成・深化できるように，指導と支援・評価のあり方を工夫する必要がある。テクスト内容・形式の側面から教材を学ぶ意義や価値を解明し，どのように評価するのかを考えることが，バランスのよい資質・能力の育成につながると考える。

・評価場面❷の評価基準は「自己の生き方や価値観を再構築しているか」をもとに定めた。しかし生徒が「何ができるようになったか」（到達目標と表現基準・準備，学修の成果としての質）に力点を置く単元構想を考えると，例えば以下の評価項目を設定できる。①論理的な構成の型を活用できているか。②伝えたい考えや解釈を効果的に表現できているか。③テクスト形式に着目し，本質的な問いと解釈，考察ができているか。④テクスト内容に着目し，本質的な問いと解釈，考察ができているか。⑤現代における「故郷」の魅力や価値を考察できているか。⑥学びを振り返り自己の生き方や価値観の再構築につなげられているか。

・また評価場面❷では単元を通して試行錯誤したことや，学びの深さや価値観の再構築（評価項目⑥）を見取れるため，「主体的に学習に取り組む態度」を評価することも可能だろう。

実用文を読み，実生活に生かす
単元名：ルーブリックを活用して身の回りの実用文を評価しよう

教材　「実用的な文章を読もう」（光村図書）
学習指導要領　〔知識及び技能〕(2) イ〔思考力・判断力・表現力等〕C (2) イ・ウ，C (2) ウ

1.単元の評価と授業改善のポイント

　本単元では，身の回りの実用文について，情報の信頼性の確かめ方を理解しながら，構成や論理の展開，表現の工夫などに着目して批判的に読むことができる資質・能力を育成することをねらいとする。

　まず，「パンフレット」「取扱説明書」「インターネットの広告」といった三つの実用文を仲間と協働的に読み，そこに施されている表現の工夫や，実用文を読むときに注意すべき点を学ぶ。そのうえで，「小学生に中学校を紹介するパンフレットを作る」という活動を位置づけることで，「読むこと」と「書くこと」を往還して，「知識及び技能」「思考力，判断力，表現力等」を育成したい。また，ルーブリックを提示して，仲間の制作したパンフレットや自分のパンフレットを評価する場を設定する。この活動を設定することで，ルーブリックに照らして自分の学びをメタ認知し，めざす姿に向かって粘り強く自己調整をしようとする生徒の姿が期待される。

　最後に，総括的評価としてパフォーマンステストを行う。ICTを活用し，単元で身についた生徒のパフォーマンスを的確に見取っていく。

単元の学習課題　小学生に向けて中学校の紹介パンフレットを制作しよう。

　これまで読んできた「パンフレット」「取扱説明書」「インターネットの広告」のような実用文を読むことを通して学んだ注意点や表現の工夫，構成や論理の展開などを生かして，小学生に伝わるように，文章の構成や論理の展開，表現の仕方などを工夫しよう。

2.単元の評価規準

知識・技能	思考・判断・表現	主体的に学習に取り組む態度
① 情報の信頼性の確かめ方を理解し使っている。((2)イ)	① 「読むこと」において，文章を批判的に読みながら，文章に表れているものの見方や考え方について考えている。(C(1)イ) ② 「読むこと」において，文章の構成や論理の展開，表現の仕方について評価している。(C(1)ウ)	① 積極的に文章に表れているものの見方や考え方について考え，今までの学習を生かして読んだ内容について実生活への生かし方を考えようとしている。

3.単元の指導と評価の計画

学習活動	評価基準（Bの例）〔評価方法〕	教師の支援
○実用文とは何かを知り，学習の見通しをもつ。 ○身の回りの実用文をあげる。 ○大人用と子ども用の二つのパンフレットを読み比べ，共通点と相違点をあげ，それぞれの特徴や表現の工夫を考える。 ○取扱説明書を読み，むずかしい語句を小学生でもわかるように言いかえて説明する。 ○インターネットの広告を読み，注意すべき情報とその理由を考える。	思① 大人用と子ども用の二つのパンフレットを批判的に読み，共通点と相違点を書き出し，それぞれの特徴や表現の工夫について考えている。[ワークシート] 知① インターネットの広告について，注意すべき情報を読み取り，その理由を明確に述べている。[ワークシート]	・実用文の概要及び，単元の目標と流れについて説明する。 ・Google Jamboardでグループの仲間と話し合いながら書き出す場を設定する。 ・共通点と相違点を視覚化できるよう，ベン図を用いて考える活動を位置づける。 ・難解な語句を辞書やインターネットで調べ，ペアで説明し合う場を設定する。 ・情報の信頼性の確かめ方を理解し使えるよう，個人で書いた理由をグループで説明し合う活動を位置づける。
○小学生に向けて中学校の紹介パンフレットを制作する。 ○制作したパンフレットについて，相手や目的を意識して工夫した点をグループで紹介し，他者評価と自己評価をする。【評価場面❶】 ○パンフレットを全体で共有する。 ○振り返りをする。	思② 目的や意図に応じたパンフレットの構成や論理の展開，表現の仕方になっているかについて評価している。[Google Forms，評価場面❶] 知① 信頼性の高い情報をパンフレットに記載している。[パンフレット] 主① 積極的に情報の信頼性の確かめ方を使い，今までの学習を生かして読んだり，書いたりした内容について実生活への生かし方を考えようとしている。[ロイロノート]	・これまで学んだ表現の工夫などを生かし，タブレット端末で制作するよう指示する。 ・制作したパンフレットをグループで共有し，構成や表現の工夫について評価し合う場を設定する。 ・制作したパンフレットと工夫した点をロイロノートに提出させ，全体で共有する。 ・学んだことを振り返り，今後の目標設定ができるよう，「やったこと・できたこと・わかったこと」と「次回の学習や実生活でどうするか」を書く活動を位置づける。
○パフォーマンステストに取り組む。【評価場面❷】	思① 集めた情報を批判的に読み，選んだ宿泊施設が，〈家族の要望〉のすべてを満たしており，①，②の条件について適切に記述している。[パフォーマンステスト，評価場面❷]	・単元の学習を生かし，情報の信頼性の確かめ方を理解し使ったり，実用文を批判的に読みながら情報の伝え方や表現の仕方について評価したりできるよう，パフォーマンステストを行う。

4.
評価場面❶：制作したパンフレットについて，相手や目的を意識して工夫した点をグループで紹介し，他者評価と自己評価をする（思②）

1 学習活動と発問

　本時では，初めに「小学生に向けて中学校の紹介パンフレットを制作する」という活動を位置づける。その際，「読むこと」と関連する「書くこと」の評価規準についてルーブリックを提示することで，生徒は前時までの学習を生かしながら実用文を制作できるとともに，教師と生徒とでめざす姿を共有できる（図1）。

　次に，出来上がった成果物（パンフレット）について，工夫した点を仲間に紹介し，他者評価し合う場を設定する。他者評価をする際は，授業冒頭で示したルーブリックを評価規準としてGoogle Formsで評価を行う。教師は，Google Formsを活用することで，生徒同士の他者評価の様子を即時的に把握することができる。ここで，評価の高かった生徒のパンフ

	知識・技能	思考・判断・表現
A評価 （3点）	B評価の規準＋αが見られたらA評価になります。どんなパンフレットがA評価になるか考えてみよう！	
B評価 （2点）	情報の信頼性の確かめ方を理解し使っている。	小学生に伝わるように，文章の構成や論理の展開，表現の仕方などを工夫している。
C評価 （1点）	情報の信頼性の確かめ方が理解できていない。	小学生に伝わるような文章の構成や論理の展開，表現の仕方ができていない。

図1.「読むこと」と関連する「書くこと」のルールブック

レットをモニターに映し出し，代表生徒が工夫した点を説明する場を設定することで，仲間の参考になる点を共有することができ，教室全体で深い学びとなることが期待される。また，出来上がったパンフレットと，制作する際に意識した工夫をロイロノートに提出させることで，授業後や家庭でも仲間のパンフレットと，それぞれが工夫した点を共有することが可能となる。

　ここでポイントとなるのは，Google Formsに，他者評価に加え，自己評価の記述欄を設けることである。仲間との評価活動の際にルーブリックに照らして自己評価する活動を位置づけることで，生徒は自分の学びをメタ認知することができる。これにより，めざす姿に向かって粘り強く自己調整をしようとする生徒の姿が期待される。また評価材料は，Google Formsの記述と，成果物及び工夫した点の記述とする。これらの材料から，「知識・技能」と「思考・判断・表現」を見取る。

　単元の最後には，実用文について学んだことを振り返り，単元の学びを実生活に生かすことができるよう，「やったこと・できたこと・わかったこと」と「次回の学習や実生活でどうするか」を書く活動を位置づける。ロイロノートに提出された記述から，「主体的に学習に取り組む態度」の評価を見取りたい。

> **学習課題**
>
> **ルーブリックに照らして，仲間のパンフレットを評価し，その評価をつけた理由を記述しよう。また，仲間のパンフレットを批判的に読み，「こうしたらもっとよくなる」という助言があれば書こう。**
>
> **補足説明**　仲間のパンフレットを評価したうえで，自分が制作したパンフレットを自己評価し，その評価をつけた理由を記述しましょう。また，自分のパンフレットを批判的に読み，「こうしたらもっとよくなる」という気づきがあれば書きましょう。

② 評価のポイントと評価

本時の活動後に，提出されたGoogle Formsの他者評価及び自己評価の記述を見て，ここまでの学習状況を把握する。

	おおむね満足（B）の例	十分満足（A）の例
評価基準	思② 目的や意図に応じたパンフレットの構成や論理の展開，表現の仕方になっているかについて評価している。	思② 目的や意図に応じたパンフレットの構成や論理の展開，表現の仕方になっているかについて評価していることに加え，文章を批判的に読みながら，よりよいパンフレットになるよう，助言や提案をしている。
生徒の活動の様子と記述例	**知識・技能**：B評価， **思考・判断・表現**：B評価 **評価理由と助言**：学校の歴史や部活動の実績など，調べたことが具体的に書かれていたので，知識・技能はB評価にした。むずかしい言葉が小学生でもわかるように言いかえられていたので，思考・判断・表現もB評価にした。	**知識・技能**：A評価， **思考・判断・表現**：B評価 **評価理由と助言**：中学校の活動の様子などを写真や具体的な数字を使いながら，見やすく説明していたので，知識・技能はA評価にした。進路実績などは小学生にとってはむずかしく，情報が多ければ多いほど伝わりにくいのではないかと思ったので，思考・判断・表現はB評価にした。中学校の魅力を示すキャッチコピーがあると，伝えたいことが伝わるパンフレットになると思う。
判断の根拠	「小学生に中学校を紹介する」という目的や意図に応じた構成や論理の展開，表現の仕方になっているかについて仲間や自分のパンフレットを適切に評価している。	「小学生に中学校を紹介する」という目的や意図に応じた構成や論理の展開，表現の仕方になっているかについて仲間や自分のパンフレットを適切に評価していることに加えて，よりよくなるよう適切な助言や提案をしている。

③ 指導・支援の手だて

努力を要する：Cの状況への支援

・「小学生に中学校を紹介する」という目的や意図を踏まえないで他者評価や自己評価をしている生徒に対して，小学生にわかりやすく紹介するために，パンフレットにどのような工夫をしているかを考える場を設定する。

・第一次で行った三つの事例について，教科書やワークシートをもとに確認する場を設定する。

・思考ツールを用いて，「構成」，「論理の展開」，「表現」の三つの視点に沿って考えるよう促す。

BをAへ引き上げる支援

・「よりよいパンフレットになるためには，他にどんな要素が必要か？」と問いかけ，考える場を設定する。

・「ルーブリックがA評価になるためには，どんな要素が考えられるか？」と問いかけ，考える場を設定する。

5. 評価場面❷：パフォーマンステストに取り組む（思①）

① 学習活動と発問

　単元の学習を生かし，情報の信頼性の確かめ方を理解し使ったり，実用文を批判的に読みながら，情報の伝え方や表現の仕方について評価したりできるよう，以下のパフォーマンステストを行う。

> テスト問題
>
> 　山田さんの家では，冬休みに家族でスキー旅行に行きます。そこで，どんな宿泊施設に泊まるかについて，インターネットで情報を集め，決めることにしました。次の〈家族の要望〉を読み，山田さんの家族が宿泊する施設として，最も適切だと思う施設のホームページの URL をロイロノートに提出しなさい。その際，
> 　　①ホームページの表現や情報の伝え方の工夫
> 　　②ホームページの記載内容で注意すべき点とその理由
> の2点にふれ，宿泊施設を選んだ理由を明確にして，家族を説得する形で記述しなさい。
>
> 〈家族の要望〉
> 父…スキー場から移動距離が車で10分以内の場所
> 母…大人一人当たり，一泊2食で税込15,000円の料金におさえたい
> 兄…露天風呂がある温泉に入りたい
> 妹…朝食はビュッフェでたくさんの食べ物を食べたい

② 評価のポイントと評価

　パフォーマンステストの記述内容から，単元における学習事項の定着を見取る。

	おおむね満足（B）の例	十分満足（A）の例
評価基準	思① 集めた情報を批判的に読み，選んだ宿泊施設が，〈家族の要望〉のすべてを満しており，①，②の条件について適切に記述している。	思① 集めた情報を批判的に読み，選んだ宿泊施設が，〈家族の要望〉のすべてを満しており，①，②の条件について，関連する情報を結びつけながら，具体的に記述している。
生徒の活動の様子と記述例	この施設の食事は地産地消を売りにしています。ホームページには農家の方の写真や名前，コメントが載っており，愛情を込めて作られた地元の野菜がビュッフェの朝食で食べられることがわかります。 　ホームページの記載内容で注意すべき点は，施設の新しさが写真ではわからないところです。ただ，家族の要望も満たしているし，私はこの施設がいいと思います。	この施設の食事は地産地消を売りにしています。ホームページには農家の方の写真や名前，コメントが載っており，愛情を込めて作られた地元の野菜がビュッフェの朝食で食べられることがわかります。 　ホームページの記載内容で注意すべき点は，創業50年と書いてあり施設が古いはずですが，写真ではわからないところです。しかし，他のホームページで口コミを見ると，「施設は新しくないが，設備管理が行き届いており，接客もすばらしい」とありました。以上のことから，この宿泊施設がいいと思います。
判断の根拠	宿泊施設が〈家族の要望〉を満たしたうえで，ホームページから必要な情報を読み取るとともに，不足する情報や不確実な情報，懸念点がないかを検討し，①，②の条件を適切に記述している。	Bに加えて，不足する情報や不確実な情報，懸念点がないかについて，関連する情報を結びつけながら検討し，①，②の条件を具体的に記述している。

③ **指導・支援の手だて**

努力を要する：Cの状況への支援

・〈家族の要望〉を満たしていない生徒には，インターネットで検索する際，条件をクリアしているかどうかをチェックしたり，メモしたりするなどの方略を伝える。

・①の条件を満たしていない生徒には，「印象的なキャッチコピー」，「文字やフォントの工夫」，「写真やイラスト」といった項目を設定し，思考ツール（Yチャートやフィッシュボーンなど）で具体的にあげさせる。

・②の条件を満たしていない生徒には，第一次の学習活動「インターネットの広告を読み，注意すべき情報とその理由を考える」についてワークシートや教科書の内容を確認する場を設定する。

6. 解 説

＜この二つの場面を取り上げたのは，なぜか＞

・評価場面❶は，第一次で実用文を読むことによって身につけた「知識及び技能」，「思考力・判断力・表現力等」の資質・能力を発揮して，実際に実用文（パンフレット）を制作し，仲間と自分のパンフレットを評価するという課題（単元を総括する学習活動）である。「読むこと」と「書くこと」を往還し，制作物を仲間と評価し合うことにより，生徒の深い学びが期待されるとともに，成果物やGoogle Formsの記述など，ICTを活用したパフォーマンスの発揮を見取ることが可能である。

・相互に関連する「読むこと」と「書くこと」のルーブリックを事前に示すことにより，教師と生徒がめざす姿を共有することができる。パンフレットの制作，他者評価，自己評価といった学習活動において，意図的にルーブリックを意識させることにより，「知識及び技能」，「思考力・判断力・表現力等」を発揮して，めざす姿に向かって粘り強く自己調整しようとする生徒の姿を見取ることも可能になる。

・評価場面❷は，単元で身につけた資質・能力をパフォーマンステストで再評価する。ここでは，「ホームページから情報を読み取り，家族旅行の宿泊先を選ぶ」という日常に即したオーセンティックな課題を設定した。これにより，ホームページの情報の信頼性の確かめ方を理解し使っていることと，実用文を批判的に読みながら，根拠をもって意思決定できるかについて，記述内容などから評価していく。

・評価場面❶と同様に評価場面❷においても，タブレット端末で作業を行わせる。ICTを活用し，成果物などをクラウドに提出させることで，生徒の評価材料を一括で管理することが可能になり，評価が行いやすくなる。また，Google Classroomなどを活用することで，クラウド上で採点・評価することが可能となる。

・実用文について，読み取る情報の検討や吟味という点で評価場面❶と評価場面❷は共通しており，評価場面❶を形成的評価，評価場面❷を総括的評価として位置づけたい。

＜定期テストとの関連について＞

・ペーパーでの定期テストにおいては，中学校平成21年度全国学力・学習状況調査問題B①「情報を読む＜図書館の案内図＞」，小学校平成19年度国語B④「情報を読み取る＜お客様感謝セールのちらし＞」，小学校平成22年度国語B④「情報を関係付けて読む＜目覚まし時計＞」，平成21年度中学校授業アイディア例「博物館のパンフレット」などが参考になる。また，教科書の内容から類似問題を作成することも考えられる。

和歌を読み，考えたことを語り合う
単元名：根拠をもった読みで和歌の世界に親しもう

| 教材 | 「万葉・古今・新古今」（東京書籍） |

学習指導要領　〔知識及び技能〕(1) ウ，(3) ア〔思考力・判断力・表現力等〕C (1) イ，C (2) イ

1. 単元の評価と授業改善のポイント

　それぞれの和歌が詠まれた歴史的背景や，舞台となっている時代の様子，作者が置かれている状況などを知ることによって作者の心情に迫り，和歌の世界への理解を深めさせていきたい。その実現のために，プレゼンテーションソフトを用いた「和歌を語る」活動を設定する。

　古典作品ということで，古語の理解がむずかしいことや現代社会との習慣の違いに戸惑うことが想定される。本単元では，根拠を明確にしながら和歌について考えを広げたり深めたりし，古典作品に興味をもち，親しむことを目的とするため，読み取りに必要な古語の現代語訳をあらかじめ提示したり，現代社会との比較をさせたりする。

単元の学習課題　プレゼンテーションソフトを用いて「和歌を語る」〜めざせ，No. 1の語り〜

　教科書掲載の和歌を一人一首担当し，読み取った内容をクラスで語ってもらいます。語る際にはプレゼンテーションソフトを用います。作品に用いられている語句を根拠に，あなたが読み取ったこと，書籍やインターネットを用いてわかったことを伝えてください。

　プレゼンテーションのスライドは3枚です。1枚目は歌集名・和歌・和歌の読み方・作者を書き（和歌の「紹介」），2枚目は解釈した内容と作者の心情を，画像やアニメーションを用いて表現し（和歌の「説明」），3枚目は表現技法とその効果，和歌の歴史的背景や作者が置かれている状況，現代との共通点と相違点をまとめる（和歌の「解説」）こととします。

　プレゼンテーションには音声を吹き込み，単元の終わりにはそのデータをクラスで共有し，説得力の高い作品（「和歌を語る」）に投票します。みなさんが作成したプレゼンテーションがクラス全体の学びとなります。互いに新しい気づきを得たり，和歌について考えを広げたり深めたりしながら，和歌の世界に親しんでいけるように取り組みましょう。

2. 単元の評価規準

知識・技能	思考・判断・表現	主体的に学習に取り組む態度
① 話や文章の種類とその特徴について理解を深めている。((1)ウ) ② 歴史的背景などに注意して古典を読むことを通して，その世界に親しんでいる。((3)ア)	① 「読むこと」において，文章を批判的に読みながら，文章に表れているものの見方や考え方について考えている。(C (1)イ)	① 学習課題に沿って，歴史的背景などに注意して根拠を明確にしながら粘り強く和歌を解釈し，作品で表現されていることについて考えようとしている。

3.単元の指導と評価の計画

学習活動	評価基準（Bの例）〔評価方法〕	教師の支援
○教師が作成したプレゼンテーションを確認し，モデル学習に取り組む。 ○万葉・古今・新古今の概要を知る。	知① 三つの情報を比較しながら，「紹介」「説明」「解説」の違いについて理解を深めている。［ワークシート］ ※既習かつ定着がなされている場合は評価まではせず，確認のみを行うこととする。	・和歌を「紹介」「説明」「解説」しているものをそれぞれ提示，比較させ，それぞれの特徴について問う。 ・スライドは「紹介・説明・解説」の3枚とすることを伝える。※詳細は左頁を参照。 ・成立した年代を押さえ，現代との共通点と相違点を意識させる。
○教科書に掲載されている和歌を自分なりに解釈する。 ○個人で考えた読み取りをグループで共有する。 ○担当する和歌を一首決める。 ○観点に沿って和歌の解釈を深める。【評価場面❶】 ○プレゼンテーションを作成する。 ○プレゼンテーションにヘッドセットなどを用いて音声を吹き込み提出する。	知② ※指導に生かす形成的評価を行う。［ワークシート］ 思① 選んだ漢字一字を説明するために，和歌に用いられている語句を根拠とし，和歌を解釈している。［ワークシート，評価場面❶］ 主① 和歌を解釈するために，作品に用いられている語句を根拠としながら，作品に表現されていることについて考えようとしている。［スライド］	・古語の現代語訳を提示する。 ・作品に用いられている複数の語句を関連づけながら，和歌に表現されている物語を想像するよう促す。 ・作者の心情を漢字一字で表現するよう伝え，なぜその漢字にしたのか以下の二つの内容で説明させる。 1「人物・風景・色・におい・音」の五つの観点を用いる（すべての観点を用いる必要はない）。 2作品に用いられている語句を［根拠］とし，複数の［根拠］を関連づけながら［理由づけ］を行い，整理する（書籍やインターネットなども用いて構わない）。 ・モデルとひな形のデータを配付する。 ・Microsoft Teamsや校内サーバーなどにデータを提出させ，共有できるようにする。
○クラスメイトが作成した「和歌を語る」に投票する。【評価場面❷】	知② 他の学習者の和歌への考えをメモにとり，投票の理由を1点以上明らかにしている。［ワークシート，評価場面❷］	・新たな根拠や理由づけ，気づきはメモにとらせる。 ・最も説得力のあった「和歌を語る」作品に，理由も含めて投票させる。

4. 評価場面❶：観点に沿って和歌の解釈を深める（思①）

① 学習活動と発問

　ここでは「読むこと」の資質・能力の育成を図り，思①の評価を行う。単元の学習活動のパフォーマンスの質を上げ，評価場面❷の活動を豊かにするためにも大事な時間である。2年間，古典学習に取り組んでいるが，和歌そのものの学習は，中学3年生にとって初めてである可能性も高い。

　前時で古語の現代語訳を参考にしたり，班で意見交換したりしながら和歌の解釈を進めてはいるが，古語の現代語訳のみでは，言葉をつなぎ合わせるだけにとどまり，和歌の世界を理解するには至らないことが予想される。単元の学習活動としてプレゼンテーションを設定しているため，自分で考えたことや書籍・インターネットなどで調べたことをそのまま書き連ねるだけではなく，聞き手が納得できるように，言葉を取捨選択したり，解釈した和歌を視覚的に表現したりする必要がある。その活動に向かうために，まずは生徒が自分の解釈に納得してから聞き手に語ることができるようにする必要があり，観点を用いたり根拠を明確にしたりしながら和歌を読む必然性が出てくる。

　そこで，和歌を解釈するための指標として，作者の心情を漢字一字で表現させる活動に取り組ませ，なぜその漢字にしたのかを説明させるために五つの観点を提示する。さらに解釈のための根拠を，和歌に用いられている語句によって明確にさせ，理由づけまで行わせる。これは，プレゼンテーションを行う際の，和歌を「説明」するスライドの説得力を上げるためである。また，作者の心情を漢字一字で表現させることで，生徒は作品内の人物の行動や描かれている風景などに着目し，作者の心情を想像，吟味する機会が生まれ，和歌の読み手として考えを深めることができる。

　下記【学習課題】に まとめ方の例 をあげ，根拠を示したり理由づけをしたりする例を示すが，生徒が一読して理解することはむずかしい。そのため，本学習課題を説明する際は，「根拠を明確にし，理由づけを行い，主張に至る」という活動を，推理小説などに見られる「証拠を見つけ（根拠），推理を行い（理由づけ），犯人を特定する（主張）」ことを引き合いに出し，生徒に説得力を増すための三段階の論じ方について具体的なイメージをもたせたい。

学習課題　担当する和歌の作者の心情を漢字一字で表現しよう。

　和歌の作者の心情を漢字一字で表現するために，和歌を5観点「人物・風景・色・におい・音」から解釈します。すべての観点を用いる必要はありません。それぞれの観点で解釈できることを自分で考えたり，調べたりしながらまとめていきましょう。漢字を決めることと解釈をすること，どちらから取り組んでも構いません。また，解釈した内容をまとめる際は まとめ方の例 を参考にして，「根拠」を明らかにし，「理由づけ」を行いましょう。

まとめ方の例
　和歌：君待つと我が恋ひ居れば我が屋戸のすだれ動かし秋の風吹く（額田王）
　作者の心情（漢字一字）：哀

　漢字一字を説明するために，「人物」の観点で解釈したこと
　　根拠とする語句　→「君」「恋ひ」「待つ」
　　理由づけ　　　　→「待つ」と「恋ひ」という言葉から，「君」というのは作者が好
　　　　　　　　　　　きな人を指すと考えられるから
　　解釈した内容　　→「君」とは作者が恋心を抱いている相手のことである

　なお5観点は，小説などの学習と同様に「登場人物」「場面設定」をおさえることと，詩歌は人の五感に訴える場合が多いため，生徒が比較的イメージを広げやすい視覚・嗅覚・聴覚を選択した。

2 評価のポイントと評価

　漢字一字と解釈した内容をワークシートに記述させる。その際，漢字一字を説明するために，和歌に用いられている語句を「根拠」として「理由づけ」を行っているかどうかを見る。

	おおむね満足（B）の例	十分満足（A）の例
評価基準	思① 選んだ漢字一字を説明するために，和歌に用いられている語句を根拠とし，和歌を解釈している。	思① 選んだ漢字一字を説明するために，和歌に用いられている複数の語句を根拠とし，それらを関連づけながら理由づけを行い，和歌を解釈している。
生徒の活動の様子と記述例	和歌：春の野にすみれ摘みにと来し我そ野をなつかしみ一夜寝にける（山部赤人）	
生徒の活動の様子と記述例	作者の心情（漢字一字）：快 「におい」の観点で解釈したこと **根拠とする語句** 「すみれ」 **理由づけ** 記述なし **解釈した内容** すみれのにおいがしていて，作者はそれを気持ちよく感じている	作者の心情（漢字一字）：満 「におい」の観点で解釈したこと **根拠とする語句** 「春の野」「すみれ摘み」「一夜寝にける」 **理由づけ** 季節は春で，すみれが咲いている野原で一晩寝てしまったと考えられる **解釈した内容** 作者は野原で寝ているので，すみれのにおいが周囲に広く満ちており，そこに浸っていて，作者の心が満たされている
判断の根拠	作者の心情を表す漢字一字との関連性がある。また，和歌に用いられている語句を根拠とし，解釈した内容を記述している。	作者の心情を表す漢字一字との関連性が適切に表現されている。また，和歌に用いられている複数の語句を根拠とし，それらを関連づけながら理由づけし，和歌のイメージを広げている。

3 指導・支援の手だて

努力を要する：Cの状況への支援

・読み取った内容の根拠を明確にしなければならない点に，生徒がつまずくことが予想される。

・そこで，解釈を行う観点を「人物」または「風景」に絞らせる。「人物」に絞らせた場合は，登場人物の確認を行い，「風景」に絞らせた場合は「いつ・どこで・何が・どのような様子か」を問い，生徒が少しでもイメージをもてれば，それを和歌の解釈とする。その際，前時までに配付している古語の現代語訳を参照させる。

・生徒がイメージをもつことができた内容はどの語句からなのかを問い，指摘した語句を根拠とするよう生徒に伝え，他の観点でも同じように活動を進めていくよう促す。

・解釈した内容からイメージできる漢字を問う。問う際は，「プラスの感情かマイナスの感情か」「喜怒哀楽から選ぶとしたら」など，選択肢を与える。

BをAへ引き上げる支援

・生徒が解釈した内容に対して，他に根拠となりうる語句が和歌の中にないか問う。

・複数の内容の解釈を関連づけさせ，和歌が表現している物語を捉えさせる。そのうえで，選んだ漢字との関連性を吟味させる。

5. 評価場面❷：クラスメイトが作成した「和歌を語る」に投票する（知②）

① 学習活動と発問

　ここでは「伝統的な言語文化」についての資質・能力の育成を図り，「知識・技能」の評価を行う。中学校第3学年の古典学習においては，「歴史的背景などに注意」しながら，「古典を読むことを通して，その世界に親し」むことが重要である。古典の現代語訳や主題の正確な読み取りも大切なことではあるが，中学校の段階でいかに古典の「読み手」を育てるか（古典の世界の豊かさへの興味を抱かせるか）を考えていかなければならない。

　そこで，単元の学習活動の成果物を共有し，最も説得力があったプレゼンテーションはどれか，理由も含めて投票させる活動（投票の観点は評価場面❶で取り上げている内容となるため，生徒にはプレゼンテーションを作成する前に知らせておく）を仕組む。そうすることで，生徒個々の和歌との対話のきっかけが生み出されることが期待される。視聴や投票の際は，他の学習者のプレゼンテーションの内容と単元の初めに各生徒が個人で捉えた和歌の内容を比較させ，新たな気づきをメモさせ，和歌の世界に対する個々の知識を広げたり，理解を深めたりさせるよう声をかけていく。

学習課題

「和歌を語る」を視聴し，最も説得力があったプレゼンテーションに投票しよう。

視聴及び投票の際は次の点に注意して取り組むこと
- 個人で捉えた和歌の内容とクラスメイトのプレゼンテーションの内容を比較し，新たな気づきがある場合は必ずメモをとること。
- 投票する際は，下記の3点を押さえること。
  - ○作者の心情を表す漢字一字が，解釈している内容と合っているか
  - ○和歌の説明がわかりやすいか　　○新たな気づきがあったか

② 評価のポイントと評価

　単元の初めに個人で和歌の内容を読み取ったワークシートには，共有用のメモ欄（他の学習者が選んだ漢字一字と新たな気づきを記入できる欄）と，投票理由を記入する欄を作っておき，メモが増えていたり適切な理由を持って投票したりしているかを見る。

	おおむね満足（B）の例	十分満足（A）の例
評価基準	知② 他の学習者の和歌への考えをメモにとり，投票の理由を1点以上明らかにしている。	知② 他の学習者と自分の和歌への考えを比較しながらメモをとり，投票の理由を3点とも明らかにしている。
生徒の活動の様子と記述例	投票したプレゼンテーションの和歌： 　春の野にすみれ摘みにと来し我そ野をなつかしみ一夜寝にける（山部赤人） 漢字一字：命 **選んだ理由** 「若菜摘み」という行事が昔は行われていたことがわかりやすく書かれていて，面白そうだなぁと思ったから。	**選んだ理由** すみれを摘むのは，「若菜摘み」という行事の一環で，春の生命のエネルギーを自然から得ようとする古代の人々の考えがよく説明されており，そこから作者の心情を表す漢字一字を「命」としていて，新しいことを知れたし，面白かったから。

判断の根拠	説明がわかりやすかったことにふれ,「若菜摘み」という古代の行事について関心を示して新たな気づきを書けている。	「若菜摘み」という古代の行事についての新たな気づきがあり,説明の内容と漢字一字に対しての理解が示されている。

③ 指導・支援の手だて

努力を要する：Ｃの状況への支援

・観点に沿って評価できないことが,つまずきとして予想される。プレゼンテーションを聞くことと評価することを同時に行えていない生徒には,まずは他の学習者が選んだ漢字一字のみをメモするだけでよいことを伝え,その後,改めて観点に沿って評価に取り組むように促す。

・同じ和歌や初めに読み取った和歌の中で理解が進んだもののプレゼンテーションを視聴させる。

・自分が読み取った内容と比較させ,特に相違点についてメモをとらせる。相違点は「新たな気づき」であることを伝え,投票理由として記述させる。

6. 解説

＜この二つの場面を取り上げたのは,なぜか＞

・本単元では〔知識及び技能〕の「伝統的な言語文化」に関する指導事項に,〔思考力・判断力・表現力等〕の「Ｃ読むこと」を関連づけた。それぞれの指導事項において身につけさせたい資質・能力を育成する手だてとして単元の学習活動を位置づけている。そのため単元の学習活動（プレゼンテーション「和歌を語る」）そのものは評価の対象としない。

・「伝統的な言語文化」を扱う単元のため,評価の観点を次のように明確にした。和歌の学習を通して当時の歴史的背景や作者が置かれている状況についての知識を広げたり理解を深めたりしながら和歌の世界に親しんでいる状況を「知識・技能」で評価し（評価場面❷）,作品に用いられている語句を根拠として五つの観点から和歌の内容を解釈し,作者の心情を読み取っている状況を「思考・判断・表現」で評価する（評価場面❶）。

・評価場面❶は,単元の学習活動に取組むことによって「読むこと」の資質・能力の育成を図り,その評価を行う場面である。

・評価場面❷においては,単元の学習活動の成果物を生徒間で共有し,和歌の知識を広げたり理解を深めたりすることで,和歌の世界に親しむ態度の育成を図り,総括的評価を行う。

・以上のような観点別評価を行い,それぞれの評価の場面において,和歌の解釈に粘り強く取り組もうとしている状況や和歌の世界に親しもうとしている姿勢を「主体的に学習に取り組む態度」として評価を行う。

・中学校の古典学習のため,古典の世界に親しむこと〔知識及び技能〕を第一義と考え,その手だてとして〔思考力・判断力・表現力等〕を関連づける。

＜定期テストとの関連について＞

・定期テストで出題する和歌（未習の作品）を事前に予告し,和歌の「紹介」「説明」「解説」の３項目を問う問題が考えられる。事前に示すことで, i「主体的に学習に向かう態度」を見取り, ii３項目の内容が適切であれば「知識・技能」を, iiiさらに根拠を示したり理由づけしたりして説明や解説を適切に行っていれば「思考・判断・表現（読むこと）」の評価にもつなげられる。 i〜iiiが十分評価できれば,古典の世界に親しんでいると評価できよう。

国語 　**内容のまとまりごとの評価規準（例）**
第１学年

1　目標と評価の観点及びその趣旨

目標（1）	目標（2）	目標（3）
社会生活に必要な国語の知識や技能を身に付けるとともに，我が国の言語文化に親しんだり理解したりすることができるようにする。	筋道立てて考える力や豊かに感じたり想像したりする力を養い，日常生活における人との関わりの中で伝え合う力を高め，自分の思いや考えを確かなものにすることができるようにする。	言葉がもつ価値に気付くとともに，進んで読書をし，我が国の言語文化を大切にして，思いや考えを伝え合おうとする態度を養う。

知識・技能	思考・判断・表現	主体的に学習に取り組む態度
社会生活に必要な国語の知識や技能を身に付けているとともに，我が国の言語文化に親しんだり理解したりしている。	「話すこと・聞くこと」，「書くこと」，「読むこと」の各領域において，筋道立てて考える力や豊かに感じたり想像したりする力を養い，日常生活における人との関わりの中で伝え合う力を高め，自分の思いや考えを確かなものにしている。	言葉を通じて積極的に人と関わったり，思いや考えを確かなものにしたりしながら，言葉がもつ価値に気付こうとしているとともに，進んで読書をし，言葉を適切に使おうとしている。

2　内容のまとまりごとの評価規準（例）

A　話すこと・聞くこと

ア　紹介や報告など伝えたいことを話したり，それらを聞いて質問したり意見などを述べたりする活動		
知識・技能	思考・判断・表現	主体的に学習に取り組む態度
・指示する語句と接続する語句の役割について理解を深めている。（(1)エ）	・「話すこと・聞くこと」において，目的や場面に応じて，日常生活の中から話題を決め，集めた材料を整理し，伝え合う内容を検討している。（A(1)ア） ・「話すこと・聞くこと」において，必要に応じて記録したり質問したりしながら話の内容を捉え，共通点や相違点などを踏まえて，自分の考えをまとめている。（A(1)エ）	・積極的に集めた材料を整理し，学習の見通しをもって報告しようとしている。
上記以外に設定することが考えられる評価規準の例		
・音声の働きや仕組みについて，理解を深めている。（(1)ア） ・事象や行為，心情を表す語句の量を増し，話や文章の中で使うことを通して，語感を磨き語彙を豊かにしている。（(1)ウ） ・語句の辞書的な意味と文脈上の意味との関係に注意して話や文章の中で使うことを通して，語感を磨き語彙を豊かにしている。（(1)ウ） ・比喩，反復，倒置，体言止めなどの表現の技法を理解し使っている。（(1)オ） ・原因と結果，意見と根拠など情報と情報との関係について理解している。（(2)ア） ・比較や分類，関係付けなどの情報の整理の仕方，引用の仕方や出典の示し方について理解を深め，それらを使っている。（(2)イ） ・古典には様々な種類の作品があることを知っている。（(3)イ） ・共通語と方言の果たす役割について理解している。（(3)ウ） ・漢字の行書の基礎的な書き方を理解して，身近な文字を行書で書いている。（(3)エ（イ）） ・読書が，知識や情報を得たり，自分の考えを広げたりすることに役立つことを理解している。（(3)オ）	・「話すこと・聞くこと」において，自分の考えや根拠が明確になるように，話の中心的な部分と付加的な部分，事実と意見との関係などに注意して，話の構成を考えている。（A(1)イ） ・「話すこと・聞くこと」において，相手の反応を踏まえながら，自分の考えが分かりやすく伝わるように表現を工夫している。（A(1)ウ）	・進んで情報の整理の仕方を使って，学習課題に沿って意見を述べようとしている。

イ　互いの考えを伝えるなどして，少人数で話し合う活動		
知識・技能	思考・判断・表現	主体的に学習に取り組む態度
・音声の働きや仕組みについて，理解を深めている。((1)ア) ・語句の辞書的な意味と文脈上の意味との関係に注意して話や文章の中で使うことを通して，語感を磨き語彙を豊かにしている。((1)ウ)	・「話すこと・聞くこと」において，相手の反応を踏まえながら，自分の考えが分かりやすく伝わるように表現を工夫している。(A(1)ウ)	・粘り強く表現を工夫し，今までの学習を生かして対話しようとしている。
上記以外に設定することが考えられる評価規準の例		
・事象や行為，心情を表す語句の量を増し，話や文章の中で使うことを通して，語感を磨き語彙を豊かにしている。((1)ウ) ・指示する語句と接続する語句の役割について理解を深めている。((1)エ) ・比喩，反復，倒置，体言止めなどの表現の技法を理解し使っている。((1)オ) ・原因と結果，意見と根拠など情報と情報との関係について理解している。((2)ア) ・比較や分類，関係付けなどの情報の整理の仕方，引用の仕方や出典の示し方について理解を深め，それらを使っている。((2)イ) ・共通語と方言の果たす役割について理解している。((3)ウ)	・「話すこと・聞くこと」において，目的や場面に応じて，日常生活の中から話題を決め，集めた材料を整理し，伝え合う内容を検討している。(A(1)ア) ・「話すこと・聞くこと」において，自分の考えや根拠が明確になるように，話の中心的な部分と付加的な部分，事実と意見との関係などに注意して，話の構成を考えている。(A(1)イ) ・「話すこと・聞くこと」において，必要に応じて記録したり質問したりしながら話の内容を捉え，共通点や相違点などを踏まえて，自分の考えをまとめている。(A(1)エ) ・「話すこと・聞くこと」において，話題や展開を捉えながら話し合い，互いの発言を結び付けて考えをまとめている。(A(1)オ)	・積極的に指示する語句と接続する語句の役割について理解を深め，学習課題に沿って話し合おうとしている。

B　書くこと

ア　本や資料から文章や図表などを引用して説明したり記録したりするなど，事実やそれを基に考えたことを書く活動		
知識・技能	思考・判断・表現	主体的に学習に取り組む態度
・比較や分類，関係付けなどの情報の整理の仕方，引用の仕方や出典の示し方について理解を深め，それらを使っている。((2)イ) ・読書が，知識や情報を得たり，自分の考えを広げたりすることに役立つことを理解している。((3)オ)	・「書くこと」において，根拠を明確にしながら，自分の考えが伝わる文章になるように工夫している。(B(1)ウ)	・粘り強く自分の考えが伝わる文章になるように工夫し，学習の見通しをもって説明する文章を書こうとしている。
上記以外に設定することが考えられる評価規準の例		
・学年別漢字配当表の漢字のうち900字程度の漢字を書き，文や文章の中で使っている。((1)イ) ・事象や行為，心情を表す語句の量を増し，話や文章の中で使うことを通して，語感を磨き語彙を豊かにしている。((1)ウ) ・語句の辞書的な意味と文脈上の意味との関係に注意して話や文章の中で使うことを通して，語感を磨き語彙を豊かにしている。((1)ウ) ・指示する語句と接続する語句の役割について理解を深めている。((1)エ) ・比喩，反復，倒置，体言止めなどの表現の技法を理解し使っている。((1)オ) ・原因と結果，意見と根拠など情報と情報との関係について理解している。((2)ア) ・字形を整え，文字の大きさ，配列などについて理解して，楷書で書いている。((3)エ(ア))	・「書くこと」において，目的や意図に応じて，日常生活の中から題材を決め，集めた材料を整理し，伝えたいことを明確にしている。(B(1)ア) ・「書くこと」において，書く内容の中心が明確になるように，段落の役割などを意識して文章の構成や展開を考えている。(B(1)イ) ・「書くこと」において，読み手の立場に立って，表記や語句の用法，叙述の仕方などを確かめて，文章を整えている。(B(1)エ) ・「書くこと」において，根拠の明確さなどについて，読み手からの助言などを踏まえ，自分の文章のよい点や改善点を見いだしている。(B(1)オ)	・進んで情報と情報との関係について理解し，学習の見通しをもって記録する文章を書こうとしている。

イ　行事の案内や報告の文章を書くなど，伝えるべきことを整理して書く活動

知識・技能	思考・判断・表現	主体的に学習に取り組む態度
・指示する語句と接続する語句の役割について理解を深めている。((1)エ)	・「書くこと」において，書く内容の中心が明確になるように，段落の役割などを意識して文章の構成や展開を考えている。(B(1)イ) ・「書くこと」において，読み手の立場に立って，表記や語句の用法，叙述の仕方などを確かめて，文章を整えている。(B(1)エ)	・積極的に表記や語句の用法，叙述の仕方などを確かめ，学習課題に沿って行事の案内の文章を書こうとしている。

上記以外に設定することが考えられる評価規準の例

知識・技能	思考・判断・表現	主体的に学習に取り組む態度
・学年別漢字配当表の漢字のうち900字程度の漢字を書き，文や文章の中で使っている。((1)イ) ・事象や行為，心情を表す語句の量を増し，話や文章の中で使うことを通して，語感を磨き語彙を豊かにしている。((1)ウ) ・語句の辞書的な意味と文脈上の意味との関係に注意して話や文章の中で使うことを通して，語感を磨き語彙を豊かにしている。((1)ウ) ・比喩，反復，倒置，体言止めなどの表現の技法を理解し使っている。((1)オ) ・原因と結果，意見と根拠など情報と情報との関係について理解している。((2)ア) ・比較や分類，関係付けなどの情報の整理の仕方，引用の仕方や出典の示し方について理解を深め，それらを使っている。((2)イ) ・字形を整え，文字の大きさ，配列などについて理解して，楷書で書いている。((3)エ(ア) ・読書が，知識や情報を得たり，自分の考えを広げたりすることに役立つことを理解している。((3)オ)	・「書くこと」において，目的や意図に応じて，日常生活の中から題材を決め，集めた材料を整理し，伝えたいことを明確にしている。(B(1)ア) ・「書くこと」において，根拠を明確にしながら，自分の考えが伝わる文章になるように工夫している。(B(1)ウ) ・「書くこと」において，根拠の明確さなどについて，読み手からの助言などを踏まえ，自分の文章のよい点や改善点を見いだしている。(B(1)オ)	・粘り強く語句の辞書的な意味と文脈上の意味との関係に注意し，学習の見通しをもって報告する文章を書こうとしている。

ウ　詩を創作したり随筆を書いたりするなど，感じたことや考えたことを書く活動

知識・技能	思考・判断・表現	主体的に学習に取り組む態度
・事象や行為，心情を表す語句の量を増し，話や文章の中で使うことを通して，語感を磨き語彙を豊かにしている。((1)ウ) ・比喩，反復，倒置，体言止めなどの表現の技法を理解し使っている。((1)オ)	・「書くこと」において，目的や意図に応じて，日常生活の中から題材を決め，集めた材料を整理し，伝えたいことを明確にしている。(B(1)ア)	・進んで集めた材料を整理し，学習課題に沿って詩を創作しようとしている。

上記以外に設定することが考えられる評価規準の例

知識・技能	思考・判断・表現	主体的に学習に取り組む態度
・学年別漢字配当表の漢字のうち900字程度の漢字を書き，文や文章の中で使っている。((1)イ) ・語句の辞書的な意味と文脈上の意味との関係に注意して話や文章の中で使うことを通して，語感を磨き語彙を豊かにしている。((1)ウ) ・単語の類別について理解している。((1)エ) ・指示する語句と接続する語句の役割について理解を深めている。((1)エ) ・原因と結果，意見と根拠など情報と情報との関係について理解している。((2)ア) ・比較や分類，関係付けなどの情報の整理の仕方，引用の仕方や出典の示し方について理解を深め，それらを使っている。((2)イ) ・字形を整え，文字の大きさ，配列などについて理解して，楷書で書いている。((3)エ(ア)) ・読書が，知識や情報を得たり，自分の考えを広げたりすることに役立つことを理解している。((3)オ)	・「書くこと」において，書く内容の中心が明確になるように，段落の役割などを意識して文章の構成や展開を考えている。(B(1)イ) ・「書くこと」において，根拠を明確にしながら，自分の考えが伝わる文章になるように工夫している。(B(1)ウ) ・「書くこと」において，読み手の立場に立って，表記や語句の用法，叙述の仕方などを確かめて，文章を整えている。(B(1)エ) ・「書くこと」において，根拠の明確さなどについて，読み手からの助言などを踏まえ，自分の文章のよい点や改善点を見いだしている。(B(1)オ)	・積極的に比喩，反復，倒置，体言止めなどの表現の技法を使い，今までの学習を生かして随筆を書こうとしている。

C 読むこと

ア 説明や記録などの文章を読み，理解したことや考えたことを報告したり文章にまとめたりする活動		
知識・技能	思考・判断・表現	主体的に学習に取り組む態度
・指示する語句と接続する語句の役割について理解を深めている。((1)エ) ・原因と結果，意見と根拠など情報と情報との関係について理解している。((2)ア)	・「読むこと」において，文章の中心的な部分と付加的な部分，事実と意見との関係などについて叙述を基に捉え，要旨を把握している。(C(1)ア)	・粘り強く文章の要旨を把握し，学習の見通しをもって理解したことを報告しようとしている。
上記以外に設定することが考えられる評価規準の例		
・学年別漢字配当表に示されている漢字に加え，その他の常用漢字のうち300字程度から400字程度までの漢字を読んでいる。((1)イ) ・事象や行為を表す語句の量を増し，話や文章の中で使うことを通して，語感を磨き語彙を豊かにしている。((1)ウ) ・語句の辞書的な意味と文脈上の意味との関係に注意して話や文章の中で使うことを通して，語感を磨き語彙を豊かにしている。((1)ウ) ・比喩，反復，倒置，体言止めなどの表現の技法を理解し使っている。((1)オ) ・比較や分類，関係付けなどの情報の整理の仕方，引用の仕方や出典の示し方について理解を深め，それらを使っている。((2)イ) ・読書か，知識や情報を得たり，自分の考えを広げたりすることに役立つことを理解している。((3)オ)	・「読むこと」において，目的に応じて必要な情報に着目して要約し，内容を解釈している。(C(1)ウ) ・「読むこと」において，文章の構成や展開，表現の効果について，根拠を明確にして考えている。(C(1)エ) ・「読むこと」において，文章を読んで理解したことに基づいて，自分の考えを確かなものにしている。(C(1)オ)	・積極的に語句の辞書的な意味と文脈上の意味との関係に注意し，学習課題に沿って考えたことをレポートにまとめようとしている。

イ 小説や随筆などを読み，考えたことなどを記録したり伝え合ったりする活動		
知識・技能	思考・判断・表現	主体的に学習に取り組む態度
・事象や行為，心情を表す語句の量を増し，話や文章の中で使うことを通して，語感を磨き語彙を豊かにしている。((1)ウ)	・「読むこと」において，場面の展開や登場人物の相互関係，心情の変化などについて，描写を基に捉えている。(C(1)イ) ・「読むこと」において，文章を読んで理解したことに基づいて，自分の考えを確かなものにしている。(C(1)オ)	・進んで登場人物の相互関係などを捉え，学習課題に沿って考えたことをスピーチしようとしている。
上記以外に設定することが考えられる評価規準の例		
・学年別漢字配当表に示されている漢字に加え，その他の常用漢字のうち300字程度から400字程度までの漢字を読んでいる。((1)イ) ・語句の辞書的な意味と文脈上の意味との関係に注意して話や文章の中で使うことを通して，語感を磨き語彙を豊かにしている。((1)ウ) ・単語の類別について理解している。((1)エ) ・指示する語句と接続する語句の役割について理解を深めている。((1)エ) ・比喩，反復，倒置，体言止めなどの表現の技法を理解し使っている。((1)オ) ・原因と結果，意見と根拠など情報と情報との関係について理解している。((2)ア) ・比較や分類，関係付けなどの情報の整理の仕方，引用の仕方や出典の示し方について理解を深め，それらを使っている。((2)イ) ・音読に必要な文語のきまりや訓読の仕方を知り，古文や漢文を音読し，古典特有のリズムを通して，古典の世界に親しんでいる。((3)ア) ・共通語と方言の果たす役割について理解している。((3)ウ) ・読書が，知識や情報を得たり，自分の考えを広げたりすることに役立つことを理解している。((3)オ)	・「読むこと」において，文章の中心的な部分と付加的な部分，事実と意見との関係などについて叙述を基に捉え，要旨を把握している。(C(1)ア) ・「読むこと」において，目的に応じて必要な情報に着目して要約したり，場面と場面，場面と描写などを結び付けたりして，内容を解釈している。(C(1)ウ) ・「読むこと」において，文章の構成や展開，表現の効果について，根拠を明確にして考えている。(C(1)エ)	・積極的に古文や漢文を音読し，学習の見通しをもって考えたことを記録しようとしている。

ウ　学校図書館などを利用し，多様な情報を得て，考えたことなどを報告したり資料にまとめたりする活動		
知識・技能	思考・判断・表現	主体的に学習に取り組む態度
・比較や分類，関係付けなどの情報の整理の仕方，引用の仕方や出典の示し方について理解を深め，それらを使っている。((2)イ) ・読書が，知識や情報を得たり，自分の考えを広げたりすることに役立つことを理解している。((3)オ)	・「読むこと」において，目的に応じて必要な情報に着目して要約し，内容を解釈している。(C(1)ウ)	・積極的に必要な情報に着目し，学習課題に沿って考えたことを資料にまとめようとしている。
上記以外に設定することが考えられる評価規準の例		
・学年別漢字配当表に示されている漢字に加え，その他の常用漢字のうち300字程度から400字程度までの漢字を読んでいる。((1)イ) ・事象や行為，心情を表す語句の量を増し，話や文章の中で使うことを通して，語感を磨き語彙を豊かにしている。((1)ウ) ・語句の辞書的な意味と文脈上の意味との関係に注意して話や文章の中で使うことを通して，語感を磨き語彙を豊かにしている。((1)ウ) ・指示する語句と接続する語句の役割について理解を深めている。((1)エ) ・比喩，反復，倒置，体言止めなどの表現の技法を理解し使っている。((1)オ) ・原因と結果，意見と根拠など情報と情報との関係について理解している。((2)ア) ・古典には様々な種類の作品があることを知っている。((3)イ)	・「読むこと」において，文章の中心的な部分と付加的な部分，事実と意見との関係などについて叙述を基に捉え，要旨を把握している。(C(1)ア) ・「読むこと」において，場面の展開や登場人物の相互関係，心情の変化などについて，描写を基に捉えている。(C(1)イ) ・「読むこと」において，文章の構成や展開，表現の効果について，根拠を明確にして考えている。(C(1)エ) ・「読むこと」において，文章を読んで理解したことに基づいて，自分の考えを確かなものにしている。(C(1)オ)	・進んで引用の仕方や出典の示し方を使い，学習の見通しをもって考えたことを報告しようとしている。

第2学年

1　目標と評価の観点及びその趣旨

目標（1）	目標（2）	目標（3）
社会生活に必要な国語の知識や技能を身に付けるとともに，我が国の言語文化に親しんだり理解したりすることができるようにする。	論理的に考える力や共感したり想像したりする力を養い，社会生活における人との関わりの中で伝え合う力を高め，自分の思いや考えを広げたり深めたりすることができるようにする。	言葉がもつ価値を認識するとともに，読書を生活に役立て，我が国の言語文化を大切にして，思いや考えを伝え合おうとする態度を養う。

知識・技能	思考・判断・表現	主体的に学習に取り組む態度
社会生活に必要な国語の知識や技能を身に付けているとともに，我が国の言語文化に親しんだり理解したりしている。	「話すこと・聞くこと」，「書くこと」，「読むこと」の各領域において，論理的に考える力や共感したり想像したりする力を養い，社会生活における人との関わりの中で伝え合う力を高め，自分の思いや考えを広げたり深めたりしている。	言葉を通じて積極的に人と関わったり，思いや考えを広げたり深めたりしながら，言葉がもつ価値を認識しようとしているとともに，読書を生活に役立て，言葉を適切に使おうとしている。

2　内容のまとまりごとの評価規準（例）

A　話すこと・聞くこと

ア　説明や提案など伝えたいことを話したり，それらを聞いて質問や助言などをしたりする活動		
知識・技能	思考・判断・表現	主体的に学習に取り組む態度
・話し言葉と書き言葉の特徴について理解している。（(1)イ） ・情報と情報との関係の様々な表し方を理解し使っている。（(2)イ）	・「話すこと・聞くこと」において，資料や機器を用いるなどして，自分の考えが分かりやすく伝わるように表現を工夫している。（A(1)ウ）	・積極的に表現を工夫し，学習課題に沿って提案しようとしている。
上記以外に設定することが考えられる評価規準の例		
・言葉には，相手の行動を促す働きがあることに気付いている。（(1)ア） ・抽象的な概念を表す語句の量を増し，話や文章の中で使うことを通して，語感を磨き語彙を豊かにしている。（(1)エ） ・類義語と対義語，同音異義語や多義的な意味を表す語句などについて理解し，話や文章の中で使うことを通して，語感を磨き語彙を豊かにしている。（(1)エ） ・話や文章の構成や展開について理解を深めている。（(1)オ） ・敬語の働きについて理解し，話や文章の中で使っている。（(1)カ） ・意見と根拠，具体と抽象など情報と情報との関係について理解している。（(2)ア） ・目的や必要に応じて，楷書又は行書を選んで書いている。（(3)ウ(イ)） ・本や文章などには，様々な立場や考え方が書かれていることを知り，自分の考えを広げたり深めたりする読書に生かしている。（(3)エ）	・「話すこと・聞くこと」において，目的や場面に応じて，社会生活の中から話題を決め，異なる立場や考えを想定しながら集めた材料を整理し，伝え合う内容を検討している。（A(1)ア） ・「話すこと・聞くこと」において，自分の立場や考えが明確になるように，根拠の適切さや論理の展開などに注意して，話の構成を工夫している。（A(1)イ） ・「話すこと・聞くこと」において，論理の展開などに注意して聞き，話し手の考えと比較しながら，自分の考えをまとめている。（A(1)エ）	・進んで敬語の働きについて理解し，今までの学習を生かして説明しようとしている。

イ　それぞれの立場から考えを伝えるなどして，議論や討論をする活動		
知識・技能	思考・判断・表現	主体的に学習に取り組む態度
・意見と根拠，具体と抽象など情報と情報との関係について理解している。（(2)ア）	・「話すこと・聞くこと」において，自分の立場や考えが明確になるように，根拠の適切さや論理の展開などに注意して，話の構成を工夫している。（A(1)イ） ・「話すこと・聞くこと」において，論理の展開などに注意して聞き，話し手の考えと比較しながら，自分の考えをまとめている。（A(1)エ）	・粘り強く自分の考えをまとめ，今までの学習を生かして議論しようとしている。

<table>
<tr><td colspan="3" align="center">上記以外に設定することが考えられる評価規準の例</td></tr>
<tr>
<td>
<ul>
<li>言葉には，相手の行動を促す働きがあることに気付いている。（(1)ア）</li>
<li>話し言葉と書き言葉の特徴について理解している。（(1)イ）</li>
<li>抽象的な概念を表す語句の量を増し，話や文章の中で使うことを通して，語感を磨き語彙を豊かにしている。（(1)エ）</li>
<li>類義語と対義語，同音異義語や多義的な意味を表す語句などについて理解し，話や文章の中で使うことを通して，語感を磨き語彙を豊かにしている。（(1)エ）</li>
<li>話や文章の構成や展開について理解を深めている。（(1)オ）</li>
<li>敬語の働きについて理解し，話や文章の中で使っている。（(1)カ）</li>
<li>情報と情報との関係の様々な表し方を理解し使っている。（(2)イ）</li>
<li>目的や必要に応じて，楷書又は行書を選んで書いている。（(3)ウ(イ)）</li>
<li>本や文章などには，様々な立場や考え方が書かれていることを知り，自分の考えを広げたり深めたりする読書に生かしている。（(3)エ）</li>
</ul>
</td>
<td>
<ul>
<li>「話すこと・聞くこと」において，目的や場面に応じて，社会生活の中から話題を決め，異なる立場や考えを想定しながら集めた材料を整理し，伝え合う内容を検討している。（A(1)ア）</li>
<li>「話すこと・聞くこと」において，資料や機器を用いるなどして，自分の考えが分かりやすく伝わるように表現を工夫している。（A(1)ウ）</li>
<li>「話すこと・聞くこと」において，互いの立場や考えを尊重しながら話し合い，結論を導くために考えをまとめている。（A(1)オ）</li>
</ul>
</td>
<td>
<ul>
<li>積極的に話や文章の構成や展開について理解を深め，学習課題に沿って討論しようとしている。</li>
</ul>
</td>
</tr>
</table>

B 書くこと

<table>
<tr><td colspan="3" align="center">ア 多様な考えができる事柄について意見を述べるなど，自分の考えを書く活動</td></tr>
<tr><td align="center">知識・技能</td><td align="center">思考・判断・表現</td><td align="center">主体的に学習に取り組む態度</td></tr>
<tr>
<td>
<ul>
<li>意見と根拠，具体と抽象など情報と情報との関係について理解している。（(2)ア）</li>
<li>本や文章などには，様々な立場や考え方が書かれていることを知り，自分の考えを広げたり深めたりする読書に生かしている。（(3)エ）</li>
</ul>
</td>
<td>
<ul>
<li>「書くこと」において，表現の工夫とその効果などについて，読み手からの助言などを踏まえ，自分の文章のよい点や改善点を見いだしている。（B(1)オ）</li>
</ul>
</td>
<td>
<ul>
<li>積極的に自分の文章の改善点を見いだし，学習課題に沿って意見を述べる文章を書こうとしている。</li>
</ul>
</td>
</tr>
<tr><td colspan="3" align="center">上記以外に設定することが考えられる評価規準の例</td></tr>
<tr>
<td>
<ul>
<li>言葉には，相手の行動を促す働きがあることに気付いている。（(1)ア）</li>
<li>話し言葉と書き言葉の特徴について理解している。（(1)イ）</li>
<li>学年別漢字配当表に示されている漢字を書き，文や文章の中で使っている。（(1)ウ）</li>
<li>抽象的な概念を表す語句の量を増し，話や文章の中で使うことを通して，語感を磨き語彙を豊かにしている。（(1)エ）</li>
<li>類義語と対義語，同音異義語や多義的な意味を表す語句などについて理解し，話や文章の中で使うことを通して，語感を磨き語彙を豊かにしている。（(1)エ）</li>
<li>単語の活用，助詞や助動詞などの働き，文の成分の順序や照応など文の構成について理解している。（(1)オ）</li>
<li>話や文章の構成や展開について理解を深めている。（(1)オ）</li>
<li>情報と情報との関係の様々な表し方を理解し使っている。（(2)イ）</li>
<li>目的や必要に応じて，楷書又は行書を選んで書いている。（(3)ウ(イ)）</li>
</ul>
</td>
<td>
<ul>
<li>「書くこと」において，目的や意図に応じて，社会生活の中から題材を決め，多様な方法で集めた材料を整理し，伝えたいことを明確にしている。（B(1)ア）</li>
<li>「書くこと」において，伝えたいことが分かりやすく伝わるように，段落相互の関係などを明確にし，文章の構成や展開を工夫している。（B(1)イ）</li>
<li>「書くこと」において，根拠の適切さを考えて説明や具体例を加えるなど，自分の考えが伝わる文章になるように工夫している。（B(1)ウ）</li>
<li>「書くこと」において，読み手の立場に立って，表現の効果などを確かめて，文章を整えている。（B(1)エ）</li>
</ul>
</td>
<td>
<ul>
<li>進んで学年別漢字配当表に示されている漢字を書き，今までの学習を生かして提案を述べる文章を書こうとしている。</li>
</ul>
</td>
</tr>
</table>

<table>
<tr><td colspan="3" align="center">イ 社会生活に必要な手紙や電子メールを書くなど，伝えたいことを相手や媒体を考慮して書く活動</td></tr>
<tr><td align="center">知識・技能</td><td align="center">思考・判断・表現</td><td align="center">主体的に学習に取り組む態度</td></tr>
<tr>
<td>
<ul>
<li>敬語の働きについて理解し，話や文章の中で使っている。（(1)カ）</li>
</ul>
</td>
<td>
<ul>
<li>「書くこと」において，伝えたいことが分かりやすく伝わるように，段落相互の関係などを明確にし，文章の構成や展開を工夫している。（B(1)イ）</li>
</ul>
</td>
<td>
<ul>
<li>粘り強く文章の構成や展開を工夫し，学習の見通しをもって手紙を書こうとしている。</li>
</ul>
</td>
</tr>
</table>

| | ・「書くこと」において，読み手の立場に立って，表現の効果などを確かめて，文章を整えている。（B(1)エ） | |

上記以外に設定することが考えられる評価規準の例

知識・技能	思考・判断・表現	主体的に学習に取り組む態度
・言葉には，相手の行動を促す働きがあることに気付いている。（(1)ア） ・話し言葉と書き言葉の特徴について理解している。（(1)イ） ・学年別漢字配当表に示されている漢字を書き，文や文章の中で使っている。（(1)ウ） ・抽象的な概念を表す語句の量を増し，話や文章の中で使うことを通して，語感を磨き語彙を豊かにしている。（(1)エ） ・類義語と対義語，同音異義語や多義的な意味を表す語句などについて理解し，話や文章の中で使うことを通して，語感を磨き語彙を豊かにしている。（(1)エ） ・単語の活用，助詞や助動詞などの働き，文の成分の順序や照応など文の構成について理解している。（(1)オ） ・話や文章の構成や展開について理解を深めている。（(1)オ） ・意見と根拠，具体と抽象など情報と情報との関係について理解している。（(2)ア） ・情報と情報との関係の様々な表し方を理解し使っている。（(2)イ） ・目的や必要に応じて，楷書又は行書を選んで書いている。（(3)ウ(イ)） ・本や文章などには，様々な立場や考え方が書かれていることを知り，自分の考えを広げたり深めたりする読書に生かしている。（(3)エ）	・「書くこと」において，目的や意図に応じて，社会生活の中から題材を決め，多様な方法で集めた材料を整理し，伝えたいことを明確にしている。（B(1)ア） ・「書くこと」において，根拠の適切さを考えて説明や具体例を加えたり，表現の効果を考えて描写したりするなど，自分の考えが伝わる文章になるように工夫している。（B(1)ウ） ・「書くこと」において，表現の工夫とその効果などについて，読み手からの助言などを踏まえ，自分の文章のよい点や改善点を見いだしている。（B(1)オ）	・積極的に話し言葉と書き言葉の特徴について理解し，学習課題に沿って電子メールを書こうとしている。

ウ　短歌や俳句，物語を創作するなど，感じたことや想像したことを書く活動

知識・技能	思考・判断・表現	主体的に学習に取り組む態度
・類義語と対義語，同音異義語や多義的な意味を表す語句などについて理解し，話や文章の中で使うことを通して，語感を磨き語彙を豊かにしている。（(1)エ） ・単語の活用，助詞や助動詞などの働き，文の成分の順序や照応など文の構成について理解している。（(1)オ）	・「書くこと」において，表現の効果を考えて描写するなど，自分の考えが伝わる文章になるように工夫している。（B(1)ウ）	・進んで表現の効果を考えて描写し，今までの学習を生かして短歌を創作しようとしている。

上記以外に設定することが考えられる評価規準の例

知識・技能	思考・判断・表現	主体的に学習に取り組む態度
・話し言葉と書き言葉の特徴について理解している。（(1)イ） ・学年別漢字配当表に示されている漢字を書き，文や文章の中で使っている。（(1)ウ） ・抽象的な概念を表す語句の量を増し，話や文章の中で使うことを通して，語感を磨き語彙を豊かにしている。（(1)エ） ・話や文章の構成や展開について理解を深めている。（(1)オ） ・意見と根拠，具体と抽象など情報と情報との関係について理解している。（(2)ア） ・情報と情報との関係の様々な表し方を理解し使っている。（(2)イ） ・漢字の行書とそれに調和した仮名の書き方を理解して，読みやすく速く書いている。（(3)ウ(ア)） ・目的や必要に応じて，楷書又は行書を選んで書いている。（(3)ウ(イ)） ・本や文章などには，様々な立場や考え方が書かれていることを知り，自分の考えを広げたり深めたりする読書に生かしている。（(3)エ）	・「書くこと」において，目的や意図に応じて，社会生活の中から題材を決め，多様な方法で集めた材料を整理し，伝えたいことを明確にしている。（B(1)ア） ・「書くこと」において，伝えたいことが分かりやすく伝わるように，段落相互の関係などを明確にし，文章の構成や展開を工夫している。（B(1)イ） ・「書くこと」において，読み手の立場に立って，表現の効果などを確かめて，文章を整えている。（B(1)エ） ・「書くこと」において，表現の工夫とその効果などについて，読み手からの助言などを踏まえ，自分の文章のよい点や改善点を見いだしている。（B(1)オ）	・粘り強く話や文章の構成や展開について理解を深め，学習の見通しをもって物語を創作しようとしている。

C 読むこと

ア 報告や解説などの文章を読み，理解したことや考えたことを説明したり文章にまとめたりする活動		
知識・技能	思考・判断・表現	主体的に学習に取り組む態度
・抽象的な概念を表す語句の量を増し，話や文章の中で使うことを通して，語感を磨き語彙を豊かにしている。((1)エ)	・「読むこと」において，文章全体と部分との関係に注意しながら，主張と例示との関係などを捉えている。(C(1)ア) ・「読むこと」において，文章と図表などを結び付け，その関係を踏まえて内容を解釈している。(C(1)ウ)	・積極的に内容を解釈し，学習課題に沿って理解したことを説明しようとしている。
上記以外に設定することが考えられる評価規準の例		
・言葉には，相手の行動を促す働きがあることに気付いている。((1)ア) ・第1学年までに学習した常用漢字に加え，その他の常用漢字のうち350字程度から450字程度までの漢字を読んでいる。((1)ウ) ・類義語と対義語，同音異義語や多義的な意味を表す語句などについて理解し，話や文章の中で使うことを通して，語感を磨き語彙を豊かにしている。((1)エ) ・助詞や助動詞などの働き，文の成分の順序や照応など文の構成について理解しているとともに，話や文章の構成や展開について理解を深めている。((1)オ) ・意見と根拠，具体と抽象など情報と情報との関係について理解している。((2)ア) ・情報と情報との関係の様々な表し方を理解し使っている。((2)イ) ・本や文章などには，様々な立場や考え方が書かれていることを知り，自分の考えを広げたり深めたりする読書に生かしている。((3)エ)	・「読むこと」において，目的に応じて複数の情報を整理しながら適切な情報を得て，内容を解釈している。(C(1)イ) ・「読むこと」において，観点を明確にして文章を比較するなどし，文章の構成や論理の展開，表現の効果について考えている。(C(1)エ) ・「読むこと」において，文章を読んで理解したことや考えたことを知識や経験と結び付け，自分の考えを広げたり深めたりしている。(C(1)オ)	・粘り強く，文の成分の順序や照応など文の構成について理解し，学習課題に沿って考えたことをノートにまとめようとしている。

イ 詩歌や小説などを読み，引用して解説したり，考えたことなどを伝え合ったりする活動		
知識・技能	思考・判断・表現	主体的に学習に取り組む態度
・第1学年までに学習した常用漢字に加え，その他の常用漢字のうち350字程度から450字程度までの漢字を読んでいる。((1)ウ)	・「読むこと」において，登場人物の言動の意味などについて考えて，内容を解釈している。(C(1)イ) ・「読むこと」において，文章を読んで理解したことや考えたことを知識や経験と結び付け，自分の考えを広げたり深めたりしている。(C(1)オ)	・粘り強く登場人物の言動の意味を考え，学習課題に沿って引用して解説しようとしている。
上記以外に設定することが考えられる評価規準の例		
・言葉には，相手の行動を促す働きがあることに気付いている。((1)ア) ・抽象的な概念を表す語句の量を増し，話や文章の中で使うことを通して，語感を磨き語彙を豊かにしている。((1)エ) ・類義語と対義語，同音異義語や多義的な意味を表す語句などについて理解し，話や文章の中で使うことを通して，語感を磨き語彙を豊かにしている。((1)エ) ・単語の活用，助詞や助動詞などの働き，文の成分の順序や照応など文の構成について理解するとともに，話や文章の構成や展開について理解を深めている。((1)オ) ・意見と根拠，具体と抽象など情報と情報との関係について理解している。((2)ア) ・情報と情報との関係の様々な表し方を理解し使っている。((2)イ) ・作品の特徴を生かして朗読するなどして，古典の世界に親しんでいる。((3)ア)	・「読むこと」において，文章全体と部分との関係に注意しながら，登場人物の設定の仕方などを捉えている。(C(1)ア) ・「読むこと」において，文章と図表などを結び付け，その関係を踏まえて内容を解釈している。(C(1)ウ) ・「読むこと」において，観点を明確にして文章を比較するなどし，文章の構成や論理の展開，表現の効果について考えている。(C(1)エ)	・積極的に現代語訳や語注などを手掛かりに作品を読み，学習課題に沿って考えたことを説明しようとしている。

	知識・技能	思考・判断・表現	主体的に学習に取り組む態度

- 現代語訳や語注などを手掛かりに作品を読むことを通して，古典に表れたものの見方や考え方を知っている。((3)イ)
- 本や文章などには，様々な立場や考え方が書かれていることを知り，自分の考えを広げたり深めたりする読書に生かしている。((3)エ)

ウ　本や新聞，インターネットなどから集めた情報を活用し，出典を明らかにしながら，考えたことなどを説明したり提案したりする活動

知識・技能	思考・判断・表現	主体的に学習に取り組む態度
・類義語と対義語，同音異義語や多義的な意味を表す語句などについて理解し，話や文章の中で使うことを通して，語感を磨き語彙を豊かにしている。((1)エ) ・情報と情報との関係の様々な表し方を理解し使っている。((2)イ)	・「読むこと」において，観点を明確にして文章を比較するなどし，文章の構成や論理の展開，表現の効果について考えている。(C(1)エ)	・積極的に文章を比較するなどし，学習課題に沿って出典を明らかにしながら考えたことを説明しようとしている。

上記以外に設定することが考えられる評価規準の例

知識・技能	思考・判断・表現	主体的に学習に取り組む態度
・言葉には，相手の行動を促す働きがあることに気付いている。((1)ア) ・第1学年までに学習した常用漢字に加え，その他の常用漢字のうち350字程度から450字程度までの漢字を読んでいる。((1)ウ) ・抽象的な概念を表す語句の量を増し，話や文章の中で使うことを通して，語感を磨き語彙を豊かにしている。((1)ｴ) ・助詞や助動詞などの働き，文の成分の順序や照応など文の構成について理解しているとともに，話や文章の構成や展開について理解を深めている。((1)オ) ・敬語の働きについて理解し，話や文章の中で使っている。((1)カ) ・意見と根拠，具体と抽象など情報と情報との関係について理解している。((2)ア) ・作品の特徴を生かして朗読するなどして，古典の世界に親しんでいる。((3)ア) ・現代語訳や語注などを手掛かりに作品を読むことを通して，古典に表れたものの見方や考え方を知っている。((3)イ) ・本や文章などには，様々な立場や考え方が書かれていることを知り，自分の考えを広げたり深めたりする読書に生かしている。((3)エ)	・「読むこと」において，文章全体と部分との関係に注意しながら，主張と例示との関係や登場人物の設定の仕方などを捉えている。(C(1)ア) ・「読むこと」において，目的に応じて複数の情報を整理しながら適切な情報を得たり，登場人物の言動の意味などについて考えたりして，内容を解釈している。(C(1)イ) ・「読むこと」において，文章と図表などを結び付け，その関係を踏まえて内容を解釈している。(C(1)ウ) ・「読むこと」において，文章を読んで理解したことや考えたことを知識や経験と結び付け，自分の考えを広げたり深めたりしている。(C(1)オ)	・粘り強く情報と情報との関係について理解し，学習の見通しをもって考えたことを提案しようとしている。

199

第3学年

1 目標と評価の観点及びその趣旨

目標（1）	目標（2）	目標（3）
社会生活に必要な国語の知識や技能を身に付けるとともに，我が国の言語文化に親しんだり理解したりすることができるようにする。	論理的に考える力や深く共感したり豊かに想像したりする力を養い，社会生活における人との関わりの中で伝え合う力を高め，自分の思いや考えを広げたり深めたりすることができるようにする。	言葉がもつ価値を認識するとともに，読書を通して自己を向上させ，我が国の言語文化に関わり，思いや考えを伝え合おうとする態度を養う。

知識・技能	思考・判断・表現	主体的に学習に取り組む態度
社会生活に必要な国語の知識や技能を身に付けているとともに，我が国の言語文化に親しんだり理解したりしている。	「話すこと・聞くこと」，「書くこと」，「読むこと」の各領域において，論理的に考える力や深く共感したり豊かに想像したりする力を養い，社会生活における人との関わりの中で伝え合う力を高め，自分の思いや考えを広げたり深めたりしている。	言葉を通じて積極的に人と関わったり，思いや考えを広げたり深めたりしながら，言葉がもつ価値を認識しようとしているとともに，読書を通して自己を向上させ，言葉を適切に使おうとしている。

2 内容のまとまりごとの評価規準（例）

A 話すこと・聞くこと

ア 提案や主張など自分の考えを話したり，それらを聞いて質問したり評価などを述べたりする活動		
知識・技能	思考・判断・表現	主体的に学習に取り組む態度
・敬語などの相手や場に応じた言葉遣いを理解し，適切に使っている。((1)エ) ・具体と抽象など情報と情報との関係について理解を深めている。((2)ア)	・「話すこと・聞くこと」において，場の状況に応じて言葉を選ぶなど，自分の考えが分かりやすく伝わるように表現を工夫している。(A(1)ウ)	・積極的に場の状況に応じて言葉を選び，学習課題に沿って提案しようとしている。
上記以外に設定することが考えられる評価規準の例		
・理解したり表現したりするために必要な語句の量を増し，話や文章の中で使うことを通して，語感を磨き語彙を豊かにしている。((1)イ) ・慣用句や四字熟語などについて理解を深め，話や文章の中で使うことを通して，語感を磨き語彙を豊かにしている。((1)イ) ・和語，漢語，外来語などを使い分けることを通して，語感を磨き語彙を豊かにしている。((1)イ) ・話や文章の種類とその特徴について理解を深めている。((1)ウ) ・情報の信頼性の確かめ方を理解し使っている。((2)イ) ・長く親しまれている言葉や古典の一節を引用するなどして使っている。((3)イ) ・時間の経過による言葉の変化や世代による言葉の違いについて理解している。((3)ウ) ・自分の生き方や社会との関わり方を支える読書の意義と効用について理解している。((3)オ)	・「話すこと・聞くこと」において，目的や場面に応じて，社会生活の中から話題を決め，多様な考えを想定しながら材料を整理し，伝え合う内容を検討している。(A(1)ア) ・「話すこと・聞くこと」において，自分の立場や考えを明確にし，相手を説得できるように論理の展開などを考えて，話の構成を工夫している。(A(1)イ) ・「話すこと・聞くこと」において，話の展開を予測しながら聞き，聞き取った内容や表現の仕方を評価して，自分の考えを広げたり深めたりしている。(A(1)エ)	・進んで情報の信頼性の確かめ方を理解して使い，学習の見通しをもって主張しようとしている。

イ 互いの考えを生かしながら議論や討論をする活動		
知識・技能	思考・判断・表現	主体的に学習に取り組む態度
・情報の信頼性の確かめ方を理解し使っている。((2)イ)	・「話すこと・聞くこと」において，自分の立場や考えを明確にし，相手を説得できるように論理の展開などを考えて，話の構成を工夫している。(A(1)イ) ・「話すこと・聞くこと」において，進行の仕方を工夫したり互いの発言を生かしたりしながら話し合い，合意形成に向けて考えを広げたり深めたりしている。(A(1)オ)	・粘り強く論理の展開を考え，今までの学習を生かして議論しようとしている。

上記以外に設定することが考えられる評価規準の例		
・理解したり表現したりするために必要な語句の量を増し，話や文章の中で使うことを通して，語感を磨き語彙を豊かにしている。((1)イ) ・慣用句や四字熟語などについて理解を深め，話や文章の中で使うことを通して，語感を磨き語彙を豊かにしている。((1)イ) ・和語，漢語，外来語などを使い分けることを通して，語感を磨き語彙を豊かにしている。((1)イ) ・話や文章の種類とその特徴について理解を深めている。((1)ウ) ・敬語などの相手や場に応じた言葉遣いを理解し，適切に使っている。((1)エ) ・具体と抽象など情報と情報との関係について理解を深めている。((2)ア) ・長く親しまれている言葉や古典の一節を引用するなどして使っている。((3)イ) ・時間の経過による言葉の変化や世代による言葉の違いについて理解している。((3)ウ) ・自分の生き方や社会との関わり方を支える読書の意義と効用について理解している。((3)オ)	・「話すこと・聞くこと」において，目的や場面に応じて，社会生活の中から話題を決め，多様な考えを想定しながら材料を整理し，伝え合う内容を検討している。(A(1)ア) ・「話すこと・聞くこと」において，場の状況に応じて言葉を選ぶなど，自分の考えが分かりやすく伝わるように表現を工夫している。(A(1)ウ) ・「話すこと・聞くこと」において，話の展開を予測しながら聞き，聞き取った内容や表現の仕方を評価して，自分の考えを広げたり深めたりしている。(A(1)エ)	・積極的に相手や場に応じた言葉遣いを使い，学習の見通しをもって討論しようとしている。

B 書くこと

ア 関心のある事柄について批評するなど，自分の考えを書く活動		
知識・技能	思考・判断・表現	主体的に学習に取り組む態度
・長く親しまれている言葉や古典の一節を引用するなどして使っている。((3)イ)	・「書くこと」において，目的や意図に応じて，社会生活の中から題材を決め，集めた材料の客観性や信頼性を確認し，伝えたいことを明確にしている。(B(1)ア) ・「書くこと」において，表現の仕方を考えたり資料を適切に引用したりするなど，自分の考えが分かりやすく伝わる文章になるように工夫している。(B(1)ウ)	・粘り強く自分の考えが分かりやすく伝わる文章になるように工夫し，学習課題に沿って批評する文章を書こうとしている。
上記以外に設定することが考えられる評価規準の例		
・学年別漢字配当表に示されている漢字について，文や文章の中で使い慣れている。((1)ア) ・理解したり表現したりするために必要な語句の量を増し，話や文章の中で使うことを通して，語感を磨き語彙を豊かにしている。((1)イ) ・慣用句や四字熟語などについて理解を深め，話や文章の中で使うことを通して，語感を磨き語彙を豊かにしている。((1)イ) ・和語，漢語，外来語などを使い分けることを通して，語感を磨き語彙を豊かにしている。((1)イ) ・具体と抽象など情報と情報との関係について理解を深めている。((2)ア) ・情報の信頼性の確かめ方を理解し使っている。((2)イ) ・時間の経過による言葉の変化や世代による言葉の違いについて理解している。((3)ウ) ・身の回りの多様な表現を通して文字文化の豊かさに触れ，効果的に文字を書いている。((3)エ(ア)) ・自分の生き方や社会との関わり方を支える読書の意義と効用について理解している。((3)オ)	・「書くこと」において，文章の種類を選択し，多様な読み手を説得できるように論理の展開などを考えて，文章の構成を工夫している。(B(1)イ) ・「書くこと」において，目的や意図に応じた表現になっているかなどを確かめて，文章全体を整えている。(B(1)エ) ・「書くこと」において，論理の展開などについて，読み手からの助言などを踏まえ，自分の文章のよい点や改善点を見いだしている。(B(1)オ)	・積極的に情報の信頼性の確かめ方を理解して使い，学習の見通しをもって批評する文章を書こうとしている。

イ　情報を編集して文章にまとめるなど，伝えたいことを整理して書く活動		
知識・技能	思考・判断・表現	主体的に学習に取り組む態度
・話や文章の種類とその特徴について理解を深めている。((1)ウ) ・情報の信頼性の確かめ方を理解し使っている。((2)イ)	・「書くこと」において，文章の種類を選択し，多様な読み手を説得できるように論理の展開などを考えて，文章の構成を工夫している。(B(1)イ)	・積極的に文章の種類を選択し，学習の見通しをもって新聞にまとめようとしている。
上記以外に設定することが考えられる評価規準の例		
・学年別漢字配当表に示されている漢字について，文や文章の中で使い慣れている。((1)ア) ・理解したり表現したりするために必要な語句の量を増し，話や文章の中で使うことを通して，語感を磨き語彙を豊かにしている。((1)イ) ・慣用句や四字熟語などについて理解を深め，話や文章の中で使うことを通して，語感を磨き語彙を豊かにしている。((1)イ) ・和語，漢語，外来語などを使い分けることを通して，語感を磨き語彙を豊かにしている。((1)イ) ・敬語などの相手や場に応じた言葉遣いを理解し，適切に使っている。((1)エ) ・具体と抽象など情報と情報との関係について理解を深めている。((2)ア) ・長く親しまれている言葉や古典の一節を引用するなどして使っている。((3)イ) ・時間の経過による言葉の変化や世代による言葉の違いについて理解している。((3)ウ) ・身の回りの多様な表現を通して文字文化の豊かさに触れ，効果的に文字を書いている。((3)エ(ア)) ・自分の生き方や社会との関わり方を支える読書の意義と効用について理解している。((3)オ)	・「書くこと」において，目的や意図に応じて，社会生活の中から題材を決め，集めた材料の客観性や信頼性を確認し，伝えたいことを明確にしている。(B(1)ア) ・「書くこと」において，表現の仕方を考えたり資料を適切に引用したりするなど，自分の考えが分かりやすく伝わる文章になるように工夫している。(B(1)ウ) ・「書くこと」において，目的や意図に応じた表現になっているかなどを確かめて，文章全体を整えている。(B(1)エ) ・「書くこと」において，論理の展開などについて，読み手からの助言などを踏まえ，自分の文章のよい点や改善点を見いだしている。(B(1)オ)	・進んで効果的に文字を書き，今までの学習を生かして発表のための資料を作成しようとしている。

C　読むこと

ア　論説や報道などの文章を比較するなどして読み，理解したことや考えたことについて討論したり文章にまとめたりする活動		
知識・技能	思考・判断・表現	主体的に学習に取り組む態度
・具体と抽象など情報と情報との関係について理解を深めている。((2)ア)	・「読むこと」において，文章の種類を踏まえて，論理の展開の仕方などを捉えている。(C(1)ア) ・「読むこと」において，文章を批判的に読みながら，文章に表れているものの見方や考え方について考えている。(C(1)イ)	・粘り強く論理の展開の仕方を捉え，学習課題に沿って考えたことについて討論しようとしている。
上記以外に設定することが考えられる評価規準の例		
・第2学年までに学習した常用漢字に加え，その他の常用漢字の大体を読んでいる。((1)ア) ・理解したり表現したりするために必要な語句の量を増し，話や文章の中で使うことを通して，語感を磨き語彙を豊かにしている。((1)イ) ・慣用句や四字熟語などについて理解を深め，話や文章の中で使うことを通して，語感を磨き語彙を豊かにしている。((1)イ) ・和語，漢語，外来語などを使い分けることを通して，語感を磨き語彙を豊かにしている。((1)イ) ・話や文章の種類とその特徴について理解を深めている。((1)ウ) ・情報の信頼性の確かめ方を理解し使っている。((2)イ) ・時間の経過による言葉の変化や世代による言葉の違いについて理解している。((3)ウ) ・自分の生き方や社会との関わり方を支える読書の意義と効用について理解している。((3)オ)	・「読むこと」において，文章の構成や論理の展開，表現の仕方について評価している。(C(1)ウ) ・「読むこと」において，文章を読んで考えを広げたり深めたりして，人間，社会，自然などについて，自分の意見をもっている。(C(1)エ)	・積極的に話や文章の種類とその特徴について理解し，今までの学習を生かして考えたことについてレポートにまとめようとしている。

イ　詩歌や小説などを読み，批評したり，考えたことなどを伝え合ったりする活動		
知識・技能	思考・判断・表現	主体的に学習に取り組む態度
・時間の経過による言葉の変化や世代による言葉の違いについて理解している。((3)ウ) ・自分の生き方や社会との関わり方を支える読書の意義と効用について理解している。((3)オ)	・「読むこと」において，文章の構成や論理の展開，表現の仕方について評価している。(C(1)ウ)	・進んで表現の仕方について評価し，学習課題に沿って批評しようとしている。
上記以外に設定することが考えられる評価規準の例		
・第2学年までに学習した常用漢字に加え，その他の常用漢字の大体を読んでいる。((1)ア) ・理解したり表現したりするために必要な語句の量を増し，話や文章の中で使うことを通して，語感を磨き語彙を豊かにしている。((1)イ) ・慣用句や四字熟語などについて理解を深め，話や文章の中で使うことを通して，語感を磨き語彙を豊かにしている。((1)イ) ・和語，漢語，外来語などを使い分けることを通して，語感を磨き語彙を豊かにしている。((1)イ) ・話や文章の種類とその特徴について理解を深めている。((1)ウ) ・敬語などの相手や場に応じた言葉遣いを理解し，適切に使っている。((1)エ) ・具体と抽象など情報と情報との関係について理解を深めている。((2)ア) ・情報の信頼性の確かめ方を理解し使っている。((2)イ) ・歴史的背景などに注意して古典を読むことを通して，その世界に親しんでいる。((3)ア) ・長く親しまれている言葉や古典の一節を引用するなどして使っている。((3)イ)	・「読むこと」において，文章の種類を踏まえて，論理や物語の展開の仕方などを捉えている。(C(1)ア) ・「読むこと」において，文章を批判的に読みながら，文章に表れているものの見方や考え方について考えている。(C(1)イ) ・「読むこと」において，文章を読んで考えを広げたり深めたりして，人間，社会，自然などについて，自分の意見をもっている。(C(1)エ)	・粘り強く時間の経過による言葉の変化や世代による言葉の違いについて理解し，今までの学習を生かして考えたことを説明しようとしている。

ウ　実用的な文章を読み，実生活への生かし方を考える活動		
知識・技能	思考・判断・表現	主体的に学習に取り組む態度
・情報の信頼性の確かめ方を理解し使っている。((2)イ)	・「読むこと」において，文章の種類を踏まえて，論理の展開の仕方などを捉えている。(C(1)ア) ・「読むこと」において，文章を読んで考えを広げたり深めたりして，人間，社会，自然などについて，自分の意見をもっている。(C(1)エ)	・積極的に情報の信頼性の確かめ方を使って，今までの学習を生かして読んだ内容について実生活への生かし方を考えようとしている。
上記以外に設定することが考えられる評価規準の例		
・第2学年までに学習した常用漢字に加え，その他の常用漢字の大体を読んでいる。((1)ア) ・理解したり表現したりするために必要な語句の量を増し，話や文章の中で使うことを通して，語感を磨き語彙を豊かにしている。((1)イ) ・慣用句や四字熟語などについて理解を深め，話や文章の中で使うことを通して，語感を磨き語彙を豊かにしている。((1)イ) ・和語，漢語，外来語などを使い分けることを通して，語感を磨き語彙を豊かにしている。((1)イ) ・話や文章の種類とその特徴について理解を深めている。((1)ウ) ・敬語などの相手や場に応じた言葉遣いを理解し，適切に使っている。((1)エ) ・具体と抽象など情報と情報との関係について理解を深めている。((2)ア) ・時間の経過による言葉の変化や世代による言葉の違いについて理解している。((3)ウ) ・自分の生き方や社会との関わり方を支える読書の意義と効用について理解している。((3)オ)	・「読むこと」において，文章を批判的に読みながら，文章に表れているものの見方や考え方について考えている。(C(1)イ) ・「読むこと」において，文章の構成や論理の展開，表現の仕方について評価している。(C(1)ウ)	・進んで文章を批判的に読み，学習課題に沿って読んだ内容について実生活への生かし方を考えようとしている。

引用・参考文献

第1章

・Anderson, L. W. & Krathwohl, D. R. eds.（2001）. A Taxonomy for Learning, Teaching, and Assessing: A Revision of Bloom's Taxonomy of Educational Objectives, Addison Wesley Longman.

・石井英真(2012). 学力向上. 篠原清昭編著. 学校改善マネジメント. ミネルヴァ書房.

・石井英真(2015). 今求められる学力と学びとは. 日本標準.

・石井英真（2019）. 新指導要録の提起する学習評価改革. 石井英真・西岡加名恵・田中耕治編著. 小学校指導要録改訂のポイント. 日本標準.

・石井英真(2020a). 再増補版・現代アメリカにおける学力形成論の展開. 東信堂.

・石井英真(2020b). 授業づくりの深め方. ミネルヴァ書房.

・石井英真(2023). 中学校・高等学校 授業が変わる 学習評価深化論. 図書文化.

・石井英真・鈴木秀幸編著(2021). ヤマ場をおさえる学習評価・中学校. 図書文化.

・Erickson, H. L.（2008）. Stirring the head, Heart, and Soul, 3rd Ed., Corwin Press. p31.

・西岡加名恵編著(2008). 「逆向き設計」でたしかな学力を保障する. 明治図書出版.

・McTighe, J. & Wiggins, G.（2004）. Understanding by Design: Professional Development Workbook, ASCD. p65.

・Marzano, R. J.（1992）. A Diff erent Kind of Classroom: Teaching with Dimensions of Learning, ASCD. p16.

・文部科学省中央教育審議会初等中等教育分科会教育課程部会(2019). 学習評価の在り方について(報告)(平成31年1月21日).

第2章

・石井英真(2012). 学力向上. 篠原清昭編著. 学校改善マネジメント. ミネルヴァ書房.

・国立教育政策研究所教育課程研究センター（2020）.「指導と評価の一体化」のための学習評価に関する参考資料 中学校 国語.

・柴田義松・阿部昇・鶴田清司編著(2014). あたらしい国語科指導法 四訂版. 学文社.

・文部科学省(2018a). 中学校学習指導要領(平成29年告示).

・文部科学省(2018b). 中学校学習指導要領(平成29年告示)解説国語編.

・G.ウィギンズ・J.マクタイ著, 西岡加名恵訳(2012). 理解をもたらすカリキュラム設計ー『逆向き設計』の理論と方法. 日本標準.

参考資料

・文部科学省国立教育政策研究所教育課程研究センター（2019）「指導と評価の一体化」のための学習評価に関する参考資料【中学校 国語】. pp.75-105

※第3〜5章の引用・参考文献は各頁に掲載.

あとがき

　国語の授業は楽しくありたいものです。楽しいからこそ夢中になれるし，思考錯誤して成長できる。楽しいものは盛んになり，発展する。私はそう思います。だから本書には楽しく学べる魅力的な実践例の数々が掲載されています。もちろん楽しいだけではなく，読み，書き，話し，聞くことで伝え合い，見識を広め，思考を深め，わかり合う過程を大事にした，学習評価を軸にしっかりと生徒の力を伸ばす実践例です。

　学校教育は大きな変革の最中にあります。生徒一人一人を大切にし，学校全体で時代の変化に対応しながら先進的な教育を実現していく。そんな理想と学校や教師への期待が高まり続ける一方，学校現場は多忙な現実に直面しています。残念ながら眼前の課題対応に疲弊し，自らが学ぶことや新しい授業を生み出すことを楽しめなくなってしまった先生もいらっしゃるかもしれません。もしかすると「学習評価はこれさえやれば大丈夫」といった簡単な答えを求めて本書を手にされた読者もいらっしゃるかもしれません。しかし，間に合わせの評価やインスタント授業は，教材や教科書が少し変化するだけで通用しなくなります。その場凌ぎではなく，今後も続く変革に柔軟に対応しながら自信をもって指導と評価に臨むため，授業づくりや評価の「考え方」や「仕組み」がつかめる本をめざしました。多忙な日々の中，じっくり理論を学んでから授業づくりに没頭することはきっとむずかしいと思います。ですから，授業計画を支援し，生徒たちと授業を楽しみつつ「仕組み」をつかめるよう，複数の具体例を提示します。まずはぜひ，本書掲載の実践例をご自分の教室で次々に再現されてください。学習評価が生徒をはぐくむためのものであることがきっと実感できます。そして事例をまねするうちに自然と「仕組み」がつかめると思います。

　本書の出版にあたり，多くの方々にご尽力いただきました。シリーズの全体編集をいただいた石井英真先生をはじめ，数々のすてきな実践をお寄せくださった国語科の先生方のお力のおかげで，こうして形にすることができました。また，企画段階では他教科の編集担当の先生方からも意見交換を通じて多くの示唆をいただきました。そして，図書文化社の佐藤達朗様，加藤千絵様には本書のコンセプトを貫きつつ，各先生方のご実践の魅力が読者のみなさまにわかりやすく伝わるよう，多くのご助言とご調整をいただきました。教材解釈や教え方など，十人十色とも思える国語科の授業の根を確たる幹へとつないでいただいたように思います。みなさまに篤く感謝申し上げます。

　本書をお読みいただいた先生方が，幹から高く広く枝を伸ばされ，子どもたちとの楽しい国語の授業に花を咲かせていただければ幸いです。

2023 年春

吉 本　悟

執筆者一覧

石井　英真	いしい・てるまさ	編者，京都大学大学院教育学研究科准教授	1章
吉本　　悟	よしもと・さとる	編者，福岡県福岡市教育センター指導主事	2章，98〜103頁
鎌倉　大和	かまくら・やまと	長野県南信教育事務所指導主事	48〜53頁
松元　崇敏	まつもと・たかとし	群馬県館林市立第三中学校教諭	54〜59頁
新井　敏弘	あらい・としひろ	群馬県神流町立中里中学校教諭	60〜65頁
釘宮　里枝	くぎみや・りえ	大分大学教育学部附属中学校教諭	66〜71頁
髙江洲　亮	たかえす・りょう	沖縄県沖縄市立山内中学校教諭	72〜77頁
久保　祐貴	くぼ・ゆうき	福岡県福岡市立春吉中学校教諭	78〜83頁
當間　沙織	とうま・さおり	沖縄県南風原町立南風原中学校教諭	84〜89頁
岡野　恵子	おかの・けいこ	広島県立三次中学校教諭	90〜96頁
上川　寛子	かみかわ・ひろこ	鳥取大学附属中学校教諭	104〜109頁
荒井　純一	あらい・じゅんいち	神奈川県茅ヶ崎市立松浪中学校教諭	110〜115頁
末永　誠二	すえなが・せいじ	福岡県久山町教育委員会教育課指導主事	116〜121頁
人見　　誠	ひとみ・まこと	東京都東村山市立東村山第二中学校主幹教諭	122〜127頁
益田　俊男	ますだ・としお	熊本大学教育学部附属中学校教諭	128〜133頁
森本　智子	もりもと・ともこ	福岡県福岡市立城南中学校主幹教諭	134〜139頁
永田　郁子	ながた・いくこ	滋賀大学教育学部附属中学校教諭	140〜145頁
白木　　圭	しらき・けい	愛知県尾張旭市立旭中学校教諭	148〜153頁
三浦　直行	みうら・なおゆき	埼玉大学教育学部附属中学校副校長	154〜159頁
渡邉　光輝	わたなべ・こうき	お茶の水女子大学附属中学校教諭	160〜165頁
二田　貴広	ふただ・たかひろ	奈良女子大学附属中等教育学校主幹教諭	166〜171頁
有田　弘樹	ありた・ひろき	愛知教育大学附属岡崎中学校教諭	172〜177頁
岩舩　尚貴	いわふね・なおき	上越教育大学附属中学校指導教諭	178〜183頁
大串　浩介	おおぐし・こうすけ	佐賀県佐賀市立川副中学校教諭	184〜189頁

（原稿順，所属は2023年3月時点）

全体編集

石井　英真　京都大学大学院教育学研究科准教授。博士（教育学）。専門は教育方法学。学校で育成すべき学力のモデル化を研究し，授業研究を軸にした学校改革に取り組んでいる。日本教育方法学会理事，日本カリキュラム学会理事，文部科学省中央教育審議会「教育課程部会」「児童生徒の学習評価に関するワーキンググループ」委員などを務める。主著に『未来の学校：ポスト・コロナの公教育のリデザイン』（日本標準，2020年），『再増補版・現代アメリカにおける学力形成論の展開』（東信堂，2020年），『授業づくりの深め方：「よい授業」をデザインするための５つのツボ』（ミネルヴァ書房，2020年），『高等学校　真正の学び，授業の深み』（編著，学事出版，2022年），『中学校・高等学校　授業が変わる　学習評価深化論』（図書文化，2023年）ほか多数。

教科編集

吉本　悟　福岡市教育センター指導主事。福岡市立中学校の国語科教諭，国立大附属中学校の研究主任，教頭，福岡市立高校の教諭，福岡市ICT教育特別研究員を経験後，現職。「教える」から「自ら学ぶ」への学習のパラダイムシフトと生徒主体の授業を求めてICT活用を始め，2017年にアップルが認定する教育分野のイノベーターであるApple Distinguished Educator（ADE）に認定される。GEG Fukuoka City共同リーダーも務め，2020年3月に全国一斉休校になった際は，ウェブサイト「休校を乗り越えるICTのある学び」を立ち上げ，全国の多くの教員から実践例などが寄せられた。2020年度の文部科学大臣優秀教職員表彰を受け，受賞者代表挨拶を行った。

ヤマ場をおさえる　単元設計と評価課題・評価問題
中学校国語

2023年5月30日　初版第1刷発行［検印省略］

全 体 編 集　　石井英真
教 科 編 集　　吉本　悟
発 行 人　　則岡秀卓
発 行 所　　株式会社 図書文化社
　　　　　　〒112-0012　東京都文京区大塚1-4-15
　　　　　　TEL 03-3943-2511　FAX 03-3943-2519
　　　　　　http://www.toshobunka.co.jp/
本文デザイン・装幀　　スタジオダンク
組版・印刷　　株式会社 厚徳社
製 本　　株式会社 村上製本所

©ISHII Terumasa & YOSHIMOTO Satoru, 2023　Printed in Japan
ISBN　978-4-8100-3771-5　C3337

学習評価の本

中学校・高等学校

授業が変わる 学習評価深化論

観点別評価で学力を伸ばす「学びの舞台づくり」

石井英真（京都大学大学院教育学研究科准教授）

A5判，並製 160頁
定価（本体1,800円＋税）

関連書籍

図書文化